本书得到河北经贸大学学术著作出版基金和
河北省重点学科企业管理学科资助

新闻集团

传媒产业价值链研究

刘景枝 ◎ 著

中国社会科学出版社

图书在版编目（CIP）数据

新闻集团传媒产业价值链研究/刘景枝著.—北京：中国社会科学出版社，2017.2
ISBN 978-7-5161-9597-0

Ⅰ.①新… Ⅱ.①刘… Ⅲ.①传播媒介—企业集团—研究—澳大利亚 Ⅳ.①G219.611

中国版本图书馆CIP数据核字（2016）第325574号

出 版 人	赵剑英
责任编辑	卢小生
特约编辑	林 木
责任校对	周晓东
责任印制	王 超

出 版	中国社会科学出版社
社 址	北京鼓楼西大街甲158号
邮 编	100720
网 址	http://www.csspw.cn
发 行 部	010-84083685
门 市 部	010-84029450
经 销	新华书店及其他书店
印 刷	北京君升印刷有限公司
装 订	廊坊市广阳区广增装订厂
版 次	2017年2月第1版
印 次	2017年2月第1次印刷
开 本	710×1000 1/16
印 张	17.75
插 页	2
字 数	272千字
定 价	68.00元

凡购买中国社会科学出版社图书，如有质量问题请与本社营销中心联系调换
电话：010-84083683
版权所有 侵权必究

序

开始于20世纪80年代的全球化,是近几十年来对人类社会影响最为深刻的运动。由于全球化运动铺天盖地而来,很多学科都涉及对全球化的研究,全球化理论也显得十分庞杂。以阿尔让·阿帕杜莱(Arjun Appadurai)、乌尔里奇·贝克(Ulrich Beck)、约翰·汤林森(John Tomlinson)和罗兰·罗伯逊(Roland Robertson)为代表的全球化理论家,创造了一整套概念、理论、工具、方法来对全球化进行系统的理论思考。他们的著作不仅对全球化这一事实进行了整体性把握,而且把全球化当作一个广泛关注的学术领域。这些学者共同搭建的全球化理论体系,是一个开放性系统。在这套体系当中,全球化被当作无所不包的、不可阻挡的力量。他们所描述的全球化是非常复杂的、系统交织的、分形的,有时也非常晦涩难懂。在诸多对全球化的定义中,我认为,弗雷德里克·詹姆森(Fredric Jameson)的说法抓住了全球化的纲目,而且非常明晰地勾勒出全球化运动的路线图。他说,全球化的实质就是"对于世界传播以及世界市场边界的无限扩大的意识"。[1] 下面我们就从詹姆森的这个定义,对全球化运动做一个提纲挈领的分析。

首先,从"世界市场边界的无限扩大的意识"这个维度来看,西方发达国家的跨国公司在全球范围内畅通无阻,凭借雄厚的资本实力、领先的技术水平、先进的管理经验、多样化的营销手段以及制定游戏规则的先发优势,在国际市场上获得了垄断性的市场地位和丰厚甚至超额的利润。跨国公司利用技术优势、品牌优势和渠道优势,把

---

[1] Fredric Jameson and Masao Miyoshi, eds., *The Cultures of Globalization*, Durham: Duke University Press, 1998, P. XI.

研发设计和营销环节留在发达国家,把利润率最低、能源耗费最大的制造环节转移到发展中国家,利用微笑曲线理论实现了利益最大化。经济全球化为西方发达国家带来了巨大的经济利益。这些都属于"市场边界的无限扩大"。在这个"市场边界"无限扩大的同时,还有一个"意识"问题,也就是西方市场经济理论和市场经济体系的"无限扩大"。"冷战"结束后,以西方的现代性在全球扩展为核心的全球化运动,其核心内容就是市场经济体系的扩展。苏联解体后,俄罗斯等原成员国进行经济私有化改革,放弃了计划经济体制。而另一个社会主义大国——中国,对市场经济也进行了深入的探索。中国的改革开放总设计师邓小平指出,市场经济并不是资本主义特有的,社会主义也可以有市场,资本主义也可以有计划。目前,党的十八大已经正式把市场经济列入党的纲领性文献,认为市场对资源配置起决定性作用。中国已经成为社会主义市场经济国家,越南等社会主义国家也在进行市场经济体系改革。全球化运动,不论是"世界市场边界"还是对这个"市场边界"无限扩大的"意识",都取得了空前的胜利。

其次,按照詹姆森的定义,从"世界传播……边界的无限扩大的意识"的维度来看,随着传媒技术的飞速发展、互联网和移动互联网的迅速普及以及传播基础设施的完善,目前信息的传播已"弥合了时间和空间的界限"。"互联网内容的传播速度已经达到了光速水平。""我们已经生活在一个信息过剩的时代。"由于新媒体技术的发展,"从社交媒体到智能手机再到各种网站,普通人不仅可以获得资讯,而且可以参与内容生产,报道重大事件的发生"。[1] 从世界传播的技术和基础设施层面来看是这样。如果从对世界传播无限扩大的"意识"来看,则是西方文化在全球的展开。与经济全球化同步展开的文化全球化,也使以美国为代表的西方文化成为世界范围内的主导文化和支配性文化。美国的电影、电视剧、图书、流行音乐、动漫等文化产品凭借其市场优势在全球成为最为流行的大众文化,形成了所谓的"麦当劳化""可口可乐化"。好莱坞几乎成了世界电影的代名词,美国

---

[1] Nikki Usher, *Interactive Journalism——Hackers, Data, and Code*, University of Illinois Press, 2016, pp. 2 - 10.

文化帝国主义造成了世界文化的同质化，被指为文化巨无霸和文化压路机。正如罗兰·罗伯逊所说："全球化主要被用来描述西方现代性观念在世界范围内扩散的历史进程。"① 这也体现出全球化的本质：按照西方现代性的观念来塑造世界。

国际传媒集团既是大型跨国公司又是世界传播的支配力量，正好处在全球化运动的两个维度的交叉点上。新闻集团在大型跨国传媒集团中是比较典型的。刘景枝博士选择从产业链角度对默多克新闻集团进行研究，很好地揭示了全球化运动的一些本质方面。从经济维度来讲，新闻集团市值最高时达到600多亿美元，在全球50多个国家有将近800个子公司。默多克本人在全球富豪榜上也排到70多位。默多克长袖善舞，从澳大利亚新南威尔士州出发，经过几十次并购，迅速获得了许多品牌企业，得到了越来越广泛的市场份额，并将大批传媒精英纳入旗下，成功地进行资本运作，在全球化运动中得到了丰厚的利润。从传播和文化维度来讲，新闻集团有西方的价值观和新闻、娱乐理念，有平面媒体和电子媒体立体交叉的渠道平台，有《华尔街日报》、福克斯电视网和制片公司等知名品牌，有先进的管理经验，还有竞争力很强的新闻和娱乐产品。

如果把新闻集团作为一个现象来看，它是新自由主义的产物。新自由主义经济思潮是和全球化运动相伴而生的。与古典自由主义经济学相比，新自由主义更提倡生产要素的全球自由流动，更强调资本在占领全球市场中的突出作用。20世纪80年代，适应资本主义由国家垄断阶段向国际垄断阶段过渡的需要，在美国共和党总统里根和英国保守党首相撒切尔夫人的强力推动下，新自由主义经济思潮逐步成为英国、美国等国的主流意识形态和国际垄断资本在全球的经济范式及行动纲领。由于美国等西方国家的推动，新自由主义在一些新兴经济国家和地区也有比较广泛的渗透。美国政府不仅修改法律，而且还利用掌控的《北美自由贸易协定》和世界贸易组织、国际货币基金组织、世界银行等区域组织机构、全球组织机构的运行机制，推动跨国

---

① Roland Robertson, Globalization: Time–space and Homogeneity–Heterogeneity, in Featherstone, Lash, Robertson, *Global Modernities*, 1995, Sage, p.25.

公司以资本自由流动、产品自由销售等方式在全球市场进行经济扩张。

如果说新自由主义经济思潮是"意识形态"的话，那么价值链理论则为这种意识形态提供了一个支点，为跨国公司的全球分工提供了完美的理论支持。换言之，价值链理论构成了全球生产体系和全球分工体系的理论基础，使资本的跨国自由流动成功落地。价值链概念是由美国哈佛商学院教授迈克尔·波特于1985年在《竞争优势》中首次提出的。波特教授用价值链理论来分析企业价值，是识别和评价企业资源和能力的有效方法。此后，这一分析方法很快得到广泛应用，国内外也出现了不少理论研究成果，随后虚拟价值链、价值网概念的出现，丰富了价值链管理理论。其实，这个理论的核心很简单，也就是说，一个特定的企业只可能在价值链的某些环节具有竞争力。为了提升经济效率，企业应当专注于自己最擅长的环节，而把那些自己不具备优势的环节外包出去。因为发展中国家有廉价的劳动力，而这些国家为了吸引外来投资，还大幅度降低税收，只要这些国家能够用同样的标准和质量进行生产，跨国公司就会把自己的生产基地转移到这些国家去。在这个过程中，跨国公司把研发和市场这两个利润最高的环节留在了发达国家和国际市场，而把低附加值的生产环节转移到了发展中国家。对于生产型企业来讲，全球价值链基本上是这样一个套路。对于传媒企业来讲，其全球价值链就比较特殊。跨国动漫企业基本上和生产型企业相同，编剧、人物造型、场景设计等环节基本上是在发达国家内部完成的，而绘图、加工等生产环节基本上是由发展中国家的动漫企业代工完成的。图书出版行业也有些相似：排版在原创国，印刷和销售在国际市场。而对于广播电视行业来说，全球价值链就比较特殊。以电影为例，发达国家的电影生产环节基本上没有外包；相反，美国电影产业控制了后期加工制作的高技术环节，获得了巨大的利润。2005年以前，中国电影的后期制作环节基本上依靠美国，此后，由于与韩国的技术合作，才摆脱了好莱坞的控制。在广播和电视领域，渠道和终端一直占据重要地位，政策因素也起到决定性作用，全球价值链情况比较复杂。刘景枝博士在这方面做了有益的探索，有非常重要的学术意义和实践价值。

刘景枝博士敬重学问，敏于学问，对学问有一种严肃认真的态度，我非常欣赏她的治学态度和刻苦精神。她能取得今天的成就不是偶然的。希望她能一如既往，勇攀高峰，取得更大的学术成就！

李怀亮
中国传媒大学文法学部　学部长、教授、博士生导师
中国传媒经济与管理学会副会长
国家对外文化贸易理论研究基地主任

前　言

当前，传媒产业盈利模式遭遇数字化技术的颠覆，全球化企业价值链面临着重构的巨大挑战。为寻求破解难题的理论方法和实践突围路径，本书以鲁伯特·默多克新闻集团为分析对象，因为该传媒集团所拓展的产业，几乎涵括了媒介企业的所有典型市场空间，其实践中的得失具有一定的借鉴意义。

本书以产业价值链理论为基本分析工具，首先，结合传媒价值创造和受众消费理论，比较了自由市场和严格规制下不同的生产要素对产业价值链结构的影响，构建了由规制圈、盈利核心和资本力量、技术力量组成的"一圈一心二助力"和价值链结构分析框架。其次，依据2003—2012年的财务数据以及创新实践，分析了在英国、美国、中国不同媒介生态下的新闻集团价值链整合的经验和问题，并结合价值获得的相关理论剖析了阻碍该集团突破的深层次原因。最后，针对当今国际传媒市场白热化的竞争，运用得到的启发和警示等传媒发展规律探讨提升我国传媒集团竞争力的原则和路径。

在观点创新方面，本书认为，默多克新闻集团发展史，外在表现为价值链的跨国延展，实质是新自由市场观的推行与传媒规制之间冲突、平衡的博弈史，也是在不同市场拓展的探索史。在新自由市场环境下，新闻集团充分发挥创意生产和发行渠道层的优势获得巨大的盈利空间。首先在于默多克自由的、通俗的、大众化的传播理念使其新闻、娱乐产品具有极大的差异性特质，特别是在产权流动和新技术的强力支持下，渠道的所有权成就了其由创意、生产、发行、消费、延伸多环节组成的强大价值网络。但是，我们也看到因为默多克一味迎合传统受众需求的大众化经营理念，不利于该集团品牌价值的实现，也由于尚未找准新媒体盈利模式而在新媒体领域屡次失利。在中国市场，严格的内容规制和渠道限制使新闻集团的大众化创意价值难以实现，即产权流动的限制直接影响该集团价值链的优化。

本书第二个创新是，探讨传媒规制的机理，揭示自由市场发展模式的弊端。

本书第三个创新是，在描述现象和总结经验教训的基础上，深入哲学本质层面分析市场理念与政府规制原则对传媒价值实现的内在影响，丰富了传媒影响力理论和符号经济学理论，为我国传媒市场化改革、传媒转型和融合发展提供借鉴。

本书由绪论、结语和正文内容组成。第一章介绍研究缘起、文献综述、研究内容、思路、创新、不足和研究框架；第二章阐述传媒产业特性与价值链构建理论以及影响因素；第三章研究新闻集团产业价值链构建与全球化布局；第四章是核心部分，梳理自由市场语境下该集团价值链的构建整合情况；第五章、第六章分别在数字化发展语境、中国市场化与改革语境下，分析该集团价值链构建整合的不同结果；第七章总结该集团跨国价值链构建得失，探索中国传媒企业价值链结构优化路径；结语部分说明核心观点和研究展望。

目 录

第一章 绪论 ······· 1

第一节 选题背景与研究意义 ······· 2
第二节 国内外相关研究文献综述 ······· 14
第三节 研究思路与研究方法 ······· 26
第四节 研究内容、结构、主要创新以不足 ······· 27

第二章 传媒产业特性与价值链构建理论以及影响因素 ······· 32

第一节 传媒产业特性与价值属性 ······· 32
第二节 价值链理论 ······· 48
第三节 传媒产业价值链内涵与价值链整合 ······· 55
第四节 传媒市场环境因素及对传媒价值链结构影响分析 ······· 66
第五节 影响传媒产业价值链因素分析框架 ······· 81

第三章 新闻集团产业价值链构建与全球布局 ······· 85

第一节 全球化背景下西方传媒产业价值链结构 ······· 85
第二节 新闻集团全球扩张、发展阶段以及业务整合 ······· 95
第三节 新闻集团价值链结构以及主要影响因素 ······· 109

第四章 放松管制与新闻集团传统媒体价值链结构 ······· 121

第一节 发展背景分析：自由市场环境及
对传媒产业影响 ······· 121
第二节 新闻集团传统媒体在欧美的价值链
布局及案例分析 ······· 131

第三节　影响新闻集团价值链构建的要素分析 …………… 146

第五章　数字化技术变革与新闻集团价值链重构 …………… 155

　　第一节　数字化时代传媒企业竞争战略调整 ……………… 155
　　第二节　新闻集团数字化战略与价值链重构 ……………… 158
　　第三节　案例分析：电子报纸——The Daily …………… 163
　　第四节　新闻集团在数字化技术冲击下价值链结构缺陷 …… 167

第六章　中国传媒市场化改革与新闻集团价值链拓展困境 ……… 180

　　第一节　外媒进入中国市场的方式 ………………………… 180
　　第二节　新闻集团进入中国市场的价值链结构 …………… 184
　　第三节　产业价值链难以打通 ……………………………… 197

第七章　新闻集团价值链构建得失及对我国传媒业的启示 ……… 206

　　第一节　新闻集团价值链构建经验 ………………………… 207
　　第二节　新闻集团分拆与跨国价值链构建
　　　　　　面临的难题及警示 ………………………………… 214
　　第三节　中国传媒企业价值链构建路径选择 ……………… 226

结语：核心观点研究和展望 ……………………………………… 261

参考文献 …………………………………………………………… 263

后　　记 …………………………………………………………… 272

第一章 绪论

美国新闻集团（News Corporation）[①]迅猛扩张、不同寻常的冒险和变革以及价值链结构的演变轨迹，典型地展现了传媒产业发展动力机制与市场环境之间的互动关系，为我们探索当前全球化进程中传媒经济发展规律提供了难得的样本。如同"新闻集团"的企业名称一样，基思·鲁伯特·默多克（Keith Rupert Murdoch）作为该集团掌门人，半个多世纪以来以各种"新闻卖点"吸引世人眼球，成就其注意力经济，甚至他的三次婚变、他的身体状况变化都引起了股市的动荡；同时，他的新闻价值观念和并购传奇也是媒体和学界热衷追逐的话题。综观默多克60多年的新闻产业实践，他最突出的特征是锐意创新。他被称为"传媒帝王"，并不只是因其传媒帝国历史长、疆域广，更在于其独特的传播理念、强烈的操控力、不同市场的开拓历程以及呈现出的价值链构建独特理念，虽然70岁时还觉得创新不够而慨叹"前半生"大多荒废，虽然人们对他操纵新闻的行为颇有争议，但不可否认的是，他领导的新闻业务已延及世界许多国家以至偏远的地区。曾经"做世界上发行量最大的报纸发行商"一直是他媒介帝国梦想，他以新闻业务起家，坚定支持"意见自由市场"理论，力推以自由市场为特征的"美国式"全球化。从这个意义上说，我们既可由此案例剖析其经验和问题，也可据此预测媒体未来转型的走向。尤其是在新闻集团分拆落定、与邓文迪延续14年的婚姻同步终止、撤出中国主要业务基本完成的这两年，探究其价值链的结构演变轨迹正当其时。特别是我国正处在传媒市场体制改革的关键节点，面对传统媒体转型的不同路径选择，学界业界也在积极探索，数字技术的颠覆力量对新媒体全产业链并购的未来影响也不可测。此时，研究新闻集团

[①] 本书中是指2013年6月28日拆分前的名称。

资本运作方式、并购等行为对产业发展的影响，其意义则在于拨开层层表面现象透视产业发展的内在因果逻辑，进而探明影响运营得失的内在原因。

第一节 选题背景与研究意义

2013年，默多克不得不拆分其新闻集团的出版印刷业和娱乐两个业务板块，有人认为，数字时代该集团出版印刷业的盈利能力出现了问题；也有人认为，这是默多克重构价值链的明智之举。由此引发的争论推动了对该集团的又一次探究。确实，不管是该集团"窃听丑闻"之后的业务调整，还是默多克多次大手笔的并购行为，都需要学术界认真研究，既要研究其企业战略行为对价值链的直接影响，也要深入考察该集团对传媒产业发展的引领作用和某种程度的阻碍。然而，考察当前的研究情况，从价值链角度研究新闻集团运营得失的文献成果还不多，需要系统梳理和深入剖析；更为急迫的是大陆传媒业正在推进现代企业制度改革和完善市场配置资源功能的进程，为提升竞争力的并购行为在传统媒体和新兴媒体之间广泛展开，也特别需要分析影响价值实现的市场因素。因此，从价值取得角度考察新闻集团全球价值链拓展，探究其不断调整的内在原因和普遍规律，具有突出的现实意义和理论价值。可以说，在全球价值链、结构调整、转型、融合发展等"热词"充斥当今传媒产业的背景下，以新闻集团为代表的国际跨国传媒企业开拓国际市场的探索，对全球传媒业的发展具有典型的路径借鉴意义，它在不同市场布局价值链的实践，对于处于资本运营刚刚起步、数字化转型刚刚开始的中国传媒企业具有意义重要的案例价值。

一 选题背景

（一）国际传媒集团争夺全球市场，传媒产业价值链结构不断变化

自"地球村"[①]概念出现，伴随着人们意识到传统的时空观念受到的冲击越发明显，个体的视野跨越了国界，人类进一步相互了解、

---

① "地球村"概念是麦克卢汉在1969年出版的《地球村的战争与和平》一书中提出来的。

相互依赖增强。1983年出现的"全球化"① 理论，因其突出的时代性，被普遍应用于经济学、政治学、文化学以及全球传播中。莱维特认为，当面临一个"同族化的全球村"，各国市场需要分工与协作才能实现资源和生产要素的全球化合理配置，特别是在当前文化和经济通过市场紧紧连在一起的互联网时代。对于企业来说，为获得较大盈利空间就必须开发标准化、高质量的产品，并且以标准化的定价以及广告和营销手段行销全球。这个背景下的全球化是指，在科技生产力推动下，以市场供求为基础，通过分工、贸易、投资使市场要素流动，从而完成生产、分配、交换、消费各环节，并促使货币资本、生产资本、商品资本全球流动。经济全球化是不可阻挡的发展趋势，在一定程度上加速了世界经济的发展和繁荣，给发展中国家带来一些经济利益。但我们也同时发现，全球化加剧了世界利益分配的不平衡，经济全球化的进程并非各国均衡同步，事实是发达国家通过跨国公司的商业行为，实现全球生产要素流动和资源优化配置。难怪有人说，全球化就是美国化，这个说法反映出了一个真实的世界图景，即以美国为代表的发达国家凭借其强大的经济、技术实力构建了全球价值链，力推全球市场一体化，甚至在某种程度上可以说，经济全球化是资本全球化，因为资本是推动生产要素与经济关系国际化最为活跃的动能。

第二次世界大战以来，特别是20世纪90年代后期到进入21世纪这个时段，在互联网技术的推动下，英国、美国等西方发达国家的跨国公司通过大规模联合、兼并和扩张，集约型经济形态更加突出，产品竞争力居于全球领先地位。换句话说，实力雄厚的跨国公司不仅是经济全球化推动者，本身也是全球化的载体，因为经济全球化的四个主要载体——生产、技术、资本和贸易，几乎都与跨国公司分不开。所以当谈到全球市场化跨国公司作用时，通用公司杰克·韦尔奇认为，衡量企业业绩成功与否的标准将只有一个，那就是"国际市场

---

① 一般认为，"全球化"最早是美国提奥多尔·莱维特在《哈佛商业评论》的《市场的全球化》中提出的，到1990年，经济学家奥斯特雷明确提出"全球化"概念后，得到广泛传播。

占有率",也就是说,在全球占有的市场越大企业获胜的可能性就越大。当前,主宰全球经济局面的是世界上最大的跨国公司,而全球最大的100家跨国公司中,90%以上来自发达国家。

大型传媒企业为追求其高利润的规模经济效应,以资本运作为推手,寻求价值增值的全球并购行为剧烈改变着世界竞争格局。自20世纪50年代起,随着全球化发展态势逐步升级,传媒业并购加剧。英美等发达资本主义国家传媒集团利用自由市场的力量,发动了一波又一波兼并、联合等并购行为,不仅控制了所在国大部分报刊、广播和电视,而且还将传媒业扩展到了国外市场,从而出现了世界级规模的传媒集团,成为传媒产业的主要存在形式和发展业态。其中,新闻集团相继并购了英国泰晤士报系、美国《纽约邮报》、20世纪福克斯;索尼1989年并购了哥伦比亚、2005年并购了米高梅影业;2007年,加拿大汤姆森集团以总金额高达180多亿美元收购了总部在英国的路透社;2012年11月,迪士尼以40.5亿美元购买乔治·卢卡斯创立的卢卡斯电影。贝塔斯曼、新闻集团、威旺迪等几大传媒巨头也纷纷进行跨国扩张、布局,延伸产业价值链,尤其以新闻集团在传媒业的并购最为典型。

经济复苏早期阶段,在企业高利润率、低利率环境下,全球并购市场呈现出加速趋势。有数据显示,2014年全球并购交易突破2万亿美元大关,年增速高达75%。传媒业作为与数字技术结合最为密切的信息产业,融合的步伐明显加快,以资本为纽带的价值链整合方式被绝大多数大型集团所采用。如新成立的美国21世纪福克斯公司提出,要收购时代华纳、日本孙正义软银拥有的美国第三大电信运营商Sprint,报价300亿美元意欲收购第四大电信运营商T – Mobile等。默多克曾计划斥资140亿美元,通过其控股的英国最大的付费电视公司——英国天空广播集团,整合其在意大利和德国的资产,以期巩固新闻集团在欧洲的付费电视帝国地位,以便与通过Liberty Global拥有12个欧洲国家用户的约翰·马龙展开竞争。作为美国最大的有线电视公司——康卡斯特,也提出以452亿美元报价收购时代华纳有线。可以大胆想象,如果收购成功,美国的付费电视市场将被康卡斯特集团垄断,因为二者在美国付费电视市场的份额高达30%,处于绝对垄断地位。

(二) 默多克新闻集团的产业结构随着进入市场而不断调整

默多克新闻集团一直以跨国并购和资本扩张为标签，而正是这种业务的全球性，加之新闻集团独特的多元化公司结构，一般能较好地避免某一地域、某一领域的不景气所带来的系统风险。相比于维亚康姆、贝塔斯曼、索尼、CBS、NBC以及威旺迪等声名赫赫的媒体巨头，新闻集团股价总是居于前列。戴维·本克[1]认为，默多克具有一种无与伦比的天分，总是能在适当的市场上发现最佳机遇。[2] 这是对默多克能冲破国家界限进行购并的恰当总结。所谓"适当的市场"，本书是指能使传媒经济价值增加的市场。

实际上，默多克新闻集团的拓展也遇到很多难题：在互联网冲击下，以报业和模拟电视为主业的传媒集团优势不再，数字化转型的道路面临着重新构建价值链的挑战。据彭博资讯报道，《纽约邮报》每年亏损超过1亿美元，典型地延续着传统媒体业务的不景气。面对传统媒体发展的窘境，比如效益下降、纸媒没落以及为取得信息源而遭遇的"窃听"丑闻，默多克为寻找突破口也曾多方尝试，然而其转型之路一波三折，充满挑战。转型表现在两个方面：一方面实施数字化战略，另一方面积极进行传统业务结构调整。新闻集团数字化转型也面临困境，正在努力摒弃旧观念、调整传统商业模式。迫于股东压力、"窃听丑闻"的影响，默多克不得不分拆新闻集团，将电视、电影娱乐业务从出版印刷业务中分出来。新"新闻集团"旗下的传统媒体如何找到盈利点，何去何从也留下了悬念，需要深入探索。

进入中国探索经营的新闻集团一步步撤离中国传媒市场，逐渐出售其在中国的主要资产。虽然默多克难以接受这个事实，但又不得不服从价值链结构优化这个集团核心战略。分拆后，有迹象表明，默多克依然在寻找"适当的市场"环境和适宜的方式以搭建新的价值链结构。2014年7月，21世纪福克斯提出收购时代华纳，意欲把美国家

---

[1] RBC资本市场的媒体证券分析师。
[2] ［美］保罗·拉莫尼卡：《揭秘默多克：传媒大亨默多克的商业传奇》，刘祥亚、王静译，石油工业出版社2009年版，第73页。

庭电影频道、特纳以及华纳兄弟纳入默多克的帝国版图。为此，默多克提出以1.531股不具投票权的福克斯娱乐股票，外加32.42美元（合每股85美元）置换1股时代华纳股票。收购要约虽未获通过，然而800亿美元的报价之高，可以看出默多克整合价值链的迫切意愿。有专业人士估计，若将福克斯娱乐旗下的FX、Fox News 和 Fox广播网络与时代华纳旗下的TNT、TBS、有线电视新闻网CNN和HBO有线频道整合成功，带来的协同价值可能不止10亿美元。

（三）中国传媒市场化改革面临国内和国际化竞争两方面挑战

我国传媒市场化进程中，既要"引进来"又要"走出去"。一方面，传统媒体正发生着颠覆式变革，面临着体制机制的"双转"；[1]另一方面，政府规制和金融资本之间、传播技术的互动博弈很可能促成更具中国特色的传媒产业形态的诞生，探寻适应中国独特的规制环境的发展路径成为当下新旧传媒业关注的共同话题。

（1）国际传媒集团进入中国市场对中国企业形成压力。从世界环境看，全球化趋势对传媒领域的渗透已达到体制基本层。在资本驱动下，境外传媒集团通过各种方式进入中国，这些企业在国内发展迅速，借助其在经营理念上的领先优势，甚至挑战管理制度，在管理措施方面展开大胆攻关，对中国部分传媒领域构成巨大冲击，国内媒体面临日益激烈的国际化舆论斗争和市场竞争。例如，根据中美经贸合作论坛上签署的协议，梦工厂和上海文化产业股权投资基金（CMC）、东方传媒、上海联和投资有限公司合资组建上海东方梦工厂影视技术有限公司，中方公司控股55%，梦工厂持股45%。外资不仅进军中国影视业，而且积极寻找机会争取政策支持以进入中国更大的传媒市场。2012年2月17日，时任国家副主席习近平访美期间，美国电影协会（MPAA）要求增加大片数量和分账比例[2]，并将进口分账大片

---

[1] 李良荣、方师师：《"双转"：中国传媒业的一次制度性创新》，《现代传播》2010年第2期。

[2] 2012年2月18日，中美双方就世界贸易组织电影方面的事项达成谅解备忘录新协议，改变原来中国电影集团公司进出口分公司"一家进口"的局面，建立第二家进出口公司用以拓展好莱坞影片进入中国的渠道。同时，美国梦工厂宣布将与中国企业合资成立制片公司，其中中方持股55%，美国梦工厂持股45%。

数量由 20 部提升到 34 部（增加 14 部 IMAX 或 3D 电影）。这样，进口影片不仅在数量上增加 70%，而且美方的票房分账比例由原来的 17.5% 上升至 25%。在"狼来了"的形势下，国家领导人更切实地意识到传媒竞争力的重要性，因此，从制度层面加大市场化改革的力度，并将建成实力强大的传媒集团作为重要任务来抓。

（2）国内传媒业"走出去"的需求。21 世纪以来，国际交流空间扩大、竞争更加激烈，国内传媒进入全球市场竞争要求也日益迫切，探索重塑价值链结构，向全球化市场延伸的路径是当前传媒业的主要任务。首先，电视业较早探索"走出去"路径。早在 2001 年 11 月 21 日，受加入世界贸易组织政策的鼓舞，中央电视台率先与境外媒体开展了股权、项目方面的合作：为发行中央电视台节目，中央电视台与中国香港电视广播公司合资建立全球华语传播的海外卫星平台及网络；而后中视传媒与凤凰卫视合作制作电视节目，以供中央电视台科教频道、凤凰卫视中文台同时播出。此外，还努力开拓华语市场。近两年，华人文化产业投资基金①控股默多克的星空卫视后，改名星空华文传媒。星空华文传媒积极与国内众多具有先进制作经验同行合作，同时还开始"走出去"的探索。2012 年 5 月 22 日，其旗下的星空卫视国际频道登陆全球互联网电视服务商玲珑视界，由 UT 斯达康投资公司设立并在北美开播，这是该频道首次落地亚洲以外的地区。广州民营企业俏佳人传媒有限公司致力于推动中国文化"走出去"，于 2009 年 7 月并购美国国际卫视，并成立了"美国 ICN 电视联播网"。ICN 电视联播网覆盖洛杉矶、纽约、旧金山、休斯敦、西雅图、奥斯汀、达拉斯以及加拿大温哥华、多伦多。……通过卫星、无线、有线、网络、手机五种介质同时传播……整合 ICN 所拥有的媒体资源，深入本土媒体资源，联动广播、电视、纸媒、户外等多种媒体，为客户量身定制各项地面公关及宣传活动，充分发挥影响力。②其次，出版行业投资延伸国际出版产业链。2008 年 7 月，人民卫生出

---

① 华人文化产业投资基金规模为 50 亿元人民币，2009 年 4 月通过审批，成为第一个在国家发改委获得备案通过的文化产业私募股权基金。

② http：//www.gzbeauty.com/CN/About.php? part =1.

版社在美国成立美国分公司，在加拿大购得 BC 戴克出版公司的全部医学类图书资产。这些并购不仅缩短了国际化发展进程，还以规模化姿态跻身世界医学出版中等出版公司之列。电影业近年来发展速度惊人，2015 年的票房高达 440.6 亿元人民币，政府与企业共同打造平台推动电影业走向国际市场，继续争取中国电影在全球的话语权。2016 年年初，由国家广电总局策划指导、华人文化控股集团和华狮电影发行公司共同搭建的国产电影全球发行平台①，全面发力布局海外电影市场。

另外，资本运营助推"走出去"步伐。中国资本在海外电影市场上也表现出强劲态势，海外并购频频发生。如曹晓宁收购白宫剧院、小马奔腾收购美国顶级特效公司数字王国、TCL 冠名好莱坞中国大剧院、华谊收购国际领先的数字放映公司 GDC。特别让世人震惊的是，2013 年万达集团以 26 亿美元的高价全资并购有 93 年历史的美国 AMC 影院，并于 2014 年 9 月 19 日在美国纽交所上市，进入 2016 年又着手收购内容制作商传奇影业公司。②巨大的市场空间，也激发了好莱坞电影业与中国传媒企业合作的热情。可以预见，未来的中美影视企业市场化合作势必会继续升温。

二　研究意义

为破解我国传统媒体和新兴媒体融合发展、做强做优的难题，急需价值链构建实践经验和相关理论指导。对于新闻集团这个真正全球化、在自由主义思潮中沉浮 60 余年、纵贯全媒体、横跨五大洲的巨头来说，从价值链角度分析其跨国战略、核心竞争力以及中国冒险的 20 年等问题，并结合经济学和管理学相关理论和方法的深入探索，具有突出的案例价值。然而，对这一视角的研究还不够系统深入，急需深入剖析新闻集团与 IPAD 合作"嫁接"数字终端梦想终止的根本原因；同时，从国际看，美国金融危机的爆发，使学界重新对《历史的终结及最后的人》所标榜的自由市场的资源配置调节功能产生了怀

---

① 2016 年 1 月 15 日，"中国电影，普天同映"国产电影全球发行平台在京举行启动仪式。

② 2016 年 1 月 12 日，万达集团宣布以不超过 35 亿美元（约 230 亿元人民币）收购美国传奇影业公司，签约仪式在北京举行。

疑，《世界新闻报》的停刊所引发的对新闻传播价值的深层次拷问，让学人不得不开始全面审视新闻集团的价值取向及其实现的逻辑起点，不得不追问盈利模式背后的社会价值以及未来突围之路。因此，从价值取得的角度，考察该集团全球价值链拓展成功和失利的实践，探究其不同环境下价值链调整的内在原因和基本规律，对于我国传媒企业创新发展、跨越发展、融合发展，具有突出的现实借鉴意义和理论指导价值。

（一）丰富传媒价值链结构优化规律研究的理论意义

在新技术冲击下，国内外跨地域、跨行业的资本运作和资源整合导致的全球性媒体公司迅速增长，传媒企业被动或者主动参与了运营模式的转型，其动因主要是传媒产业价值实现的方式发生了深刻的变化，市场秩序改变了，盈利模式随之而变。但对传媒产业发展的政治、经济、技术环境和社会影响的研究还限于概貌层面，尚不够系统深入，急需进行理论研究。

（1）跨国传媒集团产业竞争力与价值链结构之间关系的机理研究。当前的研究主要集中于对巨型传媒企业跨国战略的探讨，对于产业层面价值链的构建现状的描述性成果比较丰富。需要指出的是，20世纪90年代以来，国内外学者尝试用经济学理论并从市场最基本的供给环节出发，紧紧围绕特定的市场结构特点对传媒市场行为与绩效的相关性展开了探讨，进行了更加专业化、精细化的规律总结。媒体市场管制的松紧程度直接影响了媒体企业的规模化发展战略，对节目辛迪加等垄断形式论述也比较多。但是，关于并购与分拆行为对价值链的影响，尤其是对跨国传媒集团竞争力形成的机理、对传媒企业差异化竞争优势[①]与价值链结构布局逻辑研究还相对欠缺。

（2）传媒价值链管理理论及其发展变化规律研究。对这一问题，国内外虽然已有相关理论和案例研究著述，但尚处于基本概念、原理等层面的定性探讨阶段，而对于数字化时代产业融合初级发展阶段对集团价值链自身形成机理、特征的理解和认识还不够深入（第二章专门论述）。因此，对企业价值链的重构和竞争战略的设计实践指导作

---

① 参见［美］迈克尔·波特《竞争论》，高登第译，中信出版社2003年版。

用不大。喻国明在"媒介管理译丛"的总序中谈到建立传媒经济学学科的目的之一是探讨传媒市场健康发展的方法，他认为："当前对于如何按照市场规则来建构传媒产业的价值链，保证其健康有序地发展的研究，则严重不足。"[①] 之后，他与张小争编著的《传媒竞争力——产业价值链案例与模式》一书就对价值链构建问题展开了集中研究，默多克新闻集团是其中的重点案例之一。随着时间的推移，需要对这一问题和这一案例进一步考察及补充。另外，对我国特色社会主义制度下的媒介市场理论、媒介所有权理论、不同传媒企业的资本运营理论、监管理论、网络时代传媒价值导向等问题也亟待深入探索。

（3）对新闻集团价值链整合经验的提炼总结。针对默多克新闻集团全球拓展构建的产业链模式的研究显得零散，从市场结构影响因素角度对其产业链拓展规律的剖析还需理性提炼，尤其是党的该集团的分拆，给世界范围内的传媒集团的价值链构建研究提出了新的课题和研究摹本，需要深层次进行学理探讨和合理预测。尤其是在新自由主义市场理论的语境下，新闻集团价值链构建的差异化实践为研究提供了大而全的观察视角，为理论建树提供了鲜活的分析案例。当然，我们必须指出，默多克这位"怪侠"不走寻常路，他的道路有其特殊环境、特殊思路，难以简单照搬模仿。但是，也不妨借用哈耶克"要将竞争视作一个发现某些事实的过程"的观点[②]来分析这一可看作特殊"事件"的市场竞争案例，尝试发现一般性的科学认知，以观照指导未来的相关实践。

（二）探索国内传媒业新的盈利模式与转型路径的现实意义

中国的传媒发展处于非常复杂的市场化改革语境下，没有经验可以直接照搬，研究的迫切性被提上日程。从国际贸易角度看，中国传媒业的国际竞争力在逐步增强，竞争的方式也在更新换代，"从产品

[①] ［美］罗伯特·G. 皮卡德：《美国报纸产业》，周黎明译，中国人民大学出版社2004年版。

[②] ［英］冯·哈耶克：《邓正来选译哈耶克论文集：作为一种发现过程的竞争——哈耶克经济学、历史学论文集》，邓正来译，首都经济贸易大学出版社2014年版，第441页。

送出去到卖出去，从买产品到卖内容版权再到企业走出去、资本走出去。"①关于传媒走出去、传媒并购、新媒体融合转型相关政策也在探索中推进。从国内改革进程来看，集团化正在深入，传媒改革进入深水区。尤其是十七届六中全会、十八届四中全会都强调了新闻传媒业发展的重要意义。同时，新问题也不断出现，在新媒体强力冲击下，传统纸媒和广电业的广告和发行业务都在加速下滑，急需寻求转型之路成为新常态，具有竞争实力的大型集团还不多。从产业生命周期来说，纸媒、电子媒体受技术的冲击整体萎缩，需要寻求突破之路。2014年，《新闻晚报》停刊、《杂文报》停刊；解放与文汇两大报业集团合并组建上海报业集团；2013年5月17日，全国29家主流报纸签约加入"全国云报纸技术应用平台"，标志着我国报业步入"云时代"；上海报业集团斥资5亿美元打造新媒体平台——澎湃新闻。同时，国内传媒业改革不断深化，资本运作等在多个领域突破，产权交易、产权改革都已成热点，资本运营加速，传统媒体与新兴媒体融合向纵深化发展，价值链调整加剧。

2013年被称作传媒并购年，"并购"一词也是2014年传媒业的关键词。传媒业资本运作频繁，据不完全统计，2013年，沪深两市文化传媒类并购超500亿元，共发生56起资本交易（见表1-1）。在传统媒体领域，凤凰传媒、浙报传媒、博瑞传播、中视传媒等传统媒体并购活跃。先有浙报传媒以34.9亿元的巨资收购游戏公司——杭州边锋和上海浩方；后有粤传媒通过跨媒体的整合延伸广告价值链，以4.5亿元收购上海香榭丽广告传媒股份有限公司。互联网领域的并购金额将近300亿元，百度并购91无线的交易金额高达115.05亿元，还有百度收购PPS、阿里巴巴入股新浪微博、腾讯入股搜狗等总共21起互联网并购事件，这些事件更多的是出于战略目的。

---

① 魏鹏举：《我国对外文化贸易比发达国家差在哪》，2014年11月14日，http://mp.weixin.qq.com/s?__biz=MzA4MTYzMzQxMw==&mid=202194689&idx=3&sn=d03820079d1359d56f472548220d9643&3rd=MzA3MDU4NTYzMw==&scene=6#rd。

表1-1　　　　　　　2013年我国传媒业主要并购事件

并购方	被并购方	并购总额	占股比例（%）
万达集团	AMC影院	26亿美元	100
华策影视	克顿传媒	16.52亿元	100
乐视网	花儿影视&乐视新媒体	15.98亿元	100
光线传媒	新丽传媒	8.29亿元	27.64
华谊兄弟	银汉科技	6.7亿元	50.88
苏宁弘毅	PPTV	4.2亿美元	74
华谊兄弟	浙江常升	2.52亿元	—
华策影视	最世文化	1.8亿元	26
江苏宏宝	长城影视	22亿元	100
中视传媒	金英马	10.2亿元	100
远东股份	华夏视觉、汉华易美	24.94亿元	100
索芙特	桂林广维（已终止）	12.8亿元	100
凤凰传媒	苏文社	4.95亿元	100
凤凰传媒	传奇影业	4.95亿元	51
凤凰传媒	南京传奇	4.95亿元	10.03
奥飞动漫	北京方寸科技、爱乐游	6.92亿元	100
宋城股份	大盛国际	1.23亿元	35
蓝色光标	博杰广告	16.02亿元	89
大地传媒	中原出版集团	28.54亿元	100
浙报传媒	杭州边锋、上海浩方	34.9亿元	100
博瑞传播	杭州瑞奥	1.24亿元	60
博瑞传播	盛世之光广告	1.24亿元	51
凤凰传媒	上海幕和网络	3.104亿元	64
华策影视	幻游互动	0.048亿元	19.50
天舟文化	神奇时代	12.54亿元	100
博瑞传播	漫游谷	10亿元	70

资料来源：根据中国经济网文化产业频道整理。

2014年共有169起文化传媒行业并购，金额超1600亿元，主要集中在影视传媒板块，还有游戏动漫、移动互联网、教育培训和旅游户外4个行业板块。其中影视、新媒体板块是热点领域，55起并购金额高达450亿元,占总金额的近1/2。并购的目的除丰富自身产业价值链外,也有借助文化发展的激励政策做大企业规模、壮大企业实力的作用。

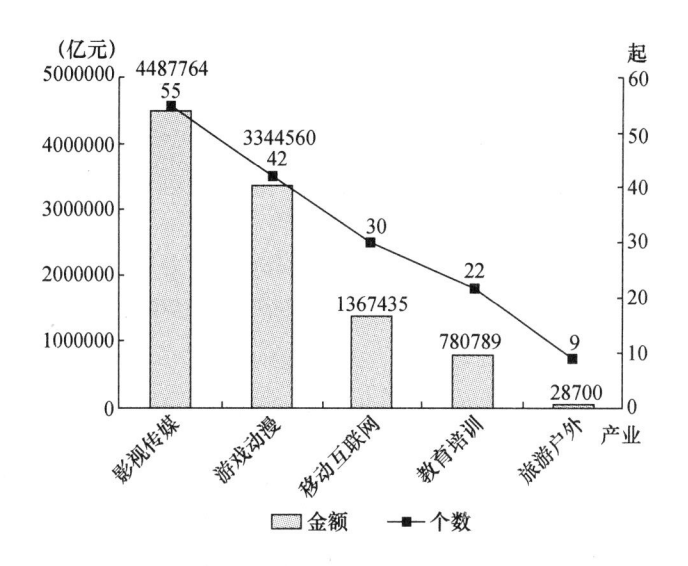

图1-1 2014年文化产业并购领域分析

资料来源:中国经济网:《2014文产并购规模超千亿,影视传媒成热点领域》,新元文智制图,2015年1月4日,http://www.chycci.gov.cn/news.aspx?id=7837。

2015年,文化传媒类并购频繁,有人说"养猪的,炼钢的,卖烟花的,卖菜的都来收购影视公司",虽然不及上年的数量但也达到了137起,涉及金额高达2300亿元。其中,A股市场中涉及影视行业的并购交易逐年增多,由2013年的7起到2014年的61起再到2015年的76起,如图1-2所示。[①] 业内人士预测,2017年之前,中国势必会有一两个大的传媒集团出现并与好莱坞抗衡。那么,这个大型的传媒集团又会是谁呢?是华谊、光线、万达?还是BAT?或是它

---

① 一点资讯:《2015电影行业白皮书:影视并购资本达2000亿,全年票房将破430亿》,http://www.yidianzixun.com/home?page=article&id=0BqxwAdH。

们的合体?[①]

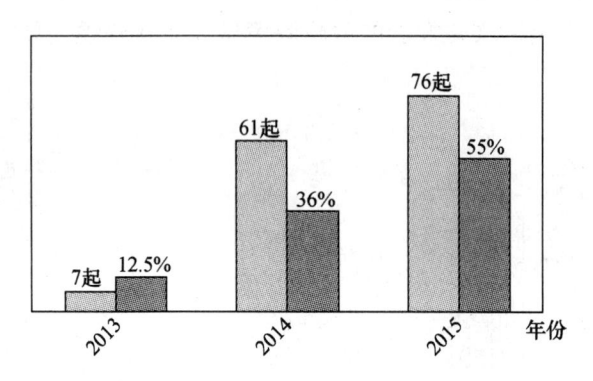

图1-2 2015年A股市场中影视并购事件

跨界并购作为传统行业转型的"法宝",虽然一直推动着股份制改革和大跃进般的上市如火如荼地进行,但总体来说,传媒业竞争尚处于初期的无序状态,不少还在"炒概念",正如CMC总经理徐志豪所说,当前中国传媒业的竞争处于"春秋战国时代",国资和民资纷纷布局价值链战略节点,竞争激烈。其中一部分并购业绩不尽如人意,如以经营电器配套的禾盛新材跨界收购老牌电视剧、电影制作公司金马影视文化有限公司,因金马公司业绩难以达标,导致禾盛新材投资减值超亿元。

显然,随着我国媒体政策变化和市场化改革的推进,急需加强对传媒集团竞争力提升战略的总结,那么分析研究新闻集团这一案例,其直接目的就是为我国传媒现代企业制度的建立和提升传媒集团竞争力提供借鉴,并规避新闻集团那种冒进失利的风险。

第二节 国内外相关研究文献综述

一 对传媒价值链的概念和相关理论研究

随着世界经济进入全球价值链时代,在全球垂直生产网络的新模

---

① 一点资讯:《2015电影行业白皮书:影视并购资本达2000亿,全年票房将破430亿》,http://www.yidianzixun.com/home? page = article&id = 0BqxwAdH。

式变革中，发展中国家也参与了全球传媒价值的创造流程。传媒企业通过集中全球资源完善价值链或其中的某些环节，以获得差异化竞争优势。价值链结构研究也随业务发展不断推进。

自迈克尔·尤金·波特教授提出价值链（1985）管理等理论以来，研究从单纯的产业实体价值链到虚拟价值链，再到价值网络拓展。1995年，杰佛瑞·雷波特和约翰·斯威尔克拉进一步提出"虚拟价值链"概念。之后，对信息所带来的增值空间进行的探讨逐渐增多，比如，网络的建立对价值增加的关键作用（罗尔福、比亚思，1998）；对虚拟价值链在联结分割的市场和获得更大价值的机理的分析（安德里亚斯，2002）等。

同时，关于促使传媒产业价值链结构发生演变的原因、模式、趋势的研究也随之出现。世界传媒经济大会主席罗伯特·G. 皮卡德（Robert G. Picard，2006）[①]从全球传媒发展环境的视角出发，开始对价值链的内容生产、分销两个核心业务环节进行了分析，强调了影响传媒公司运营的市场因素，如经济、利率、贸易壁垒等。

国内，关于传媒产业价值链理论的专门论述还不很丰富。首先是对基本概念的研究较早。国家广电总局发展研究中心产业研究所李岚《传媒MBA讲坛之一：从竞争优势到公司战略——传媒企业产业价值链的关联构建》（2004）一文，从竞争战略和管理角度，分析了传媒价值链构建的关联特点。"媒介军师"喻国明先生一直关注着传媒产业价值链构建问题，《传媒竞争力——产业价值链演变案例与模式》（2005）一书可以说是国内对传媒企业价值链实践研究的开端之作。该书系统地分析了相关概念、理论，将企业的价值链理论运用到传媒企业竞争分析框架中，并对比分析了几大跨国传媒集团的价值链结构特点，以新闻集团和维亚康姆、贝塔斯曼、迪士尼为例，具体剖析了国外传媒企业的价值链环节以及产业链演变的历史，较为系统地总结了其价值链的特征。同时，从行业角度分析了报业、电影业的价值链构建。他认为，我国传媒业未来的发展，有着一个巨大的经营重点的

[①] 参见［美］罗伯特·G. 皮卡德《传媒管理学导论》，韩骏伟、常永新译，人民邮电出版社2006年版。

转型,即从过去个别的"点"式经营重点,进入规模化的媒介集团的"结构"型经营重点的转型①,并因此设计了我国传媒集团完善的价值链结构模式。其次,对价值链整合模式的经济学研究较为薄弱。《传媒产业链模式的经济学分析》(2006)的作者鲍观明从交易成本的视角对传媒产业链横向延伸模式、纵向延伸模式、混合延伸模式进行了对比分析;刘泳的《品牌导向型公司及其价值链整合模式研究》(2012)对价值链内涵从战略层面、文化层面、运营层面进行界定,而且区分了整合依存的四种关系模式:资本型、地域型、关键技术型和品牌导向型,并强调了技术对产业价值链整合的重要影响,对传媒产业融合发展有一定启发意义。

二 对跨国传媒集团传媒产业竞争战略相关研究

这一类的译著主要集中在以下四个方面:第一,关于传媒集团的影响力。如《全球化媒体——全球资本主义的传教士》《媒体、市场与民主》《谁拥有媒体:大众传媒业的竞争与集中》等。第二,关于传媒产业与规制之间的市场博弈。如《全球电影与电视——产业经济学导论》《竞争与混沌——1996年电信法出台以来的美国电信业》。②第三,关于传媒管理与价值链结构。如《传媒管理学导论》。第四,关于传媒所有权。如《传媒所有权》③,该书作者吉利安·道尔围绕欧洲大型媒体集团的发展展开分析,不仅考察了媒体集中化对社会的影响,还具体调查了限制媒体所有权和传媒经济绩效之间的关系,进而解释了促进多元化和控制媒体集中度的不同方法和政策手段。

国内对于传媒集团的研究多见于研究美国传媒集团的汇编著述中。《外国媒介集团研究》(胡正荣,2002)从经济学视角通过对外国几大媒介集团的资本运作的分析,勾勒出了媒介产业的形态和发展状况。《美国:超级传媒帝国》(明安香,2005)对美国传播的总体格局、相互间的竞争与合作、主要特点和发展趋势及在全球媒介传播格局的地位进行整理。笔者认为,美国传媒业对全球有着极大的影

---

① 喻国明:《传媒竞争力——产业价值链演变案例与模式》,华夏出版社2005年版。

② [美] 罗伯特·W.克兰德尔:《竞争与混沌——1996年电信法出台以来的美国电信业》,周祖木译,邮电大学出版社2006年版。

③ [美] 吉利安·道尔:《传媒所有权》,陆剑南译,中国传媒大学出版社2005年版。

响，尤其是在舆论环境、政治格局以及经济和文化等方面。《全球化时代的跨国传媒集团》（王学成，2005）研究了几大传媒集团的发展历史、发展现状，并总结了各自的经营模式。另外，《解密国际传媒集团》（唐润华，2003）《世界五大媒介集团经营之道》（周鸿铎，2005）《世界十大传媒集团》（张金海，2007）几本专著则介绍了跨国传媒集团的发展历程和现状，对它们的经营战略以及全球扩张特点进行了描述。陈杰的博士学位论文《美国国际传媒国际化研究》从经济学视角分析了美国传媒集团国际化的五个方面：内外因驱动、发展阶段、经营战略、国际市场进入模式和进入中国的历程及效应。《西方传媒业的融合竞争及规制》（肖赞军，2011）[①] 考察了西方发达国家传媒领域市场结构的嬗变特点与传媒规制演进规律与趋势。《大融合时代的传媒制度变革——行动逻辑、欧美经验与中国进路》（戴元初，2014）[②] 探讨了传媒规制变革的深层逻辑，对中国当下传媒制度变革方向进行了理性思考。该著作借鉴经济学、政治学、法学和比较传播研究相关理论和成果，对美英两国的传媒规制变革进行国别比较，探讨了传媒规制实施和变革过程中共有的规律，区分了理论逻辑和现实进路间的差异，最后提出了中国传媒规制变革的方向。《西欧主要国家的传媒政策及转型》（张咏华，2010）[③] 研究了英国、德国、法国传媒政策法规的发展、变迁特点和趋势，在政治、社会和经济价值理念之间寻找平衡的经验，为中国传媒改革创新提供了借鉴视角；《传媒巨轮如何转向：移动互联网时代的国际传媒集团》（张咏华，2014）对《纽约时报》、维亚康姆、迪士尼、贝塔斯曼4家传媒集团数字化战略的得失、经验和不足进行了探讨，为中国传媒企业的转型策略选择提供了有益的参考。

相比于专著，期刊文章涉及面较广。在中国期刊全文、中国博士学位论文全文以及中国优秀硕士学位论文全文、中国重要会议论文全文四大数据库中，分别以"国际传媒""国际媒介""跨国传媒集团"

---

① 肖赞军：《西方传媒业的融合竞争及规制》，中国书籍出版社2011年版。
② 戴元初：《大融合时代的传媒制度变革——行动逻辑、欧美经验与中国进路》，人民日报出版社2014年版。
③ 张咏华：《西欧主要国家的传媒政策及转型》，上海人民出版社2010年版。

"跨国媒介集团"为主题词、篇名、全文选项进行交叉搜索,分析梳理了1979—2014年12月间共35年的论文,除了重复或关系不大的信息,学术期刊文章58篇,其中,以跨国传媒集团整体概况为研究主题的论文32篇,占55.2%,以跨国传媒集团发展情况研究为主题的论文20篇,占34.5%。研究发现,论文集中于2000—2014年,总体表现出如下三个特点。

第一,研究集中在全球几家大型跨国传媒集团,新闻集团占据第一位,贝塔斯曼、时代华纳紧随其后,而维亚康姆和迪士尼占比较小(见表1-2),这五大集团占总数的85.7%。对其他跨国传媒集团,如汤姆森、康卡斯特、索尼等集团的研究较少。

表1-2 对大型跨国传媒集团研究的比例 单位:%

集团名称	新闻集团	贝塔斯曼	时代华纳	维亚康姆	迪士尼
所占比例	29.5	25.4	23.3	3.9	3.6

第二,从研究内容看,关注跨国传媒集团经营状况与发展特点、跨国传媒集团商业运作利弊与解决途径的文章较多,对跨国传媒集团国际化对中国传媒业的影响和启示的研究也较多。张志安、王建荣(2003)对六大跨国传媒集团的财务管理经验和策略进行了总结;张辉锋(2003)从四个方面分析了跨国传媒集团在经营实践中的低成本战略,包括跨媒体降低生产成本、购并降低扩张成本、整合纵向产业链降低交易成本以及经营战略集中化以防止成本扩散四个方面;侯东合(2006)对六大传媒集团在中国进行的市场营销策略进行研究,得出六大传媒集团在中国特有的营销策略,包括价格上进行低价倾销,产品上实行本土化以及开发新产品,渠道策略上实行多渠道分销手法,促销策略上实行人员促销、广告促销以及运用公共关系等手段;邢建毅等(2005—2011年)对五大传媒集团在全球发展情况进行系列分析。

第三,关于跨国传媒集团成长与发展研究的论文较少,对产业价值链的研究更少。有期刊论文《美国新闻集团产业价值链对中国传媒的启示》（王海燕，2010）；还有博士学位论文《贝塔斯曼的成长与变革》（马德永，2011）《美国传媒国际化研究》（陈杰，2011）《美国传媒国际化经营研究》（王风云，2013）等，对价值链理论及实践有所论及。

三　对新闻集团发展与价值链、数字化战略转型的研究

对于默多克这样一个人物，国内外都试图揭开其神秘面纱。新闻报端对他的关注集中在家族纷争、豪华游艇婚礼、与华裔邓文迪的奇异婚恋、高调入住洛克菲勒故居、闪电般婚变等个人生活；学界则重视对该集团产业价值链的探究，如收购泰晤士报系、改造《太阳报》、组建福克斯有线网等战略对其价值实现的战略意义；有些学者针对《世界新闻报》窃听风波、出版和娱乐内容的分拆事件、出售星空传媒和凤凰股份等进行解剖，并进而探讨中国市场环境变化对新闻集团布局的诸多可能。综观学界研究，目前的探索尚未深入，或者停留在案例传奇评述式，或者就竞争战略论的粗线条描述，因此亟待弄清新闻集团数字时代价值链整合战略的未来走向，是否会使新闻集团昔日的辉煌再现。

国外对于默多克的传记式著述已经不少，翻译成中文的就有十多本。在从威廉·肖克罗斯的《默多克传》、保罗·拉莫尼卡的《揭秘默多克：传媒大亨默多克的商业传奇》到沃尔夫的《一个人的帝国：默多克的隐秘世界》的评述中，我们可以看到新闻集团发展的脉络、竞争战略以及价值链构建特点。古德曼·罗姆通过全面深入访问默多克和他的子女、高级经理人员，针对新闻集团的数字化战略，选取了收购直播电视公司、宝石星公司和成立 NDS 公司几个典型商务运作活动，结合默多克全球化发展理念，通过详细的过程分析，对默多克在打造新闻集团核心竞争力和数字化生存趋势所选择的业务调整等活动进行了解析。在《操控力：默多克如何获取权力和话语权》一书中，作者揭示了默多克对报刊、电视和出版社所有权痴迷的背后原因，认为是以此"享受对别人施加影响的感觉"，即他善于通过媒体主导舆论，该书引用《经济学人》杂志1993年的一篇文章的说法："也许默多克对公众最大的影响力并不是左右他们的选票，而是为政客们营造

一种文化和道德氛围。"① 默多克还会通过对政坛进行资助获得影响力，在政坛和媒体业中推动"议程设置"实施完成。Timothy Marjoribanks（2002）出版的 *News Corporation, Technology and the Workplace: Global Strategies, Local Change* 一书，分析了20世纪末技术革新对于新闻集团竞争战略的影响。其部分书籍信息如表1-3所示。

表1-3　　　　　对新闻集团研究的国内译著

书名	编著者	出版社、时间	主要内容
默多克传：一个传媒王国的诞生	肖克罗斯著，樊新志等译	世界知识出版社2001年版	默多克创建传媒帝国的生活经历、拓展的一场场"拼杀"、时代特色及其思想变化
传媒巨人：默多克竞争策略全书	［美］威廉·菲勒著，谢力夫等编著	光明日报出版社2002年版	默多克资产遍布全世界。他在跨国经营管理方面无疑有许多独到之处，他的创业过程反映出技术革命不仅带来了经济的发展，也使垄断和集中不断得到加强
默多克：并购奇才的10大经营秘诀	［美］斯图特·克雷纳著，白志刚译	辽宁人民出版社2003年版	默多克生平、默多克成功之道、对新闻集团的未来猜想
默多克的新世纪——一个媒体帝国的数字化改造	［美］温迪·古德曼·罗姆著，李慧斌译	中信出版社2005年版	解析了默多克父子的商业能力和才干以及经营战略、传媒业的概观等；勾勒了新闻集团在数字媒体广播、创造天空环球网络、电子商务领域等方面的多次探索

---

① ［澳］大卫·麦克奈特：《操控力：默多克如何获取权力和话语权》，陆景明、孙宏译，中国友谊出版公司2013年版。

续表

书名	编著者	出版社、时间	主要内容
揭秘默多克——传媒大亨默多克的商业传奇	[美]保罗·拉莫尼卡著,刘祥亚、王静译	石油工业出版社2009年版	揭秘的问题:报业奇才默多克的商业哲学、如何拯救福克斯的、MySpace的买卖、中国之路困窘之因、斥资50多亿美元买道琼斯的原因、默多克谋划的未来等
默多克中国大冒险	[美]布鲁斯·多佛编写,柯安琪译	财经出版有限公司2009年版	作者近距离观察了默多克和他第三任夫人邓文迪,并描述了他率领新闻集团自澳洲发迹,转战英美所向皆捷,然而在中国独特政商关系中却四处碰壁的经历
一个人的帝国——默多克的隐秘世界	沃尔夫著,蒋旭峰译	中信出版社2010年版	翔实展现了默多克的真实生活:在澳洲、英、美的另类扩张路线;收购"道琼斯"以及婚恋、家族矛盾……
操控力:默多克如何获取权力和话语权	[澳]大卫·麦克奈特著,路景明、孙宏译	中国友谊出版公司2013年版	谁掌握了媒体,谁就掌控了话语权和政治操控权,默多克通过媒体从幕后操纵着里根、奥巴马、撒切尔夫人、卡梅伦,推进其独具的政治影响力
底线:默多克与《泰晤士报》之争背后的新闻自由	[美]哈罗德·埃文斯著,黄轩译	上海财经大学出版社2013年版	作者通过分析报业史上《泰晤士报》并购案,较翔实地呈现了在审查限制、劳资纠纷、技术换代等外部压力下媒介生态;探讨了新闻自由和新闻观念本身的嬗变关系

国内对默多克新闻集团进行专门研究最早的当属辛华等编著的《解读默多克——从传媒帝王到中国女婿》(2001);谢力夫等主编的《传媒巨人:默多克竞争策略全书》(2002)对默多克征战的过程进行了描述,也对其战略予以总结。摘编如表1-4所示。

表1-4　　　　　　　　对新闻集团研究的国内著作

书名	编著者	出版社、时间	主要内容
解读默多克：从传媒帝王到中国女婿	辛华、寒波编	广东旅游出版社2001年版	信息市场由少数巨人主宰着，默多克的新闻集团业务遍布全球，本书记录了他的生活、时代以及思想变化
外国媒介集团研究	胡正荣	中国传媒大学出版社2003年版	研究媒介集团发展历程、规划、组织结构和运营模式等，分析了时代华纳、迪士尼、BBC等多家知名媒介集团
全球化媒介的奇观默：多克新闻集团解读	周小普	中国社会科学出版社2006年版	对默多克及其新闻集团的发展历程、运作手法等进行了分析
霸者无疆：默多克和他的新闻集团	王慧慧	重庆出版社2006年版	介绍了新闻集团的跨国发展历史，追踪了默多克的传奇经历
默多克家族全传	盛乐、水中鱼	华中科技大学出版社2010年版	对这个从小报馆持有人到世界传媒大亨的领导和经营方法进行解读，展示了默多克的传奇经历，剖析了他敢于冒险的商业经营理念
传媒大亨默多克传	施谱越编著	中国书店2011年版	梳理了默多克在世界范围内构建其传媒帝国的轨迹，有欣喜、有疯狂、有尴尬，也有凄凉
"窃听门"真相——默多克传媒帝国透视	刘笑盈著	新华出版社2011年版	"窃听门"事件始末、各方评价与反应、该事件暴露出的问题

这一类的研究文章较多。在四大数据库中以"默多克新闻集团"为主题词检索，最早的是1978年乐山《新闻战线》的报道，对新闻集团购买《纽约邮报》事件进行了分析。

期刊中2011年最多,有13篇。"硕博"中,博士学位论文有2篇,硕士学位论文有5篇。

在"会议"文库中,只有1篇:2006年,袁爱中《默多克全球化媒介经营攻略及其对中国的启示》。在"报纸"中,共有14篇。

剔除非论文文献,可得以新闻集团(2001—2014年)为研究内容的学术论文共50篇,年度分布不均,主要集中在2011年,有9篇。2005—2014年的分布情况见表1-5。

表1-5　　　　　　　　2005—2014年分布

年份	2005	2006	2007	2008	2009	2010	2011	2012	2013	2014
篇数	6	3	6	2	5	3	9	5	4	3

研究涉及面较广,主要有6大类,所占比例如表1-6所示。

表1-6　　　　　2001—2014年新闻集团研究论题分布

论题类别	概况	经营管理与竞争策略	技术战略	资本战略	产业价值链	其他
篇数	3	22	9	11	3	12
比例(%)	5	37	15	18	5	20

从以上数据可见,论题分布有如下特点:年度分布上,对新闻集团进行研究在几个大型跨国传媒集团研究中分布表现最均匀,学界多年来一直关注新闻集团的发展。研究内容上,有关经营管理与竞争策略类论文占44%,可见学界比较关注其经济运行情况;对于资本战略和技术战略的研究也比较多,分别达到22%和18%;被归入"其他"类的新闻伦理方面的内容也比较多,约占24%。但研究还不够深入系统,表现之一是至今还没有发现一篇博士学位论文;同时,对于新闻集团概况的研究越来越少、专门研究越来越多,说明对其认识在逐渐深化;然而集中于产业价值链的研究一直不多,或许表明从这个角度的研究有一定难度。

涉及新闻集团发展与价值链分析逐渐出现。《新闻集团价值链分析》[①]从主要价值链和辅助价值链两个部分进行了剖析，强调了财务和税务管理在价值链管理中的作用。王海燕《美国新闻集团产业价值链对中国传媒的启示》（2010）分析了该集团的价值链的上游创作、下游发行的垂直整合问题；傅云舟、郭薇《新闻集团跨媒体整合和集中化经营战略对中国传媒业的启示——新闻集团2004—2008年度报表数据资料分析研究》从跨媒体整合的角度对新闻集团的价值链结构多元化和集中战略特点展开了数理逻辑分析。

近年来，研究主要集中在对新闻集团窃听丑闻和分拆，以及数字化战略分析探讨角度。梅格·吉姆斯、道恩·科米莱夫斯基《默多克为何关闭IPAD报纸》探讨了数字化转型不成功的原因；王佳莹的《是大厦将倾，还是浴火重生？——默多克传媒帝国拆分的背后》对该集团的资源整合进行了剖析；郁梦洁《成也萧何败也萧何——从"窃听门"事件看媒介领导默多克》分析了默多克的新闻理念对价值链的影响。

四 对中国传媒变革与产业价值链研究

对中国传媒变革关注较深的是喻国明教授，他将学术前沿的理论与现实的传播实践接轨相结合，在2002年南方日报出版社出版的《解析传媒变局——来自中国传媒业第一现场的报告》中分别探讨了传媒创新趋势、市场调研报告等问题。之后，学界持续关注政策、技术、资本等几个方面变革对传媒价值链的影响，根据知网统计和万方数据统计初步分为以下五类。

第一，对产业价值链构建现状与问题分析。李岚《中国广电传媒产业价值链现状报告》（2005）以调查报告形式，对广电传媒产业价值链构建现状、传媒企业产业化发展战略、内部经营管理上存在的问题进行分析；宋晓沛《论中国传媒价值链的建构：兼与国外传媒比较》（2006）对中外传媒产业价值链建构的异同进行了分析；林忠礼《基于价值链重构的报业集团竞争战略研究》（2009）对报业价值链在新环境下的影响因素展开分析，提出了较为系统的价值链重构设

---

① 张洪忠、洪新：《新闻集团价值链分析》，《新闻与写作》2005年第1期。

想；赵荣水《论我国传媒产业价值链的完善与重构》（2013）分析了我国传媒发展存在的产权不清等问题。

第二，传媒产业结构问题。从产业经济学角度对传媒产业的研究，如陈蕾、李本乾《中国传媒产业市场结构、行为与绩效分析》（2005），王艳萍《传媒市场的结构、行为与绩效：中外理论和经验研究》（2006），柳旭波《传媒产业组织研究：一个拓展的 RC—SCP 产业组织分析框架》（2007）。2010 年，湖南大学硕士学位论文《传媒市场结构对业绩影响的实证研究》是用上文提出的 RC—SCP 模式进行的创作。关于传媒市场结构失衡与重构内容的，主要有陶喜红《中国传媒产业市场结构重构》（2010）和《传媒产业市场结构研究的回顾与前瞻》（2012）、陈斌《文化体制改革背景下我国传媒产业市场结构失衡及其调整路径》（2013）等文章。

第三，媒体融合与价值链构建问题。对于新技术背景下报业发展，李建国（2006）提出，应通过采用新手段，在信息采集和传播环节要注重与读者的互动以提高报纸关注度。另外，还要开发网络资源，扩大报业内容发布平台等。张洪忠（2007）指出，当前中国传媒产业"报网合作"存在商业模式单一的缺陷。昝廷全、金雪涛《传媒产业融合——基于系统经济学的分析》（2007）因其经济分析专业深度突出，为传媒企业价值链的构建提供了新思路。文章根据系统经济学中的资源位理论，分析了传媒产业融合的机理，提出了传媒产业融合的本质是不同分立产业之间的资源整合的观点，并开创性地描述了将非存在资源位转化为"B—实际资源位"、潜在资源位转化为实际资源位的过程。肖赞军《产业融合进程中传媒业市场结构的嬗变》对西方传媒规制演进的机理进行深入探讨。

第四，传媒政策与价值链构建问题。李岚《数字电视政策——促进传媒产业价值链转型》（2005；2009）、张利平《双边网络型市场结构下政府传媒规制及其优化》（2011）。①

第五，地方传媒价值链案例研究。如对湖南广电价值链和辽宁传

---

① 陈鹏：《制度与空间——中国当代媒介制度变革论》，中国书籍出版社 2011 年版，第 1 页。

媒价值链的研究已经有文章出现。

第三节　研究思路与研究方法

一　研究思路

本书跨传播学、管理学、经济学等学科，吸收和借鉴了用于产业分析的价值链理论、企业竞争成长理论等经济学界以及传媒经济学方面最新的研究成果和理论方法，在把握竞争战略一般规律基础上，首先研究传媒产业价值增值的特殊性，结合价值链相关概念、理论，提出市场环境分析对媒介集团价值链整合的必要性。在此基础上，对默多克新闻集团的竞争战略与价值链结构进行对比分析，不仅对市场型和规制型生态环境进行分析，也探讨了数字化新媒体需要的环境变化的不同条件，对其竞争模式选择的影响，从原因和成效两个角度，展开对新闻集团价值链结构演化机理的市场要素分析和不同媒介生态下价值链结构的探究，总结规律，以期对我国传媒市场化进程的顺利推动有所助益。研究是沿着从现象分析到制度对比，再深入到理念层剖析的思路展开。

二　研究方法

本书作为案例研究，融合了多种研究方法的优长。

（一）个案分析法

案例研究有助于揭示普遍经济规律在不同的市场环境中的个性表现，也有助于实证研究的开展。本书从宏观、中观和微观的角度探寻传媒竞争的路径及其规律，新闻集团50多年的发展之路，是一部鲜活的传媒全球拓展史，是跨印刷、电视和数字技术并对不同媒介市场环境的探索史。本书运用相关理论力求对现象背后的本质进行剖析，以阐明新闻集团产业价值链"是什么""为什么"和"怎么样"的逻辑机理。

（二）对比分析法

包括四个层面的对比：新闻集团发展的不同阶段竞争战略及成效对比；新闻集团与迪士尼、维亚康姆等美国媒介集团竞争战略对比；

新闻集团在两类市场环境下发展情况的对比,即美国、英国和中国媒介环境对比;在数字环境下与传统市场环境的发展模式对比。

(三) 文献分析法

本书以新自由主义市场理论为切入点,对已发表过的或虽未发表但已被报道过的记录、财报进行收集、甄别和整理,并通过梳理文献形成科学认识,总结规律进而展开对当下问题的分析,尝试构建传媒集团价值链评价新模式,为我国传媒企业设计出不同情境下的竞争战略模式。

(四) 数据分析法

本书对2003—2012年有关数据进行了整理和分析。

第四节 研究内容、结构、主要创新及不足

本节包括研究的主要内容介绍以及主要组成部分之间的关系图示,还有尝试进行研究视角、研究领域、分析方法等五个方面的创新。

一 研究内容

第一章首先说明写作的国内外背景、研究的理论价值和现实意义;其次梳理、综述国内外研究动态;之后介绍研究思路、方法,在概述主要内容、介绍"一心一圈二助力"分析框架之后,说明研究的五个创新点以及研究的不足。

第二章从理论角度廓清传媒产业价值链构建关联因素。首先对价值链的概念内涵的发展进行评述,之后对传媒产业价值链类型以及与产业链构建相关的盈利点选择进行综述,最后用需求与供给理论,对影响价值链整合的规制、技术、资本等因素进行了评析,并构建了分析框架。

第三章对新闻集团发展阶段、资产结构与价值链特点、跨国战略从内部和外部两个层面进行了概述,动态考察与静态梳理相结合对其价值链演变进行分析。首先对新闻集团产业发展情况进行梳理,结合集团发展的财务年报数据,分析价值构建特点、盈利模式,进而从内

在注意力、资本力、技术力和外部影响力、合作力、驱动力、整合力、集成力等方面剖析新闻集团产业价值链构建成功的综合因素，然后主要是静态梳理。

第四章首先分析新自由主义思潮的兴衰对传媒业发展的有利影响，进而指出自由市场观对传媒产业发展的负面影响；接着对新闻集团报业和广电业的并购历程进行梳理，分析了资本运作行为发生的背景和价值链意义。在背景和案例分析的基础上，从自由市场空间与传媒价值实现的空间获得的角度总结了新自由主义对新闻集团价值链构建的影响。

第五章分析在数字化背景下新闻集团价值链构建的困境。首先梳理了数字技术冲击下的传统媒体转型现状，之后从数字化战略确立、传统媒体数字化探索和开辟数字新媒体的实践三个方面，总结了新闻集团数字化转型探索概况，然后具体分析电子报纸——The Daily 创新始末和关闭原因。第四节从更深层次剖析了在数字化技术冲击下新闻集团价值链结构缺陷及原因。

第六章梳理在中国传媒改革背景下，外资传媒进入中国市场的探索此起彼伏，其中对新闻集团的探索是本章分析的重点。首先从进入中国三阶段入手，分析该集团的中国策略和具体的实践探索。最后集中在政策规制层，分析了新闻集团在中国市场失利的原因，本书认为，中国限制外资的政策壁垒阻断了新闻集团价值链的建构，是渠道层出了问题，严格的进入规制阻碍了该集团差异化内容优势在市场变现为经济价值。

第七章首先评析新闻集团跨国价值链构建的三次升级历程和特点，得出"创新驱动的差异化策略成就渠道和内容环节的竞争力"经验。然后指出该集团因片面强调注意力经济而忽略社会责任的发展理念问题从根本上注定了发展动力的不足，进而将分析提升到思想和哲理层面。最后从梳理我国传媒市场化改革的历程开始，探寻在这个过程中阻碍价值链完善的三方面因素，并尝试为中国传媒集团成长探索价值实现的科学原则和有效路径。

结语部分，说明研究的核心结论、研究不足。新闻集团的成功得益于新自由主义市场环境并构建了较为完整的价值链结构；不足之处是资料有限，定量分析欠缺等问题。

二 结构

本书将产业价值链理论和市场环境理论用于分析新闻集团个案实践，在自由市场、市场化改革和新媒体三个不同市场环境中考察传媒产业价值链构建得失，寻找我国传媒产业竞争力提升有效路径。研究框架见图1-3。

```
绪论：研究背景、意义、文献综述及
研究内容、方法、创新等
          ↓
理论基础：传媒产业特性、价值属性、价值
链理论及影响价值链构建的因素
          ↓
新闻集团产业价值链
构建与全球布局
          ↓
┌─────────────┬─────────────┬─────────────┐
放松管制与新闻集团    数字化技术变革与      中国传媒市场化改革与
传统媒体价值链结构    新闻集团价值链重构    新闻集团价值链拓展困境
└─────────────┴─────────────┴─────────────┘
          ↓
新闻集团价值链构建得失
及对我国传媒业的启示
          ↓
结语：核心观点和展望
```

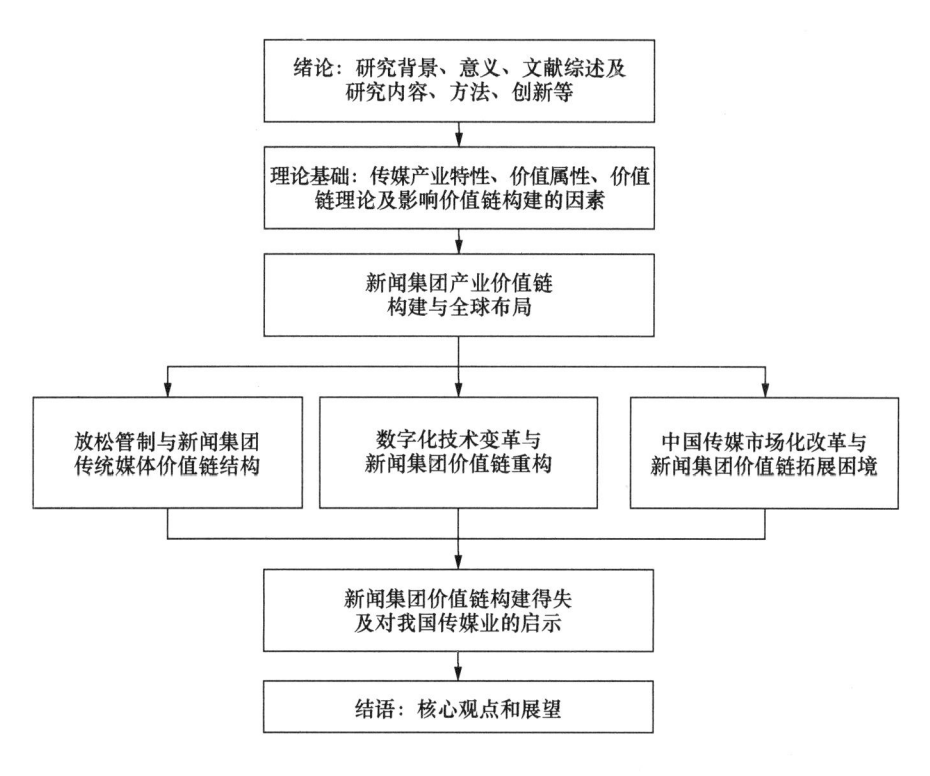

图1-3 研究框架

三 主要创新及不足

本书以传媒政治经济学为切入视角，沿着实证经济学所关注的"是什么""为什么"到规范经济学的"应该是什么"的思路进行，从历史演变、政策干预、经济策动、技术更新几个方面对特定市场环境下的新闻集团价值链构建成效和企业竞争力得失进行研究。创新点主要有切入点和分析方法的独特性、独到的个人见解和理论深度的创新。

（一）主要创新

（1）研究视角新颖，切入点和分析方法独特。本书以系统的产业结构相关理论为观照视角，建立"一心一圈二助力"分析框架，深入不同市场环境提供的可能性与价值创造的机理之间关系的层次，通过价值链分析发现利润区和公司的主要活动、关键活动、关键活动提供的最大机会之间的关系，有助于厘清价值链管理中战略连接点的取舍对于公司发展的不同影响，启示传媒企业在竞争中战略方向的选择；研究运用新自由主义市场理论，将媒介集团应对环境变动所采取的竞争战略上升到产业价值链的整合效果层面分析，这一分析角度，在学界尚未有系统的研究可资借鉴；价值链是一个较复杂的概念，价值链理论作为一种战略分析方法，能有效地帮助企业了解客户的需求，以便高效确定项目方向，本书采用价值链理论来分析默多克新闻集团创意、生产、发行、消费、延伸多环节价值链的跨国延展实践，揭示了传媒企业价值实现的独特性。

（2）独到的个人见解。本书以新闻集团这个典型案例为分析对象，梳理了新闻集团2003—2012年的财报数据和大量国内外专著和论文资料，展现了该集团的资产结构演变轨迹，为将来深入展开研究提供参考；研究通过默多克价值链整合的实践，总结其经营理念的得失，深层次探究传媒体制与自由市场之间的关系，寻求"看得见的手"与"看不见的手"之间的正和博弈的可能性。本书认为，默多克新闻集团发展史实质是新自由市场观的推行与传媒规制之间冲突、平衡的博弈演化史，在新自由市场环境下，新闻集团不仅能充分发挥创意生产和发行渠道层的优势，而且默多克自由的、通俗的、大众化的传播理念促成其新闻、娱乐产品的差异性特质凸显，特别是渠道的所有权成就了该集团强大的价值网络的贯通。但是，该集团所依赖的迎合受众需求的大众化经营理念，不利于该集团品牌价值的实现；又因没有准确参透新媒体盈利特点而导致创新转型的尝试多次失利；同时，中国严格的规制尤其是渠道的限制、产权流动的限制，使其创意价值难以发挥，直接影响该集团价值链的优化。

（3）理论深度的创新。本书结合传播政治经济学、跨文化传播学、产业经济学、制度经济学、管理学等跨学科相关理论，在比较不同管制下市场环境特点基础上，区分不同经济学理论流派，涉及宏观、中观、微观层面的理论与实践，剖析新闻集团的价值链结构在其发展历程、多元化战略中的表现和效果，对价值链结构演化进行分析评价，丰富了传媒经济学理论。传媒经济学强调的是符号经济、注意力经济、影响力经济，本书尝试以价值实现的内在动力机制理论剖析价值外在表现——价值链构建的得失，不仅要揭示出事物之间发展的内在逻辑，还上升到价值哲理层面进行探究。在现象分析基础上，本书从人性需求的哲学层面，分析市场理念与政府规制原则对传媒价值实现的内在影响，提炼概括新自由市场理念以及传媒规制逻辑对传媒价值深层次的影响机理，挖掘人性需求与社会价值之间的冲突与顺应关系，在人的需求与物的价值供给的互动模式下，建构分析框架以探析传媒业变革、发展的动力机制机理，探究经济价值实现的规律，丰富了传媒影响力理论和符号经济学理论。

（二）研究不足

本书主要梳理国内研究文献，并据此展开分析；同时，因为数据不足，研究偏重于现象描述、学理、机理的分析，定量研究不足；对新闻集团经营理念的提炼，虽然是从价值理论角度进行剖析，但深度还不够；对传媒价值的探索还显得较为零散，学理系统性有待进一步强化。

第二章　传媒产业特性与价值链构建理论及影响因素

在市场经济环境下，企业通过价值链分析判定竞争优势取得的路径，以打造关键环节的差异化战略来取得竞争优势。以信息内容、娱乐内容和广告销售为主要增值点的传媒企业，在价值创造、价值实现环节都具有突出的特殊性；而且随着数字传播技术的迅猛发展，传媒市场竞争格局发生了颠覆式的结构性变化，传统的盈利模式受到冲击和挑战，其价值链结构的调整策略直接决定着企业发展战略的实施和市场竞争力的提升。为应对新媒介生态环境变化，国内外传媒企业选择横向一体化、纵向一体化、混合一体化或者多元化的价值链整合战略方式，通过优化媒介集团内部的基本价值活动布局，形成媒介集团的差异化结构竞争优势。与实践相关的研究在同步推进，相应的价值链竞争理论在逐步积累完善。本章首先从传媒产业的特性与价值属性分析入手，对价值链相关的概念和理论进行梳理。

第一节　传媒产业特性与价值属性

传媒产业的价值实现方式不同于钢铁、航空业等实体经济产业，也不同于计算机硬件行业的价值表现。传媒产品特殊性表现在，它不只是一种实物形态的劳动产品，更多地表现为典型的虚拟精神产品和服务，表现为信息内容和物质载体的统一，以及由此带来的产业特性和独特价值内涵。

一　传媒产业独特性分析

传媒产业的独特价值，主要表现为传媒产业是以信息产品、娱乐产品以及提供相关增值服务为主体的特殊产业，是以文字、图形、影像、声音等符号形式存在于生产、传播和消费等产业链环节。传媒产业在美国被称为信息产业、版权产业，包括新闻信息和娱乐信息以及衍生产品。传媒产品首先是内容产品，具体表现为报纸、杂志、书籍、广播电视节目、音像制品、电影及互联网和新兴媒体上的某些内容，还包括与各种形式的广告及渠道所必备的物质载体相关的经济形态；然后是传媒组织通过各种媒介传播的价值理念以及与之相关的影响力经济形态。由此形成了二元市场、三元市场甚至四元市场等多元市场。传媒产业具有注意力经济、影响力经济、规模经济、范围经济和集成经济特征，其产业价值链结构复杂，不仅具备实物形态价值体系，更形成了由注意力和品牌影响力带来的虚拟价值体系。

（一）从传媒"二元市场"到多元市场

所谓二元市场又称二元产品市场，是指传媒公司创造了两种商品：一种是内容，另一种是受众注意力，传媒产品和服务供给的目的，是通过交换满足消费者和广告客户的需要。1989年，罗伯特·皮卡德提出了"二元产品"的概念，"从经济角度看，媒介产业不同于一般产业，原因为其在所谓的二元产品市场中运作"。[①] 这意味着传媒主体在创造内容价值的同时，应尽可能扩大传播范围，吸引广告客户的注意，进而把受众注意力商品化并出售给广告商，形成二重出售模式（见图2-1）。与之相应，企业的盈利模式也就分为广告支撑型和内容支撑型，而且广告支撑非常关键。相比于报纸、电视、网络媒介以广告出售模式为主，图书、期刊、电影、唱片行业以及付费电视，内容价值模式更为突出。

在二重出售模式基础上，屠忠俊将报纸、杂志、广播、电视、互联网的ICP构成的大众传播媒介的销售市场分为如图2-2所示的四个部分，命名为传媒四元产品模式[②]，即将内容出售的对象公众分为受众（媒介信息产品购买者）和消费者（商品、服务购买者）；将广

---

① [美] 罗伯特·皮卡德：《媒介经济学——概念与问题》，韩骏伟、常永新译，人民邮电出版社2009年版。
② 屠忠俊：《现代传媒经营与管理》，华中科技大学出版社2011年版，第72页。

告空间时间出售的对象广告主分为广告空间时间购买者和商品、服务出售者。

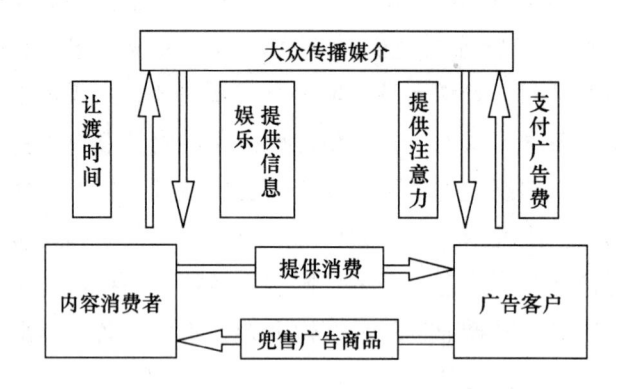

图 2-1　传媒二元产品和二重出售模式

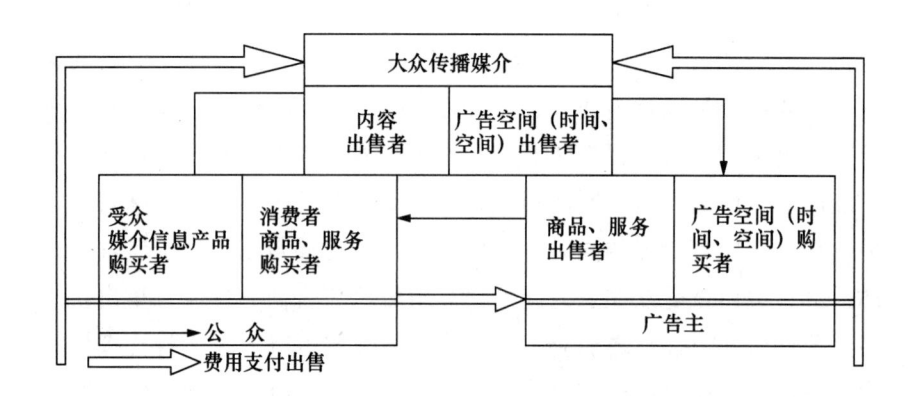

图 2-2　屠忠俊传媒四元产品模式

传媒产业拓展价值多元化实现路径,出现"多元产品",包括活动经济产品和衍生品的概念,相应地出现了三元产品市场(内容、广告、加上活动经济产品)和四元产品市场(内容、广告、活动经济产品、衍生品)模式。活动经济是指传媒通过办活动生产活动产品(会议、论坛、评奖、节庆、晚会、选美活动、竞赛项目等),并以直播、录播、刊登等形式专门吸引社会注意力来达成产品的销售促进、获得盈利(赞助费、广告收入或品牌的增值);衍生品价值包括资讯、数据分析、电子报刊、网络视频收入，还包括动漫、主题公园以及与品牌授权相关活动和资本主导的产权转移活动带来的资源整合价值。"三元市场"和"四元市场"概念的提出，其意义在于表明传媒价值的实现路径也在不断拓展。

(二) 规模经济、范围经济特征明显

规模经济，是指在某一范围内平均成本随着产出增加而递减的现象，即在特定时期内，扩大经营规模可以降低平均成本，从而提高利润水平。另外，规模经济性还表现为在生产、研发、销售等环节以及成本因素方面所形成的阻止竞争对手进入市场的障碍。

一般认为，传媒产品因其边际成本呈递减状态，具有典型的规模经济效应。因为传媒产业满足边际收益递增规律，其重要的生产要素是信息、知识、创造力等无形要素，使用中很少发生耗损；并且与物质产品的一次所有权出卖获利相比，信息产品具有突出的标准化、格式化的工业化生产特征。当拥有了优秀的内容版权 IP（如资讯、娱乐节目版权、思想观念等），就可能通过不同的传播渠道、采用不同的销售手段而获得超额利润。接近零成本的复制，可使传媒产品通过多次出售而获利。对于单个企业来说，一般是指内部规模经济，即平均生产成本随着其自身生产规模扩大而下降，因此，若要降低边际成本，就需要扩大市场占有率。国内市场往往是有限的，国际化发展战略也就势在必行了，即使是拥有很大国内市场的美国大型传媒集团，也在积极开拓跨国市场。

同时，在数字技术的冲击下，传媒市场竞争格局发生了结构性变化，单纯的规模经济模式受到挑战，竞争主体已由单个的公司上升为公司群之间的较量，即范围竞争导致的价值链结构竞争。内部范围经济的存在，使传媒产业从注重自身竞争力打造到集中于价值链结构的调整。

内部范围经济是指同一企业内部生产两种或以上相关产品成本低于不同企业生产每种产品的成本总和，所获得的经济性盈利即为内部范围经济。如生产 x、y、z……产品，若如下公式存在，则范围经济存在。

$$TC(Q_x, Q_y, Q_z, \cdots) < TC(Q_x) + TC(Q_y) + TC(Q_z) + \cdots$$

其中，$TC(Q_x, Q_y, Q_z, \cdots)$ 表示生产 x、y、z……产品的成本，$TC(Q_x)$ 表示企业生产 x 产品的成本，$TC(Q_y)$ 表示企业生产 y 产品的成本，$TC(Q_z)$ 表示企业生产 z 产品的成本，以此类推。许多国际大型传媒集团经营范围几乎涵盖了多个媒介形态，在多个业务领域都有涉及，采用的是跨媒介融合的扩张方式。这样的企业结构得益于整合了不同媒体的传播优势，达到多种经营获利的目的。美国的五大国际媒介公司的成功经验之一，是通过占有大多数报纸、杂志、图书出版、广播电视机构和影音公司，以整合统一的运营，使成本最低、效益最大，即"一家大公司在战略上未雨绸缪可以有几种方式。一项常用的战略是垂直整合。采取这种办法，一家公司将控制其大多数或所有的经营阶段"。① 国内外传媒企业适应新的媒介生态环境的变化，通过频繁的价值链整合，媒介产品之间结成横、纵向一体化链式关系，优化媒介集团内部的基本价值活动链环，从而形成媒介集团的结构竞争优势。

这里所说的结构竞争，是指传媒企业根据自身特长和核心诉求打造的具有一定优势的价值链形态。喻国明认为，结构竞争有三种模式：一是卖内容，将有价值好看精彩的内容卖给受众；二是卖影响力，媒介把对受众的影响力卖给广告商；三是经营传媒的品牌，经营传媒掌握的客户系统实现信息增值。一个媒介根据自己的情况，或者主营其中的一项，或者兼营其中的两项或三项，实现"多点产出"的传媒产业价值链的编织。② 体现在产业价值链构建上，范围经济是生产不同产品的公司进行并购或联合经营的动因，其中，内容供应商与发行商（经营商）的并购最为常见，典型案例有：维亚康姆（拥有有线系统、国际有线、卫星频道等产业资源）以 100 亿美元收购派拉蒙影业、默多克新闻集团以 5.75 亿美元购买了 20 世纪福克斯影业等。

而且，规模和范围经济除了带来直接的低成本扩张的利益外，还

---

① ［美］理查德·A. 格申：《跨国传媒公司与全球竞争的经济学》，引自［美］叶海亚·R. 伽摩利珀编著《全球传播》，尹宏毅译，清华大学出版社 2008 年版，第 47 页。
② 喻国明：《传媒竞争力——产业价值链演变案例与模式》，华夏出版社 2005 年版，第 3 页。

能获取政治影响力，进而获取更多优惠宽松的商业政策，二者互相推进，这也是美国等发达国家媒介与政治不可分割的关联所在。

（三）注意力经济、影响力经济和集成经济

传媒产业的注意力经济特点突出，个体注意力的预算约束与优化配置是传媒经济学的关注重点。以信息获取、加工处理以及传播为内容的信息产业，媒体获得受众注意力是传媒的真正价值所在。这一观点由加拿大原创媒介理论家马歇尔·麦克卢汉（Marshall Mcluhan）在20世纪60年代提出。他认为，电视台看起来好像是免费提供节目给受众，其实际目的却是以观众的注意力为标志的收视率。"注意力经济"一词出现于美国学者迈克尔·戈德海伯《注意力购买者》（1997）一文，他认为，"注意力经济"比"信息经济"更能概括互联网时代的供求特征。他指出，相对于过剩的信息，只有一种资源是稀缺的，那就是受众的"注意力"。这一理论揭示出传媒企业竞争的关键所在。在注意力经济视角下，有效受众群定位、受众关注程度、受众注意力保持度成为传媒企业价值链整合应重点考虑的三大要素。随着数字技术的发展，注意力这种稀缺资源之争愈加激烈。以报纸、电视为主的传统媒体被网络、手机、平板终端等新技术冲击，数字出版、电子报刊、手机报刊、数字电影、电视电影、数字电视、手机电视、移动电视、楼宇电视、IPTV、数字动漫、电子游戏等传媒新兴形态纷纷出现，电子商务、网络视频、社交平台、无线通信、在线阅读、数据库等增值业务也吸引了时尚群体。虽然上述媒介类别形式各异，但同属吸引受众的"注意力经济"范畴。在这一理论下，"受众本位"的理念贯穿于各种传媒活动，盈利模式总是根据不同的受众需求做出相应调整。

"注意力"概念之后，其衍生概念"转化率"升级为互联网时代影响媒体盈利模式的关键概念，转化率高低决定了媒体的商业价值。学者赵曙光对此进行了细致研究，认为"转化率"是指在一个统计周期内，完成目标转化行为的次数点击量（PV）或用户量（UV）的比率，包括用户注册、购买、支付、咨询、投诉、反馈等。一般以购买和支付为统计的内容，购买行为产生主要经过四个环节：注意（Attention）—兴趣（Interest）—欲望（Desire）—行动（Action），基于此建立了 AIDA 分析模型。①作者指出，在触发注意、唤起兴趣、激发欲望和实现交易的链条上，越接近交易环节，转化率相对较高。为此，新媒体和传统媒体都在接近用户方式上进行探索。……以广告作为主要盈利模式的传统媒体、综合门户网站和新闻门户网站主要是注意力环节。社交网站以口碑营销为重点主要是唤起消费者的兴趣。②

传媒影响力概念，是注意力概念的升级版，影响力体现在对于"社会注意力资源"能够"保持在时间上得以延续"，即强调了转化成"有效注意力"的重要性。喻国明更深一层认为，"影响力是传媒经济的本质"，"就是它作为资讯传播渠道而对其受众的社会认识、社会判断、社会决策及相关的社会行为所打上的属于自己的那种'渠道'烙印。"③ 即通过对受众的注意力的影响能够在多大程度上进一步地影响社会进程、社会决策、市场消费以及人们的社会行为，即影响力具有集聚与投射功能。④ 媒介价值在时间维度和空间维度的有效配置是通过传播过程实现的，是由"吸引注意"和"引起合目的的变化"而构成的。⑤ 影响力高于注意力的新奇、惊悚、探秘特性，而特别重视品牌价值理念，而价值的引领其间埋藏着巨大财富。注意力挖掘的是人类需求相对浅层次的显性的内容；而影响力更多关注的是精神层面的隐含的价值追求。注意力在不同的媒介牵引下流向不同的领域，其对社会资源配置所引发的"乘数效应"并不相同。传媒影响力的打造需要在价值传递的链条中的接触环节、保持环节、提升环节等环节中着力。⑥

整合力与传媒集成经济。集成经济是近年来数字技术环境下企业

---

① 赵曙光：《致命的转化率：一个理解媒体核心竞争力的关键概念》，载崔保国主编《中国传媒产业发展报告》，社会科学文献出版社 2014 年版，第 183 页。
② 同上。
③ 喻国明：《传媒影响力——传媒产业本质与竞争优势》，南方日报出版社 2003 年版，第 3—12 页。
④ 喻国明：《传媒影响力——对传媒产业本质的一种诠释》，《北京广播学院学报》2003 年第 1 期。
⑤ 喻国明等：《传媒经济学》，中国人民大学出版社 2007 年版，第 40—46 页。
⑥ 喻国明：《传媒影响力——传媒产业本质与竞争优势》，南方日报出版社 2003 年版，第 4—12 页。

界开始重视的经营战略模式之一,在传媒影响力经济的研究基础上,喻国明(2011)提出,"整合力是数字技术环境下传媒发展的核心竞争力",认为媒介发展要突破自身资源的限制,应该与其他媒介、与传播的"全民生产"能力、与更为丰富的社会资源和商业资源之间进行整合。2014年,他又提出,传媒产业未来形态是"集成经济"这一观点,强调了传统媒体转型在媒体竞争加剧、社会变动不居、用户偏好波动不已的互联网时代要重视集成能力,要借鉴网络公司的经验,当网络技术冲破各种进入壁垒后,"网络传媒公司以资源整合关联为中心,以推进集成经济模式为战略,搭建关系平台、创造新兴社会价值,不仅对我国传媒经济发展与国民经济结构影响重大,而且也推动了整个社会关系的改变和交往的进步,为传统媒体转型带来启示"。[1] 整合力和集成经济的提出为传统媒体转型提供了新思路和理论支持。他认为,受体制限制的传统媒体既不能通过跨媒体、跨地区、跨行业延伸品牌价值,更无法多层次整合关联资源和渠道价值,无法满足集约式发展以提升企业竞争力的内在要求,需要采用集成经济发展模式。集成经济是指"通过整合配置关联的系统内外资源,以结构改造与有机集成结合,突破传统产业界限,延长和扩张产业价值链,提高各个要素的协作能力和生产效益,扩大市场经营范围,增强管理和营销转化能力,节省各环节资源成本,避免有形无形浪费,使相关产业资本都能获得利润最大化"。[2] 这一概念为分析美国在线和时代华纳的并购失利的案例,提供了很好的思路,集成能力不足是导致时代华纳放弃美国在线的主要原因之一。

二 传媒产业价值形成的机理

(一)价值的内涵

"价值"一词,是一个不易诠释的概念,在哲学层面和经济学视域也没有统一的解释。哲学层面的价值内涵,一般泛指客体对于主体表现出来的积极意义和有用性。经济学视域的价值[3]首先是指交换价

---

[1] 喻国明、樊拥军:《集成经济:未来传媒产业的主流经济形态——试论传媒产业关联整合的价值构建》,《编辑之友》2014年第4期。

[2] 同上。

[3] 本书中,若没有特殊说明,价值指的是经济价值。

值，产品或服务的价值大小体现为市场中交换的多少，也就是价值量；作为产品或服务的测量尺度，价值量体现了该产品或服务对消费者的重要程度和购买能力。那么如何衡量价值大小，价值与价格的相关性又如何呢？许多学者试图探明价值产生和实现的规律，效用价值论和劳动价值论表明了两种研究思路。

萨伊提出的"效用价值论"指出，"物品的效用是物品价值的基础"，尤其是他将"劳动、资本、土地（自然力）"在价值创造所起的作用进行了分析，这样就有助于分析价值与价格之间的关系。

"劳动价值论"，是关于价值的经典论述。英国威廉·配第提出的"劳动是财富之父，土地是财富之母"指明了价值的来源，在生产要素中寻找价值与价格的内在约定。亚当·斯密不仅提出了交换价值这一概念："劳动是衡量一切商品交换价值的真实尺度"；也明确了使用价值的内涵："'价值'一词有两个不同的意义。它有时表示特定物品的效用，有时又表示由于占有某物而取得对他种货物的购买力。前者可叫作使用价值，后者可叫作交换价值。"[①] 大卫·李嘉图继承和发展了亚当·斯密创立的劳动价值理论，从相对劳动的角度，提出决定价值的劳动是社会必要劳动，"决定商品价值的不仅有活劳动，还有投在生产资料中的劳动。"马克思从劳动的二重性角度完善了劳动价值论。价值就是"凝结在商品中无差别的抽象的人类劳动，即商品价值。""一切劳动，一方面是人类劳动力在生理学意义上的耗费；就相同的或抽象的人类劳动这个属性来说，它形成商品价值。"[②] 基于这一角度，马克思界定了使用价值为"给予商品购买者的价值"、交换价值为"使用价值交换的量"。"一切劳动，另一方面人类劳动力在特殊的有一定目的的形式上的耗费；就具体的有用的劳动这个属性来说，它生产使用价值。"[③] 这说明，以价格形态呈现的交换价值代表的是消费者接受的使用价值，并不必然总是与凝聚在商品中的抽象劳动量的大小相关。

笔者认为，劳动价值论和效用价值论并无根本性矛盾。交换价值

---

① ［英］亚当·斯密：《国富论》，杨敬年译，陕西人民出版社2006年版，第34页。
② 《资本论》第一卷，人民出版社2004年版，第60页。
③ 同上。

是与消费者的满意程度相关联的，满意程度称为效用。效用是量化了的满足、幸福、享受等主观感受。消费者在市场中进行各种选择，目的在于求得效用的最大化。效用论，关注的是消费者使用产品或服务的满意度，是从物质产品的功能性特征和受众角度认识和定义其价值大小的；而劳动价值论是从生产者的角度，强调的是产品实体价值形成的劳动量。

传媒产品作为一种特殊商品，其价值大小不仅取决于与有效劳动有关的交换价值，更有赖于能满足受众的效用程度，从属于精神需求的功能性价值范畴。传媒产品作为精神产品，其效用价值的实现是客观性和主观性结合的问题，涉及消费心理、传播环境、使用满足以及与价值链有关的稀缺资源整合影响力等多个方面。"以劳动价值论统一使用与满足理论，不仅可以说明具有政治属性的传媒产品的生产与消费，而且也可以说明具有商品属性或者兼有政治属性和商品属性的传媒产品的生产和消费。"[①]

(二) 传媒产品的价值属性

随着数字时代的到来，信息逐渐成为影响社会生活甚至社会进程的重要力量，信息传播不只是一种技术力量，更是一种经济力量和政治力量，甚至是深层次不可忽视的文化价值观的塑造力量。因此，信息传播也受到各国重视，不断出台如"国家安全战略"等相关规制，影响着传媒产品的价值实现机制，影响传媒机构的价值驱动战略选择。

传媒产品的价值源于人类从事物质生产活动的需要，传播活动使人们更加深刻、更多层次地理解生产关系的本质，从而更好地适应和促进社会生产力的发展。在这个意义上说，传媒产品具有社会属性和经济属性，相应也就有了社会价值和经济价值。

社会价值是指由传媒产品的社会效用产生的价值，具有鲜明的意识形态属性，应以积极向上的价值观大力引导，需以具有品牌影响力的传媒产品和服务培育正确的社会价值观。从世界传媒业的发展来考

---

① 李松龄：《传媒产品的商品属性及其价值特征》，《湖南大众传媒职业技术学院学报》2005年第6期。

察可以看出，许多国家陆续经历了从商业新闻信息、政论政党报刊、垄断传媒集团到国际网络时代的媒体形态演变过程。传媒产品的宣传品属性使得媒介在大多数国家被认为是一种社会公器。其中，传媒产品作为一种政党宣传的社会公器是阶级斗争的需要，是政党宣传其纲领、路线、方针的一种舆论工具。同时，作为被称作"第四权力"的媒体，又自觉不自觉地被标上了监督社会运行风险的力量标签，媒体也就成了公正、正义的代名词。受众对媒体有一种传播正能量、善知识的美好期待，表现在媒介形态上就有了高雅、向上和庸俗、低下的品质定位的区分，在市场表现上就有了大报和小报的份额差异，在经济形态上就有了注意力和影响力的分野。媒介品牌影响力的形成，虽然以注意力为基础，但是，其价值的提升与传播承载的内容品位高下密切相关。迪士尼带来的娱乐，是积极向上的，超越了注意力而至影响力经济层面。中央电视台的《百家讲坛》《汉字听写大赛》和《舌尖上的中国》以及河北卫视的《中华好诗词》[1]，是以宣扬优秀文化为特色的节目，不仅实现了很好的社会影响，还推动了收视率的提升。

传媒产品作为一种效用的实现，通过市场交换，产生了商品价值。加拿大学者文森特·莫斯可（Vincent Mosco）从媒介传播的角度分析价值的产生，认为文化产品的市场交换是由多个符号代码传播的动态过程，故价值是由"一连串的实践行为连接成螺旋状的交换价值"。[2] 可见，交换是传媒产品商品价值实现的条件之一。传媒产品具有商品属性，是在传媒生产社会化分工的生产力基础上由劳动所产生的，同时又必须具有交换所需要的排他性的传媒所有权的制度基础。凯夫斯认为："一切文化产品，不论是书籍出版、油画与雕刻、表演与影视以及媒介产品，等等，都重叠着文化价值、艺术价值或单纯的娱乐价值，并在这些重叠的价值中衍生出特定的市场交换价值。"[3] 19

---

[1] 由河北电视台发展研究部自主研发的文化类大型季播节目。

[2] ［加拿大］文森特·莫斯可：《传播：在政治和经济的张力之下》，胡正荣等译，华夏出版社2000年版，第147页。

[3] ［美］理查德·E. 凯夫斯：《创意产业经济学——艺术的商业之道》，孙绯等译，新华出版社2004年版，第5页。

世纪末，由于独立于政府和政党之外的商业性报纸取代了政党报纸，成为欧美国家报业的主体，报纸经营过度商业化，完全偏向商品性，为追逐利润而不择手段。第一次世界大战后至第二次世界大战后不久，传播界垄断的势力范围进一步扩大：从日报扩展到周报、杂志、通讯社、特稿辛迪加、广播电台、图书出版、电影等其他传播媒介领域之中，垄断的程度进一步加强。至此，报纸的商品性进一步突出。在我国，改革开放后逐渐恢复了1957年前就已经认可的传媒产品的商品属性。

表2-1　　　　　　　　　　传媒产品价值特征

特征＼类别	非传媒产品价值	传媒产品价值
价值类型	物质价值	精神价值和物质价值
价值实现的方式	一次售卖	二次售卖到多次售卖
价值消费	不可增值，不能共享	实现增值，可以共享

社会价值与商品价值密切相关，一般来说，社会价值居第一位，商品价值居于第二位。但是，在某些特殊环境下，作为市场经济环境下的交换价值不能明显地体现出这一规律，甚至走向它的反面，也就是那些社会价值很差的低俗的产品却获得了可观的经济价值。由于广告的强力介入，商业电视对社会产生了很多不良效果，存在诸多弊端。广告的主要目的是鼓励消费，甚至是不该消费的多余消费。这是因为，传媒产品的内容生产具有典型的符号经济特征。在消费社会，人们消费的不是商品而是商品的符号价值。

与符号价值相关的符号经济最早是由德鲁克[1]于1986年提出的，他区别了以产品和服务的流通为内容的实物经济，并指出符号经济已大体上取代实物经济，"醒目而又最难理解"地成为世界经济的车轮。所谓符号经济，是指借助符号实现的货币和信用，即资本的运动、外汇汇率和信用流通所产生的价值。符号经济的概念逐渐延伸到除资本

---

[1] 美国经济学家彼得·德鲁克于1986年提出符号经济概念。

和信用以外的商品流通领域,商品的符号价值在与其他商品符号的关系中才得以体现。"通过媒介为商品赋值,单个商品可以获得远大于其实际使用功能的符号价值。"①

传媒产品注重符号的"能指",它导向符号"能指"的娱乐性的消费。索绪尔认为,符号包括能指和所指两个部分。能指是符号的物质形式,表现为一种声音或图像,能够引发人们对某种概念的联想。所指则是那个联想的概念;罗兰·巴尔特将它延伸到"神话"层;费斯克进一步延伸到"意识形态"层;鲍德里亚②认为,能指的价值在于交换,传媒产品通过符号形式,将商品功能和社会意义置换,实现了交换价值,使用价值进入所指层面,直至象征性消费,也就是"类像"层。在符号世界,以所指为主要诉求的社会价值,往往被能指的感官特性所左右,出现价值的迷失。不仅广告具有一定的扭曲影响,影视产品也有潜在地左右价值体系的作用。鲍德里亚的《消费社会》以其独特的视野,描绘了西方大型统治集团通过符号消费操控意识形态的真实图景,加深了读者对媒体作用的理解。

这一现象表明,传媒产品作为商品生产和商品交换的价值具有独到的特点,在市场交换机制和政府的规制动态平衡下实现。平衡公共利益、商业利益和政党利益的不同价值诉求,应引导而不应只是一味地适应受众的能指层面的感官需求。理论上讲,由于公共物品属性存在,对于自然垄断属性的传媒产业来说,仅靠市场机制的作用难以产生有效而充分的传媒内容产品的供给。许多国家的公共电视供给实践的探索即是明证,某些触碰了新闻传播规制底线而受到遏制的企业失败案例,也表明传媒产品价值属性的独特要求。即使在没有节目审查制度的自由市场国家,商业媒体为了经济利益不仅要避免触犯法律、政策,又要防止伤害公众的感情的言论传出,在多种制约中力争走好"平衡木"。

(三) 传媒产品的价值实现内容

传媒产品是劳动产品,具有价值和使用价值。因为具有经济属性

---

① 喻国明等:《传媒经济学》,中国人民大学出版社 2007 年版,第 48 页。
② 鲍德里亚在 1968 年出版的《物体系》一书中提出此观点。

而被作为商品进行生产和交换。传媒产品价值的实现不同于其他产品，受社会偏好结构和个人偏好的影响很大，随着偏好的变化，传媒产品的价值界定和价值衍生呈现其显著特征。具体来说，传媒产品的社会价值有舆论价值和公益价值，经济价值有内容价值、广告价值、衍生价值和金融资本价值四种。

传媒产品的价值形态
- 社会价值
  - 舆论价值
  - 公益价值
- 经济价值
  - 内容价值
  - 广告价值
  - 衍生价值
  - 金融资本价值

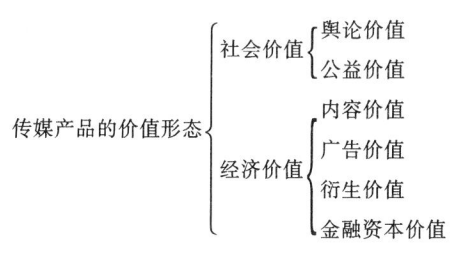

图 2-3 传媒产品的价值

（1）内容价值，来自内容产品的稀缺或者吸引力，直接表现为发行价，即消费型传媒产业盈利模式，它通过满足用户信息获得、文化娱乐需求，采取从消费用户前向收费的形式获取收入。媒介要赢得个体的注意力资源，首先要形成自身特色。关键在于要有好的作品，以传媒产品形式呈现的符号信息作为一种资源，要具有使用价值。根据传递的内容不同，可以分为新闻、资讯、知识、娱乐等不同类型，这些类型根据需要又可分为大众化、精英化、定制化等细分产品。不同需求的产品具有不同的价值，要根据用户的消费习惯培养消费市场；同时又要建立良好的版权保护机制。

（2）广告价值，又叫中介价值、平台价值，来源于渠道产品或者终端平台，即通过渠道或平台提供的信息产品、娱乐产品吸引用户注意力，并通过向广告主出售广告资源来盈利，并且信息内容价值的实现要通过一定的渠道和平台到达受众。麦克卢汉在《理解媒介：论人的延伸》中指出，媒体是"人的延伸"[1]"媒体即信息"，他强调了媒体作为渠道的重要性和占有渠道的重要性。也就是说，传媒产品的使用

---

[1] ［加拿大］马歇尔·麦克卢汉：《理解媒介：论人的延伸》，何道宽译，商务印书馆2000年版。

价值，必须附着于某个客观媒介，通过某个渠道呈现出来。信息可以根据不同的传播需要选择不同媒介符号表现出来，如文字、图形、图像、声音、影视和动画等。渠道也有纸媒、电子媒体、数字媒体，终端平台也被认为是广义上的渠道。当前广告型媒介的渠道竞争已经延伸到互联网领域，并且与有形产品的线上线下销售（电商）结合得越来越紧密。采取"互联网+"的方式传播信息，具有非常紧迫的现实必要性。因为没有通畅的渠道，则内容的价值实现便如深山里的美玉，价值也容易被湮没、被打折扣。

在媒介产品和服务的二重出售、二元市场理论基础上，屠忠俊综合了我国传媒业的特殊角色，把报纸和电视业的运营细化为四重售卖模式（见图2-4）[1]，将内容细化为信息类和按摩类两种，分别针对享受按摩者和了解资讯者，也把传输渠道和终端细分为宣传时空和广告时空，分别针对宣传者和经营者。

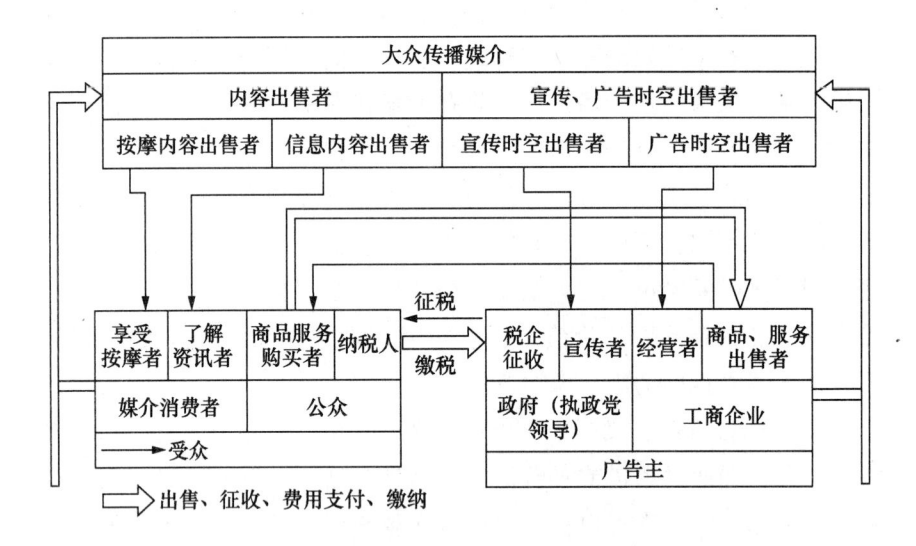

图2-4 屠忠俊传媒产品四重售卖模式

不管是二重售卖还是四重售卖，其共同处在于要取得传播内容、

---

[1] 屠忠俊：《现代传媒经营管理》，华中科技大学出版社2011年版，第76页。

传播平台、传播渠道的影响力。其传媒活动的价值实现一般分两步进行：先以内容产品价值吸引受众，然后将受众注意力价值转化的渠道或者终端增值当作商品出售给广告商。传媒企业价值最大化的制胜之道，在于做好受众和广告商之间的桥梁，关键要有差异化的吸引人的信息、意见或娱乐节目，或者有通畅的传播渠道，其中最有力的控制模式是"内容+渠道"，二者可以形成互补结构。在第一步内容的发行交换价值诉求环节，可以不计成本、不管盈利有无，甚至可以免费或者超过成本促销发行，主要为第二步能赢得足够的筹码，将价值转移到出售广告资源获益。媒介的这种特点，即喻国明所说的"倒钩刺"效应，媒介以节目内容为香饵，吸引注意力售给广告商或者宣传者，以赚取成本与价值之差。在这个转换中，第三种价值即衍生价值的作用很突出。

（3）衍生价值。从传媒已有的品牌、版权、渠道等核心价值资源出发寻找增值空间，可在以下四个方面获得衍生价值：一是资讯信息的精深加工，如盘活信息总汇的资源，为组织或个人提供专项定制化信息服务。二是团队的业务价值挖掘，盘活专业优势资源。如对客户进行特定资讯服务的精准营销等。三是品牌影响力价值的拓展。利用品牌开发相关的业务，如服装、学习用品、主题公园等品牌授权业务，或者展销、数据调查分析、咨询等业务。四是开发相关的活动经济。如用事件营销、评价、主题宣讲等活动来拓宽市场空间，增强价值回报能力。

由以上媒介产品价值理论可知，媒介产品价值一方面源于自身内容的客观品性，另一方面在于受众的主观接受满意程度。传媒产品的边际效用取决于以往的消费总量和鉴赏能力，这与其他产品边际效用递减有所不同。在某种意义上说，媒介产品不是典型搜寻品，也不是典型体验品，而是典型信任品，因为其绝大部分特性即使在购买之后也只能不充分地被受众加以评价。媒介产品的吸引力在满足受众精神需求层面具有独具的优势，是通过产品的差异化特质并建立信誉而获致影响力；同时，影响力带来的不仅是发行和广告销售的增加，更重要的收益还在于带来的衍生产品的价值以及电影产品的价值、网络平台、交互网站的价值实现。

需要说明的是，实现以上三种价值，不管是注意力价值，还是转化为品牌影响力价值，首先来源于内容价值，是内容价值的副产品；当发行量、到达率足够大，一般会吸引广告商或者投资者，品牌价值也会升高，各种衍生品所带来的价值也会提高，而且这部分价值一般大于发行实现的价值。另外，通过对渠道的占有、活动的增加、资源的整合，媒介企业可产生整体价值的连续实现，即：

媒体收益 =（产品直接价值 + 间接价值）- 各种成本

价值的最大化，在管理层面主要得益于价值链的有效管理，因此本书引用价值链相关概念和理论进行分析。

（4）金融资本价值。通过资本运营来获得价值，资本运营主要有交易式资本运营、融资式资产运营、扩张式资本运营、投资式资产运营。主要有两种增值表现：一是通过资本的力量推动价值增值；二是通过买卖赚钱，如南非 MIH 投资腾讯 34%，收益丰硕。

第二节　价值链理论

价值链理论产生于 20 世纪 80 年代初期，作为一种企业战略分析方法、企业管理方法被提出来和运用，即从价值创造的视角，分析企业经济效益产生的过程以及与之密切相关的企业业务结构。在随后的几十年，技术的变化促使市场结构、受众需求不断变化，世界范围内尤其是发达国家的许多现代企业集团价值链已经超出了单个的企业范畴，随着"供应链""产业链""价值网"等概念的出现并得到广泛应用，价值链理论也逐渐发展并趋于完善，由实体经济价值链到虚拟经济价值链，再到研究纵横交错的产业价值网。相比于产业链，价值链侧重从价值实现的角度分析企业的运作环节、层次之间的关联，突出对产业链中战略环节的价值创造和带动作用的分析。

一　价值链概念与内涵发展

以企业战略研究而闻名的美国哈佛商学院迈克尔·波特教授[①]，基于"企业的任务是创造价值"的观念，沿着实体企业供应链向客户关系延伸的思路深入探索价值实现的规律，于1985年在《竞争优势》一书中首次提出"价值链"这一名词，并指出，企业价值分析方法，是识别和评价企业资源和能力的有效方法。此后，这一分析方法很快得到广泛应用，国内外也出现不少理论研究成果，随着虚拟价值链、价值网概念的出现，不断丰富价值链管理理论。

（一）价值链概念

在波特看来，价值链分析工具对诊断企业竞争优势作用很大，通过深入分析找到关键环节，从而帮助企业提升竞争力。"竞争优势归根结底来源于企业为客户创造的超过其成本的价值"，"价值是客户愿意支付的价钱，而超额价值产生于以低于对手的价格提供同等的效益，或者所提供的独特的效益补偿高价而有余"。[②] 为获得更多价值，需要进行价值活动的有效管理。在满足客户需求的一系列价值创造活动中，包括进料后勤、产品设计、生产、营销和售后服务五类主要活动系列的垂直一体化的商业活动，以及其他提供支援的包括采购、技术开发、人力资源管理和企业基础设施四类辅助活动，通过信息流、物流或资金流联系在一起，组成动态价值链。[③] 价值由一连串企业内部物质与技术上的具体活动与利润构成，这些生产经营活动互不相同，又相互关联，每一项价值活动都会对企业价值实现的大小造成影响，如图2-5所示。[④]

波特的主要贡献不仅在于将价值创造过程分解为一系列具体活动，还表现在强调了价值链分析的主要特点。第一，价值链的关键是"联结点"。既包括企业在保证内部"九类价值活动"之间相互影响的联结点，还包括这九类价值活动与上游供应商、下游经销商的价值链

[①] 迈克尔·波特被称为"竞争战略之父"。
[②] ［美］迈克尔·波特：《竞争优势》，陈小悦译，华夏出版社2005年版，第34—55页。
[③] 同上。
[④] 同上书，第36页。

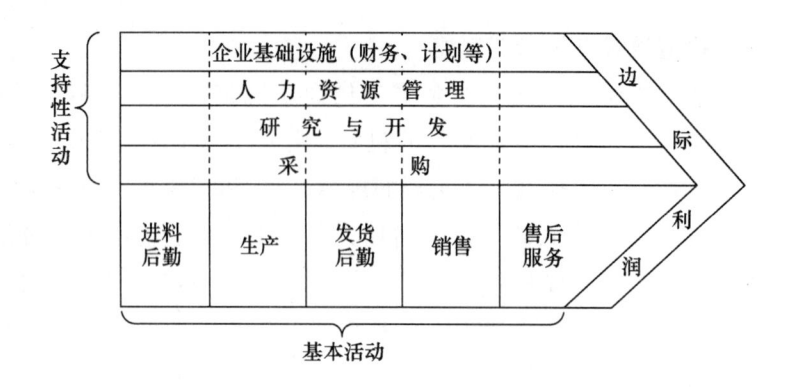

```
                  ┌─企业基础设施(财务、计划等)─┐
         支持性   ├──人 力 资 源 管 理──┤ 边
         活动     ├──研 究 与 开 发──┤ 际
                  └──采 购──┤ 利
                  ┌进料│生产│发货│销售│售后┐ 润
                  │后勤│    │后勤│    │服务│
                  └────┴────┴────┴────┴────┘
                        基本活动
```

图 2-5 波特的价值链模型

系统的衔接点。第二，注重内部整体"价值系统"的观念。波特强调了不同细分市场的价值系统之间的联系，公司内部业务单元的联系构成了企业内部的价值链，进一步延伸出去，使上下游关联的企业与企业之间做充分有效的串联，构成一个产业价值链。[①] 由此指出，竞争不只是企业某个环节的竞争，也是整个价值链的竞争，而整个价值链的综合竞争力决定企业的竞争力。第三，要重点培育"战略环节"。在众多的经营活动中，并非每个环节都创造价值，其中创造较大价值的活动单元，就是企业价值链的"战略环节"。价值链的战略环节关系着企业的竞争优势，企业竞争力往往表现为价值链中某个或某些特定的战略环节上的优势。为实现核心价值，企业不仅要整合内部资源，更要将外部价值链相关的因素合理安排，即价值链完善（优化）。

当然，这一理论的不足也很明显。首先，波特价值链结构以产品和企业为中心，而没有注意到消费者的需求特点及其反向影响力价值。与波特的价值链相比，英国管理学家海尼斯将价值链放到更宽阔的领域进行研究。他不仅将原材料考虑进来，而且把顾客纳入他设计的价值链，把顾客对产品的需求作为生产过程的终点。[②] 其次，波特

---

① ［美］杰克·桑克和戈文德瑞亚等在1993年出版的《战略成本管理》中提出了"产业价值链"的概念。
② 林忠礼：《基于价值链重构的报业集团竞争战略研究》，山东大学出版社2009年版，第15页。

的价值链结构分析基于企业间的竞争诉求，而没有重视企业间可能的合作关系，割裂了企业间的价值共享、互补的关系。最后，基于数字时代之前的工业经济时代的传统产业，比如饮料、造纸、航空等实物形态的产业价值活动，对于品牌价值等无形资产的传输、版权经营独特性尚未涉及；更没有重视信息在增值活动中的主要作用。当前，信息不再只是价值链活动的辅助部分，而是成为越来越重要的独立生产要素，在促成大量虚拟价值实现的作用方面越来越明显。因此，非常需要加强对虚拟价值实现的机理和影响因素的系统研究。

（二）虚拟价值链

虚拟价值链概念是在数字技术纵深推进过程中出现的，由哈佛商学院的雷波特和斯威尔克拉等在1995年提出，特指实物价值在虚拟的信息世界所形成的新的价值实现链条，是实物价值链的信息化形式。互联网技术使竞争主体由单个的公司上升为公司群之间的较量，传输渠道、终端平台在产业发展中作用日益凸显，实物价值链的各个环节与虚拟价值链结合越来越密切。虚拟价值链包含原始信息收集、选择、组织合成及配置使用等价值创造活动，各环节活动以信息技术为平台，整合实体价值链与虚拟价值链，为消费者创造新价值形态和社会效用。对于虚拟价值的研究，随着信息服务业的发展在20世纪70年代中后期发展起来，价值增值通过提供服务得以实现，服务业的发达拓宽了虚拟产业链的价值获得渠道，尤其是随着无形资产概念的出现，价值渗透到产业链各个环节，对价值链的分析也趋于超越网络渠道的限制，进一步延伸到对互联网平台的价值整合。

虚拟价值链的提出，肯定了信息活动作为新的价值来源的重要性，重新定义了企业竞争的内涵，虚拟价值链的每一个环节都可以创造价值，竞争优势不再只是以量取胜。尽管虚拟价值链以实物价值链为基础，但它又高于实物价值链，不只是依赖实物产生附加价值，虚拟价值本身也可以产生多元衍生价值。

（三）网络价值链（或叫价值网）

随着信息技术的全产业渗透，产业合作方式多样化，合作领域的网络化不断纵深推进，为价值的产生提供了更多可能。价值链也由单个公司的联结扩展为由上下游公司构成的生产端到用户端的一体化产业系统。

随着学者对网络空间中信息增值活动展开的研究深入,价值网络概念随之出现。如安得亚斯(2002)探讨创造更大价值的联盟网络的思路,其重点在于研究通过虚拟价值链将分割的市场连接起来的方法。

价值网络概念的提出,为所有成员通过统一的基础设施共享数据、信息、知识等资源,优势互补而共同为顾客创造更大的价值提供了思路,也把价值链的重要性提升到更高的战略高度。同时,"价值网络仍有其模糊性,有时很难把握,因为市场总是处于变化之中,企业的资源和能力也不断变化。同时,由于在价值网络之内含有不同的参与主体,如何通过有效的合作实现利益共享、合作共赢,需要在价值网络之内建立起强有力的协调机制,因此在构建价值网络时应当对内外环境、资源进行深入的分析"。[①] 显然,这对下一步的研究提出了新的要求。

二 价值链基本特征

由上可知,价值链内涵是随着发展环境的变化而得以不断丰富的,由工业制造业经济到信息经济,价值实现更加多元,价值链的整合呈现出不同于以前的网状特征,联系更为复杂。基于产业经济不断发展的事实,结合传媒业发展案例,笔者在此对价值链的五个基本特征进行概括。

第一,整体增值性。整合优化价值链的目的是通过管理关键的战略环节使资源多次利用以整合有效的价值链来获取尽可能多的价值。换句话说,企业集团不必太在意某一环节、某一时段得与失,而是要以价值链整合战略为重,以价值链优化思路获取长远利益。比如,2001年新闻集团财务年度报告显示,虽然电影市场不景气,但默多克表现得依然很有信心,因为DVD、录像的销售为集团提供了稳定的财源。默多克多次自诩企业结构健康,意思是说,其多元化的价值结构完全能化解某一方面的危机。虽然新闻集团近年来开拓新媒体屡受重挫,但2012年的整体业绩骄人,因此也可以这样认为,新闻集团的价值链整合曾经一度非常有效。

---

① 林忠礼:《基于价值链重构的报业集团竞争战略研究》,山东大学出版社2009年版,第21页。

第二，整体关联性。企业集团构建的价值系统是一种网状结构，由供应商、客户、销售商以及各种合作伙伴等价值环节整合而成，这种一体化价值链对增进顾客价值、获取竞争优势的能力明显增强。每一个节点变化都会对上下节点产生连带影响，连带效应有正有负。如迪士尼的发展是齐头并进思路，动画、主题公园等同步推进，通过构建完整的产业链，能有效发挥其"品牌乘数"的连带正效应。默多克的分拆也是基于价值链的优化目的，近年来纸媒业务一直亏损，而分拆则意味着利润丰厚的娱乐业务可以摆脱报业下滑带来的连带负效应的拖累。

第三，动态平衡性。企业价值链的构建也是一个动态过程，需要根据企业所处的产业环境中政治、经济、社会的各种影响因子变化选择适当的竞争战略，动态整合价值增值节点，动态布局产业链，采用多元化或者一体化的方式，向外延伸价值增长空间。西方英美自由市场与处于深化改革的中国市场环境不同，若是照搬自由市场的盈利经验到其他市场，则失败的风险会大增；新闻出版、广电等传统媒体的转型发展，是适应互联网这种新的信息组织和展示形式的媒体平台而采取的动态应对，这是当下传媒业面临的一个普遍课题。

第四，虚实相生性。实是指价值链的增值来自有形资产的部分；虚是指那部分因无形资产产生的价值和产业链活动中服务所产生的价值实现。随着第三产业发展，服务业在国民生产中所占比重越来越高，虚拟价值链的整合也更为复杂。尤其是进入消费时代，传媒产业因其符号经济的特性，无形资产价值转化的速度加快，拓宽了衍生经济和活动经济的空间。在迪士尼集团的收益结构中，来自品牌和主题公园等衍生品授权的收益占公司一半多的比例。日本《每日新闻》创新新闻呈现形式，将新闻材料印在饮料瓶上，将信息虚拟价值和饮料实体价值有效链接，给纸媒转型提供了一个新思路。

第五，价值链结构与市场供求环境、资本、技术水平关系密切。参见本章第四节有关内容。

三 价值链结构完善（优化）的内涵与价值链整合管理

所谓价值链完善，是指在特定市场环境下，基于技术发展逻辑，构建通畅、稳定和适合的产业价值链，以全产业链或打造关键优势环节的模式整合资源，达到利益最大化。

价值链管理模式直接影响价值链的完善与否，价值链整合管理旨在通过分析价值链上某个或某些环节的增值空间，安排和协调好企业经营活动，使企业实现战略目标来获得持续的竞争优势。企业资源规划，作为一个企业管理概念，是针对价值链整合管理而出现的，其"内容是把管理者的决策重点放在价值的驱动因素上，根据环境的变化进行调整传媒战略，从而使企业各个环节、各个层面都能做出有利于增加价值的决策，树立创造价值的观念，以实现股东投资价值最大化，提升企业竞争力"。[1]

企业要获得和维持竞争优势不仅取决于其内部价值链，还取决于在一个产业价值群中的作用，每个企业都处在价值创造的一个或几个环节，共同组成包括采集、生产、供应、销售以及消费等一系列经济活动的产业价值链。价值增值不是局限在某个点，而是基于市场资源要素的整合和竞争力的提升，或者以完整的价值链结构获取规模经济和范围经济效益，或者把握住关键的环节进行资源优化整合，或者研发水平，或者品牌价值，或者营销能力。同样，传媒产业价值链上各环节也是在竞合中求发展，单个企业为使资源得到合理配置与利用，需要完善价值链结构以充分发挥整体创造价值的能力。

从管理的实践经验看，企业根据实际情况选择适当的价值链管理模式，主要有实体价值链管理、虚拟价值链管理和价值网络管理三类。实体价值链管理又包括水平和垂直两种管理类型，其中，从原材料生产到制作、销售、消费服务等环节的协调管理是垂直价值链管理；水平价值链管理是对价值链上各个环节横向上协调的管理。虚拟价值链管理是对企业虚拟价值链相关的信息技术、无形资产等方面的协调管理。价值网络管理是更高层次的管理，是在虚实价值链管理的基础上，创新企业内部到企业间的价值管理。

---

[1] 企业资源规划（Enterprise Resource Planning, ERP），是美国著名管理咨询公司盖特纳（Gartner）在1990年提出的。

第三节 传媒产业价值链内涵与价值链整合

一 传媒产业价值链内涵以及增值点

传媒产业特征属性决定了价值链的独特性,与一般企业的管理协调不同,传媒产业表现为管理层对产品的来源和渠道的管理更加重视,市场结构影响因素中特别重视对行政规制因素的分析。

(一)传媒产业价值链内涵:既包括实物价值链,更偏重于虚拟价值链

传媒产业是大众传播媒介产业的简称,包括广播、电视、报纸、期刊、互联网等媒体的产业,并涉及配套的相关产业,由此初步形成了由内容制作、内容集成、传输、操作和终端组成的复合型的价值链。

传媒产业价值链是一个互联互通的价值链条(见图2-6),不仅在发达的美国和英国,而且在传媒产业属性被认可时间尚短的中国,也形成了完整的价值链,表现为构建了包括内容创意商、内容制作商、发行商、媒体运营商、基础设施运营商(渠道)再到受众的产业链条。内容制作商是指制作各种符号形式(包括文本、声音、影像等)的内容产品的经营实体,如通讯社、影视制作机构、信息制作设备机构。其基本的价值生产的流程是:将获得的内容或者创造的内容,通过选择、组织、生产、加工转换成可分销的形式。内容销售商即发行商,通过营销广告和促销方式将采购的节目分销给媒体运营商。媒体运营商则是对内容进行整合并传播的经营实体,如印刷媒体组织、电子媒体组织、数字媒体组织;基础设施运营商,主要是指传输网络、生产设备等企业主体。

创意价值、生产价值、发行运营价值、消费价值、延伸价值

图 2-6 传媒产业价值链

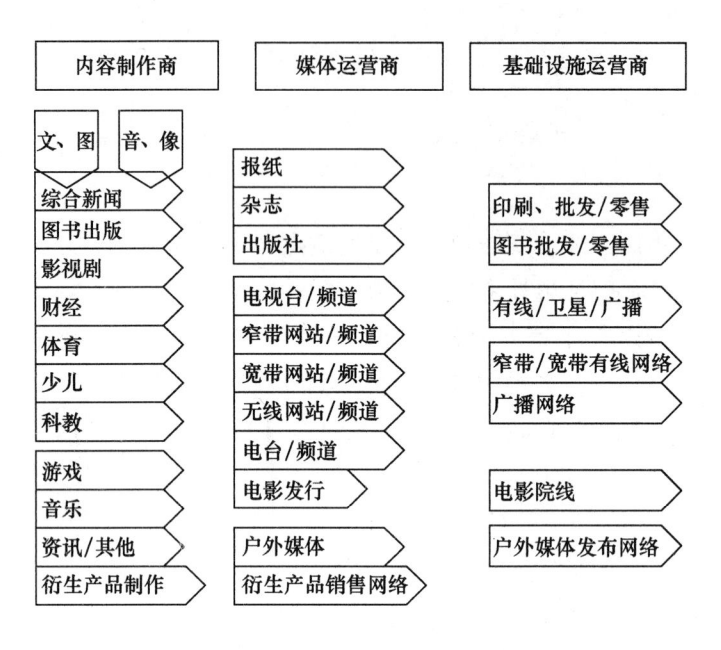

内容制作商	媒体运营商	基础设施运营商
文、图 音、像	报纸	
综合新闻	杂志	印刷、批发/零售
图书出版	出版社	图书批发/零售
影视剧		
财经	电视台/频道	有线/卫星/广播
体育	窄带网站/频道	窄带/宽带有线网络
少儿	宽带网站/频道	广播网络
科教	无线网站/频道	
	电台/频道	
游戏	电影发行	电影院线
音乐		
资讯/其他	户外媒体	户外媒体发布网络
衍生产品制作	衍生产品销售网络	

图 2-7 细化的传媒产业链条

在传媒价值传递的过程中，传媒产品的创意、生产、销售等各个环节高度分工又紧密联系。内容供应商，要在产品差异化和节约成本上着力，《疯狂的石头》是典型的小成本制作；发行商将其已有的产品出售给媒介平台、贴片广告的时间卖给广告商和销售相关复制品给受众来实现价值增值；同时渠道运营层也很得力，为增加市场份额，采取多渠道销售、窗口策略、寻找合适的媒介平台等方式吸引广告商。如地铁免费报的成功，便是因为找到了适宜的渠道分发平台。

不同于实体产业价值链的是，在信息流通过程中，信息技术变化、互联网发展带来价值增值方式的变化，虚拟价值得以实现。在信息增值过程所包含的收集、选择、组织、综合、分类传播等活动中，品牌、专利等无形资本也参与价值生产，信息源于有形资产，信息可以进一步转化成知识，知识和品牌形成无形资产，进而创造公司的核心资产。传媒无形资产的核心是商誉，还包括企业经营机制、管理能力、关系渠道、营销网络、频道资源、频率资源、栏目品牌、节目形式和内容、播出时间等。① 资产形成的过程如图 2-8 所示。

有形资产 ⟹ 数据信息 ⟹ 无形知识 ⟹ 核心资产

图 2-8 传媒资产形成的过程

传媒企业更侧重于虚拟价值链的构建和管理,许多传统传媒企业认识到,在互动力增强的时代,不仅要供给信息,而且还创造供需实现的渠道和平台。这里所指的广义虚拟经济是信息流的生产和流通所形成的无形价值,品牌价值就是一种无形价值。喻国明《传媒影响力》明确了因品牌影响力因素所带来的虚拟价值的作用。数字时代的到来,互动性增强,客户对于供应商的影响增强。传媒产品不仅在传统认可的二元产品市场中运行,还在衍生品市场拓展盈利空间,其收益不逊于内容的发行价值,如通过节庆会展、主题公园、版权授权等开展多项传媒及衍生业务。当前的电子商务也为媒介在信息经济时代整合自身优势提供了思路。营销、售后等服务环节很大程度上依赖于信息技术的先进性,企业通过电子商务方式,能提供比以前更好的服务。亚马逊模式的成功得益于与出版社的合作,这种模式为生产和销售提供了网络服务平台。

传媒实体经济市场与虚拟经济市场二者是"背离与共生"关系。一方面,传媒虚拟经济市场运作可以在实体的基础上,脱离实体部分,独立进行运作。另一方面,二者又是绝对统一、共生于一个价值创造体系之中。

(二)传媒产业链价值增值点分析:内容—渠道—活动—衍生品

在跨国资本流动和数字化技术的推动下,传媒产业格局表现出明显的系统竞争特点。产业价值链需在日益变化的生态环境下不断完善,与之相应,确定价值链增值点、构建有效价值链需综合分析市场要素变化的特点而及时调整。传媒产业的特殊性决定了其价值实现的

---

① 谢耘耕:《传媒无形资产运营及其风险》,http://news.xinhuanet.com/zgjx/2007-02/07/content_5706620.htm。

方式不同于其他产业，价值链的结构也存在很大的区别。影响力经济特征和衍生产品的开发，尤其要注重集成经济特征，即虚拟价值与实物价值的有效链接是开发的重点。

传媒产业价值链的主要部分由生产价值链、传播价值链和购买者价值链三部分组成[①]，即由内容生产、渠道和消费三个主要环节组成。如图2-9所示。

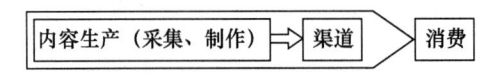

```
内容生产（采集、制作） → 渠道 → 消费
```

图2-9 传媒产业价值链的组成

每个环节供给受众的产品和服务的效用价值越高，传媒经营越成功越有影响力和竞争力。一般来说，三个环节都产生价值，但是价值主要集中在上游的内容创意，利润率为45%，渠道、平台交易服务也达到40%，在中间的内容制作和内容复制环节价值创造较低，利润率在5%—10%。当然，在不同的产业门类，各环节内涵存在一定差异。比如，电影业的上游层要比电视业的上游层创造的价值高得多；纸媒的中间层成本较高，利润较低。就拿《哈利·波特》来说，小说和电影互促发展收获了多重价值。由出版开始不断扩展周边产品，产业边界不断模糊，产业链不断扩展、丰富，从电影胶片、录像带、VCD、DVD、电视片、唱片、网络视频到游戏、广告，又延及服装、食品、饮料、玩具、文具、电子产品等数以万计的特许经营商品，再到主题公园、主题旅游等衍生品领域，构建了超过60亿美元收入的庞大价值创造体系。

尤其是在数字技术的推动下，传媒产业不仅增加了新媒体价值形态，而且传统媒体与数字技术的结合也出现了大量新兴业态；新兴业态既有报刊媒体、广电媒体，也出现了互联网媒体、移动互联网媒体、移动互联网终端，以及与新兴媒体、互联网媒体、移动媒体终端

---

① 喻国明：《传媒经济学》，中国人民大学出版社2007年版，第33页。

相关的连接点服务商,如广告公司、发行公司、调查公司等。这样,品牌等无形资产延伸的活动经济和衍生品经济得以拓展和实现。衍生产品开发指的是从内容供应商或媒介平台那里获得授权,利用传媒产品的无形价值,以品牌价值为基础,进行开发来获得收入使其价值增值。

电视既是大众欢迎的媒体,也是带来最多价值空间的媒介形态,其主要的增值环节是内容供应商、发行商、媒介平台、有线网络运营商、相关产品开发商和媒介服务商。电视产业随着数字化技术的推进,盈利模式已经超过了皮卡德所说的二元市场,即超出了内容、广告盈利范围,更多的是发挥电视栏目、节目、明星的无形资本的作用,取得活动经济效益,也产生了大量衍生产品收益。电视平台主要是将节目所凝聚的受众注意力资源售卖给广告客户获得广告收入,实现增值。此外,还可以将其有关内容的版权卖给相关产品开发商以获得收入。

湖南卫视《超级女声》节目的价值开发实践非常值得研究。有研究者将之盈利模式归纳为"内容+渠道+活动+衍生品"。从实体价值链看,盈利主体权责分明,湖南卫视获得蒙牛 2000 万元左右赞助、短信收入总收益 3600 万元;湖南卫视和天娱公司大约分成 3060 万元,中国移动的短信分成 540 万元。最需强调的是,衍生品开发最值得一提,由天娱传媒有限公司、广州美卡音像合作的超级女声首张原创大碟《超女终极 PK》未推出前,全国预订量已突破 60 万张。另外,由李宇春策划的活动经济收益颇丰,其中两场演唱会"WHY ME"和"阿么",总票房 1400 万元。这一案例说明在大众化背景下,湖南卫视的产业化运作尝试,价值链控制管理极为成功(见图 2 - 10)。

湖南台前台长欧阳常林在谈到湖南卫视的成功时认为:"既是内容品牌的成功,更是团队拼搏的成功。这是一个品牌制胜的时代,品牌制胜的关键在于团队的创新力、执行力和整体的战斗力。"他在 2015 年 3 月 13 日透露,2015 年的湖南电视台的招商合同已签了 120

多亿元。① 中央财经大学何群认为，当前价值链核心环节更多地向资本和创意内容等倾斜②，从上例可以看出，湖南卫视的创意策划及形成的品牌价值在传媒活动的各个增值环节都有很好的体现。

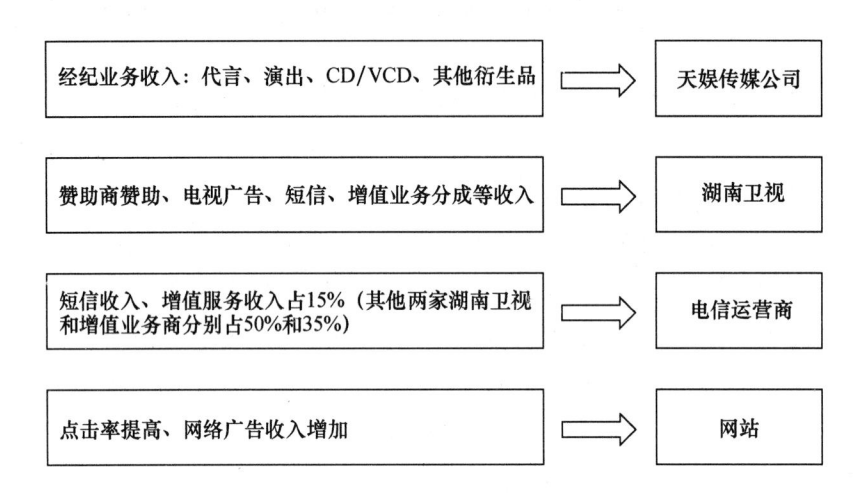

经纪业务收入：代言、演出、CD/VCD、其他衍生品	⟹	天娱传媒公司
赞助商赞助、电视广告、短信、增值业务分成等收入	⟹	湖南卫视
短信收入、增值服务收入占15%（其他两家湖南卫视和增值业务商分别占50%和35%）	⟹	电信运营商
点击率提高、网络广告收入增加	⟹	网站

图 2-10　湖南卫视《超级女声》收入分成情况

在运营环节，作为传输网络运营商，歌华有线负责北京地区有线广播电视网络建设开发、经营、管理和维护，通过向北京电视台等媒介平台和受众提供网络资源和技术服务而实现盈利，其价值增值来源于媒介平台支付的购买费或租用费以及受众支付的网络使用费两类；慧聪商情提供商以及央视索福瑞等媒介服务商，通过为媒介提供信息咨询、收视率调查、技术管理、传媒产品的存储、客户关系管理、会员管理等服务业务，实现经济价值。

在新技术推动下，体育赛事转播也已经成为产业链条中越来越重要的增值节点。北京2008年奥运会不仅拍卖了赛事电视转播权，还拍卖了互联网视频转播权、移动手机电视的转播权以及IPTV互动电视转播权。而且，由于数字视频录像设备和网络流媒体的兴起，以灵活的形式满足了受众观看各种节目和比赛的需求，比如录播软件、互联网电视，还可

---

① 2015年3月31日欧阳常林在中国传媒大学的讲座。
② 何群：《文化生产及产品分析》，高等教育出版社2006年版，第6页。

提供滤过广告的定制化服务，各种需求也催生了不同的价值增长模式。

二　传媒产业价值链整合

价值链整合是经济学管理学主要内容之一。经济学研究的核心目的是整合资源实现效益最大化，管理学研究则是帮助实践主体实现这样的愿景。这二者的有机结合正是传媒产业竞争力提升急需攻克的新课题。众所周知，传媒产业市场结构随着技术、政策、文化理念、消费习惯的变化而变化，竞争行为的选择与价值链的构建效度紧密相连。差异化、低成本、价格策略以及并购行为，在传媒产业的运用非常普遍，然而同一种策略并非万能，用得合适才能止痛去病，反之则会影响价值的产生。换句话说，竞争战略的选择关系到企业的竞争力，价值链管理从竞争优势上升到公司战略，表现为理顺产业链所选择的系列行为。因为产业价值链的关联构建的有效程度，直接关系着传媒企业效益大小和提升核心竞争力的成效。

（一）传媒产业价值链整合目的：增值最大化

迈克尔·波特"价值链整合理论"的基本内涵是价值链协同，即从市场需求出发，以价值链的形式协同商务、协同竞争的运作模式，对价值链中业务流、物流、资金流、信息流进行关联控制，提升企业整体竞争优势。

从效益最大化理念出发，传媒价值链整合管理的目的，是根据企业自身的资源现状，通过有效控制和合理配置、利用资源，驱动产业链上各环节在竞合中发展，充分发挥产业的整体增值能力。

内容生产商、渠道平台提供商等处于产业价值链的不同位置，利润有较大差异。传媒企业选择竞争战略首先要定位行业价值链，通过构建整合价值链，集中公司主要资源在主要的利润增加区域，力争实现价值增加、利润最大化，提升整体竞争力。国际传媒集团获得成功，大多是依靠统一调配资源，将各个子公司拥有的精彩内容、优秀稿件，供应到世界各地的子公司获取多轮价值实现。基于影响力经济的特征，传媒集团由正确的企业经营理念和品牌所带来的虚拟价值实现的潜在机会较多，连带效应也很强，往往是一荣俱荣、一损俱损。因此，一方面，传媒企业应该尽可能用好品牌乘数原理在衍生品环节做足价值的延伸，通过本身的传播优势使价值连接点紧密合为一体；另一方面，传媒企业需要经营好独特的品牌认知形象,把好关键环节的管理,否则会因某一环节点问题而导致整个大厦的危机。某一环节的"丑闻",会波及整个集团,并且还会引起管理层的震动,导致相关的规划、计划、投资受到牵连。

(二) 传媒产业价值链整合模式

在价值驱动理念下,价值链整合包括对资金资源、销售渠道(营销)资源、政策资源等多种资源的有机整合。① 产业链整合需注意价值链的逻辑结构,喻国明认为的三种模式是系列化、一体化、多元化。一定要按照逻辑顺序进行整合,在系列化的基础上走一体化道路,在一体化基础上进行多元化。② 否则,风险很大。由于虚拟经济的不确定性因素较大,传媒价值增值的预设往往难以控制。在激烈的产业竞争中,不管是历史悠久、实力雄厚的国际巨鳄还是刚刚试水的国内传媒企业,都在内容、渠道、品牌增值等环节探寻产业利润点,进行价值链的优化完善。当前,传统媒体数字化进程加快,传媒企业或者采用组建数字化大型多媒体集团实现内部协同,或者采用建立联盟合作等转型模式,以竞合方式寻求盈利点。

(1) 传媒集团化。这种做法主要是指传媒企业采用全媒体、系列化或者混合化模式中的一种或者几种实现内部优势互补。

①全产业价值链结构,又叫一体化模式。指的是在数字技术推动下产业高度融合状态中出现的印刷媒体、广电媒体、数字新媒体等多层次媒介跨媒体所形成的纵横交错的立体组合,这是基于传媒产业规模经济(横向扩张)和范围经济(纵向拓延)的特征而采取的竞争行为,这种一体化模式是当前传媒发展的趋势之一。国际大型传媒集团大多趋于这种整合模式。如《纽约时报》覆盖了印刷、广电和娱乐等行业,且在探索数字媒体转型之路,行业融合更加深入。

②系列化模式。系列化分为横向和纵向两种。横向系列化指同一类媒介的联合形式,这种联合有助于通过关联交叉控制区域市场,形成相对的垄断格局。如新闻集团,除以福克斯电视网的 30 多家电视台、全美

---

① 陈春华:《争夺价值链》,中信出版社 2004 年版。
② 喻国明:《传媒竞争力——产业价值链演变案例与模式》,华夏出版社 2005 年版,第 3 页。

各地近两百家电视台覆盖了美国40%多电视市场外,还拥有欧洲、亚洲的卫星电视网。横向系列化有助于集团子传媒企业市场竞争的成本降低,也利于细分市场的开发。纵向系列化指的是内部有上下游关系的各单元之间,通过不同的传播渠道,使同样的内容以不同的媒介形式出现。纵向系列化经营模式突出特点是重视传播渠道的嫁接。1998年,新闻集团合并《电视指南》和联合电视卫星集团,《电视指南》杂志居于上游,它向下游的电视和网络提供内容,形成一个上下贯通的链条,为开展印刷、电子、网络等渠道的纵向系列化经营业务奠定基础。

③混合化模式。混合化是指传媒集团化的过程中,兼有系列化、一体化、多元化的方向和项目,形成跨传媒、跨行业的集团。大多数传媒集团都是混合化发展的结果。在传媒集团化过程中,发现新的增长点,即可开发新项目。如法国威旺迪环球集团,主营业务是供水和环保,但后来看好传媒产业前景,经过一系列的资本运营转变为世界大型传媒集团。在中国,有许多媒体公司涉足房地产业务和其他实业。如南方报业传媒集团在系列化、一体化的基础上,涉足房地产、物业管理、贸易、汽车修理等非传媒业务;河北出版传媒集团,在树立出版主业外,也开发房地产、金融投资业务;联想集团除电脑业务外,还投资科技农业,走"双轮(实业+投资)驱动"的跨业之路。

(2)构建传媒战略联盟,寻求外部增值优化的路径。传媒企业联盟构建目的是通过合作实现共赢。以战略联盟进行的产业链整合,是企业与产业链上关键企业结成战略联盟,以提高整个产业链及企业自身竞争力。其中,在寡头垄断市场环境中为稳固垄断市场,几个大企业结成的联盟,被称作卡特尔。

企业联盟是一种中间组织,介于一般市场关系与企业一体化之间,通过共享资源来改进成员的竞争地位和绩效。联盟构建是在保持自身独特性的同时,通过参股或契约方式,稳固合作关系以在相关领域内协调盟员的行为和理念,从而实现"双赢"或"多赢",即"1+1>2"。战略联盟既是资源和知识的重要来源,也是竞争优势的重要来源。

传媒市场中战略联盟的出现与竞争环境演变有着极为密切的关系,竞争环境的剧烈变动使传媒企业自有资源与其市场战略目标之间的不平衡加剧,在充满不确定性的传媒市场中,无论实力多么强大的企业也很难在各方面完全依靠自己单打独斗，任何一家媒体都无法在每一个细分市场独占鳌头，为适应不断升级的市场竞争，从敌对走向合作已成为大多数传媒企业的战略选择，所以，战略联盟多发生在关联企业和竞争企业之间。在战略联盟中，成员之间相互合作、共担风险，形成优势互补、要素双向或多向流动。战略联盟形式使传媒企业已经从完全独立自主转向模糊组织。正如文森特·莫斯可所说："全球化在某种程度上冲淡了市场霸权。"

按照盟员在产业链的位置不同，可以分为横向联盟、纵向联盟和混合联盟。

横向联盟：在同类型传媒企业之间，由于处于供应链相同阶段，企业为了扩大共同的市场份额、合理利用资源，都有推动联合的积极性，这样就会发生"横向"联盟。为推动网络内容收费，2009年年底，新闻集团与时代集团、泰纳仕出版公司、赫斯特出版集团、梅恩迪斯集团杂志出版巨头曾结盟，联手搭建收费式"数字报亭"。在互联网公司的广告竞争压力下，英国《金融时报》《卫报》、路透社和有线电视新闻网结成联盟"Pangaea"，以该品牌广告有价值的新闻的优势对抗谷歌、雅虎、脸谱网等以程式化购买的广告模式。国内也有省级地面电视台联合的联盟案例。2004年3月，安徽影视频道、山东齐鲁频道、浙江教育科技频道和湖南经济电视台四家电视媒体联手推出了"媒介金牛市场"的概念，四台联合推出价值4000万元的广告时段，以四家整体实力进行相关区域市场竞争。

纵向联盟：这种联盟发生在同类型传媒节目制作和节目播放平台企业间。纵向联盟的经营业务上至新闻、视听节目、书籍等产品的创造，下至各种形式的产品分销和零售。2002年12月19日，新闻集团与湖南广电签署合作协议，在提供节目、素材、交换节目、交换主持人的同时，以中国方面的节目制作和销售渠道等本土资源为基础结成战略联盟。青海卫视与湖南卫视的合作也属此类。2012年6月，安徽卫视与光线传媒在北京举办了战略合作发布会，宣布两方将强强联手，就电视节目、大型盛典、电影电视剧及媒体宣传等多方面形成战略合作。

混合联盟：发生在不同类型的传媒企业以及相关企业之间的联合

类型。如网络媒体与报纸或电视媒体的联合等，通过同一通信基础设施提供两种服务（音像和电话）、报纸与电视媒体的联合等。在媒体和相关产业之间存在大量的混合扩张的可能性，这种战略的一大优点是分散风险。雅虎组织的网络发行商合作伙伴联盟，将《纽约时报》等报纸的网络求助分类广告列表同 HotJobs（雅虎网络职位搜索数据库）进行整合，大幅提高了广告营收。

构建战略联盟动因各种各样。一般来说，是出于开拓市场、减少成本、取得优势资源、扩大社会影响、减小开发和研究的运营风险、学习先进知识等目的，有的还是基于博弈的需要；但是，联盟战略运作起来，不可控性增强，真正达到长期合作、共享资源、共担风险的并不多；同时，许多联盟仅仅停留在形式层面，并无实质性的作用。因此，构建战略联盟，也需要甄别、综合测度才可，不宜盲目行动。

三　理论综述与评价

从以上传媒产业特性及价值属性、价值链的内涵分析以及传媒价值链整合方式三组理论分析可以看出一个特点：传媒产业的发展虽然也追求经济价值，需要整合资源完善价值链，实现规模经济和范围经济，但是，作为一种特殊的产业，社会属性的突出性内在要求强调影响力经济。整合力、集成力只是方法、途径的操作层概念，都不是关键的本质问题，而影响力价值应该是最根源的存在因素。既然是传媒企业，那就不能不注重经济方面的问题，盈利是重要方面，但关键是持续盈利、如何盈利的问题。盈利应该是在适宜的市场环境下确定适宜的价值目标，经济目标应该是在社会目标的主导下，将注意力上升为影响力，二者的有机结合，是未来长远发展路径的最优选择。

因为在当今消费社会情境下，全球范围内的产业融合规模和速度空前，需求变化比传统媒体时代更快，尤其是"能指的狂欢"[1]，突出感官范围内的行为特征极为鲜明。据报道，《喜羊羊与灰太狼》动画片在某些国家惨遭禁播，《熊出没》也曾受到国内外受众的批评，理由是暴力粗俗以至于拉低了整个民族尤其是儿童的智商。鲍德里亚的《消费社会》一书，揭示了西方大型技术统治集团通过符号消费实

---

[1] 李思屈：《数字娱乐产业》，四川大学出版社2006年版，第55页。

现对意识形态的操控的实质。注意力在渠道缺失情况下较易取得优势，在网络时代多元化传播和渠道多样性时代，更多的是注重价值的创造，不能只强调能指，更要考虑所指价值，影响力经济是价值链的核心动能，从能指的价值到所指价值的转换，特别需要提升传媒企业的影响力。这里的"影响力"并非一般意义上的含义，而是特指影响力经济，即媒介企业的品牌所带来的效益，即社会对该企业的认可所形成的品牌号召力，而这样的品牌价值多表现在衍生价值空间和金融资本价值空间。

传媒产业价值链的有效整合要适应技术环境和消费需求的变化，尤其需要根据消费背景、消费惯性、消费趋势几个方面，综合考虑构建传媒企业产业链，创新价值链整合模式，打造价值链核心竞争力。在并购、联盟、电子商务给企业带来更大利益的情况下，受价值驱动的影响，只是注重"完整""均衡"的企业组织已逐渐不再继续主导市场，而那些注重价值创造、部门经过精简并由核心部门主导的企业组织逐渐会显现出竞争力，实践证明强调价值创造的公司竞争力要优于强调节约成本的公司。

第四节　传媒市场环境因素及对传媒价值链结构影响分析

传媒产业既不是永恒和静止不变的，也不是独立于社会、经济和政治而孤立存在的，传媒产业价值链的演化与环境变化息息相关，无论是在一元市场还是传媒产品的二元、三元市场还是多元市场（皮卡德很早谈到传媒市场时也曾提到过除内容和广告外的获利新渠道，如赛事、电商等）。大众传播学行为控制机制表明，任何人任何组织都不能无所约束地传播信息，而是要受社会特定的政策环境、技术环境和竞争环境、文化范式构成的"媒介生态环境"[①] 制约。媒介生态环

---

① 媒介生态这一概念，在中国有自己鲜明的发展理路，它不同于北美学派的媒介环境这样的中观视域观，而关注更加宏观的多层次关系演化。

境主要包括政治、经济、社会和科技等方面。其中，政治环境包括政府对媒介产业宏观控制和直接管理、传播的法律法规、大众媒介政策；经济环境包括媒介产业市场结构、经济发展水平、经济政策等；社会环境包括受众的数量及增减、受众的年龄及变化、家庭结构、价值观念、信仰审美等；科技环境包括社会科学水平以及变化趋势、国家科技体制、科技政策和科技立法、传播技术突破等。不同的市场环境中的赋权要素类别和大小，直接影响价值链的构建以及盈利模式的选择；同时，传媒企业对市场要素的资源配置力量也会反作用于市场结构，左右技术的、政策的诸多方面演化。① 一般认为，制约传媒业的基本赋权要素是制度、技术和资本力量，其中，政策环境对媒介生态环境有举足轻重的影响，直接影响市场的价值取向；技术影响下的媒介融合并非仅需遵循技术和市场的逻辑，其进程深受政府规制原则和资本运作能力的影响。可以说，传媒业的发展是在政府规制、技术和商业资本的合力下形成的市场中动态调整、反复博弈的过程，不同的制度、技术和商业资本三重力量，对传媒的价值实现的影响差异很大。

一 传媒市场分析：传媒产品供求变化与传媒竞争战略选择

传媒产业具有鲜明的信息产业的特征，信息产品和服务是传媒产业的主导和支柱，其生产的知识型产品具有信息高度密集的特性。现代社会离不开包括传媒产业在内的信息产业参与，这是传媒产业实现其渗透功能的前提，也是传媒价值实现的前提。罗伯特·皮卡德从传媒市场的经济结构出发，研究了传媒产品的需求与传媒运营的商业模式和战略，"传媒市场的特性以及市场产生的效力由若干因素决定，包括媒体用户的数量、他们的时间和金钱开支、传媒公司的数量、公司的成本构成、进入壁垒、产品差异化以及其他多种因素"。② 同时，他特别强调传媒市场大小和企业规模对于竞争优势形成的主要作用。

---

① 符合芝加哥学派强调"市场行为对市场结构的影响"的观点。
② 请参见《媒介经济期刊》、世界传媒经济学术会议创始人罗伯特·皮卡德《传媒管理学导论》一书第七章"传媒市场的竞争"，第130页。研究传媒市场的经济结构，传媒产业和企业，传媒产品的需求，传媒运营的商业模式和战略，传媒产业的生产力、财务业绩以及政府政策对传媒经济的影响等问题。研究范围涉及印刷业、广告、广播和新兴媒体。

随着信息传播技术的提高,信息的供求发生了很大的变化。在变化着的市场结构中,企业的供应内容、供应对象、供应量需要根据技术、资本等市场要素变化而调整。另外,在一定条件下,供给的变化会促使需求相应变化,甚至引领需求,传媒产品和服务的供给与政策引导直接关联,且表现得非常明显。

(一)企业竞争环境分析

国家传媒战略选择反映了不同市场要素之间的关系变化。战略的选择首先要分析所处的环境,包括全球环境、国家环境、区域市场环境。迈克尔·波特的钻石模型,又叫国家竞争优势模型(1990,见图2-11[①]),用于分析一个国家某种产业在国际上取得较强竞争力的因素。

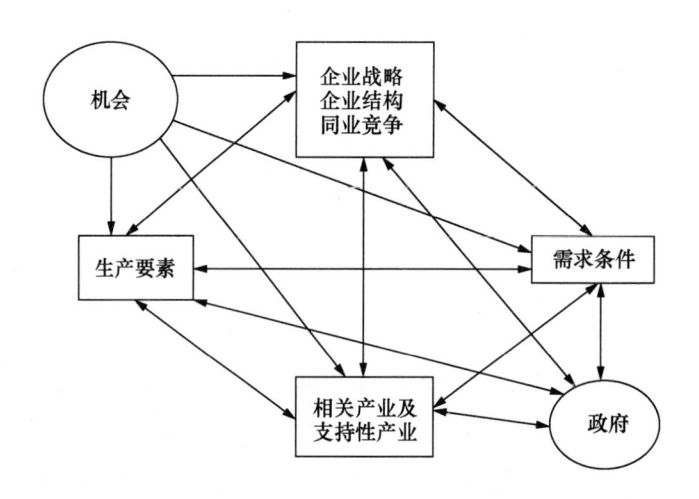

图 2-11 迈克尔·波特钻石模型

波特认为,决定一个国家的某种产业竞争力有四个因素:(1)生产要素,包括人力资源、天然资源、知识资源、资本资源、基础设施。(2)需求条件,主要是本国市场的需求。(3)相关产业和支持产业的表现,这些产业和相关上游产业是否有国际竞争力。(4)企业

---

① [美]迈克尔·波特:《国家竞争优势》,李明轩译,华夏出版社2002年版。

的战略、结构、竞争对手的表现。

波特教授分析了大量企业竞争战略选择案例，他认为，企业策略以及竞争优势，由所在国家偏好的经验方式及其影响下的组织形态决定，政府的主要角色是在开发专业要素和高级要素方面发挥制度导向作用，营造有利于企业竞争力不断提高的环境是政府的重要职责。对形成国家竞争优势而言，相关和支持性产业与优势产业是一种休戚与共的关系。波特的研究提醒人们关注"产业集群"现象。他认为，一个优势产业不是单独存在的，一定会同国内相关强势产业一同崛起。重视本国供应商是产业创新和升级过程中不可缺少的一环，这也是最重要的一点，因为产业要形成竞争优势，就不能缺少世界一流的供应商，也不能缺少上下游产业的密切合作关系。另外，有竞争力的本国产业通常会带动相关产业提升竞争力。若把产业链的上下游集中于一个或几个大型传媒集团，可以通过优化价值链结构，实现节目版权品牌等资产价值的多次开发和深度开发，实现价值最大化。采用集团化模式追求规模经济和范围经济的实现，既有利于形成国家优势，同时也能形成企业竞争优势，因为产业价值链的上下贯通可以在一定程度上有效避免市场化外部力量的残酷压迫。

波特于1979年创立"五力模型"，这是用于行业分析和商业战略研究的有效工具。该模型在产业组织经济学基础上推导出决定行业竞争规模和竞争强度的五种力量，即新竞争对手入侵，替代品的威胁，买方议价能力，卖方议价能力以及现存竞争者之间的竞争。这是传媒产业内部直接决定产业结构的最基本的五个因素，五种力量决定所在产业的竞争强度，竞争强度影响着产业的吸引力，而吸引力是决定企业盈利能力首要的和根本的企业的竞争力。差异化战略是企业通常采用的战略之一，居于迈克尔·波特所推崇的三大竞争战略①之首，属于非价格竞争的有效手段，同时影响着其他两种战略的实施。所谓差异化是指某企业生产的产品，在品牌、质量、款式、性价比、销售、

---

① 在《竞争战略》中，波特认为，在与五种竞争力量（同行业竞争者，供应商的议价能力，购买者的议价能力，潜在进入者威胁，替代品威胁）的抗争中，蕴含着三类成功型战略思想，即总成本领先战略、差异化战略、专一化战略。在全产业范围内的差别化的必要条件是采用专一化战略，在更加有限的范围内建立起差别化或低成本优势。

服务等方面与同类产品存在差异，从而在满足客户的区别性需求方面不可替代而形成竞争力。一般来说，除产品同质的完全竞争市场和产品单一的寡头垄断市场外，差异化战略是被普遍采用的竞争策略。

（二）传媒企业市场竞争力模型

传媒产业发展同样也要在国家环境和产业环境中选择竞争战略，以上波特的钻石模型和五力模型，为分析传媒市场环境提供了很好的参考。相应地，与传媒企业竞争强度相关的因素主要也有以下五个方面：现有传媒组织间的竞争和合作、潜在进入者的威胁、卖方（供给方）的压力、买方（受众和广告商）的消费取向、替代品或互补品的压力。

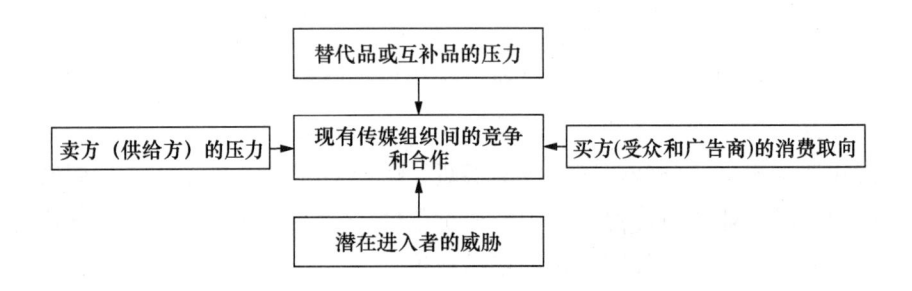

图 2-12 传媒业"五力"竞争模型

为实现经济价值最大化，传媒企业要不断适应规制、技术和资本构成的复杂市场环境，并获取竞争力优势。传媒企业是否能够满足受众不断增长的各种生理与心理需求，生产出差异化产品，成为决定该企业价值链重构成败的关键，这既要考虑企业为外部关联方供给有效价值的方式和大小，又要创造价值实现的环境空间和有利条件，破解五个方向的压力。

第一，卖方（供给方）的压力。包括供给方的集中度、供给方所提供产品的可替代程度、产品的特色及其对买方的重要程度等。

第二，买方（受众和广告商）的消费取向。包括传媒产品目标受众的集中度、传媒产品对受众的重要程度、受众的消费能力（恩格尔系数）、受众的忠诚度等；广告商往往通过压低广告价格、索取更多的服务项目施加影响，也利用传媒组织相互对立的竞争状态而获利。

第三，现有传媒组织间的竞争和合作。同行企业之间是竞争和合作关系，处于不同利益环境则关系不同，且经常发生关系转化。

第四，潜在进入者的威胁。随着技术的进步，传媒行业来自潜在进入者的压力会越来越大，企业危机感也会增强。

第五，替代品或互补品的压力。包括替代品的差异性、替代品的盈利能力、替代品卖家的营销力度。替代品与原有传媒产业及产品之间，还存在互补的可能。换句话说，如若替代品使本行业扩大或增加了用途，为本行业的发展提供了更多更好的机遇，那么，替代品则转化成为互补品，而互补品的渗透将促使全行业需求的增加。随着信息技术的推动，在产业融合趋势下，新业态不断出现，传媒企业面临的竞争压力不仅来自行业内部，更多地来自行业外部产品和服务的替代强度。

二 传媒规制对价值链构建影响

规制，即以规则制约权和利，包括约束和激励两个方向。规制一般指政府规制[1]，是政府通过实施法律和规章制度来规范行为主体活动的管理措施。规制多种多样，政府"态度"的差别，支持什么、反对什么，导致介入过程中互动或管理产业的方式、作为、效果等差异显著。与之相应，规制理论甚多，皆涉及"政府介入"之概念。[2] 从规制的性质角度分类，有经济性规制与社会性规制。社会性规制是针对经济活动产生的外部性的相关管理约束措施，一般采用设立标准、行为许可、收费等方式；经济性规制较为突出，主要针对具有自然垄断、信息不对称等特征的行业，政府在企业进入与退出、企业产品和服务定价等方面进行管理。

传媒规制也叫媒介规制，对这一概念解释多种多样。陈昌凤对其阐释为："传媒规制包括外部控制和内部控制。传媒的外部控制系统是社会权力机构通过相关法律、规范、其他要求及其实施和监督机制

---

[1] 我国前些年称为管制，后来与西方接轨逐渐改用规制。
[2] 周庆山、李彦篁:《欧美各国信息传播中的内容规制政策研究》，《出版发行研究》2014年第1期，第88页。

作用于传媒的控制系统；内部控制系统包括传媒自身在专业道德、宗教、意识形态等方面的自我约束规范。"[1] 作为准公共品的传媒产品属于"道德产品"，因其突出的社会属性而带有很强的外部性特征，各国都有一定的经济和社会控制措施，或者对内容提出要求或者对渠道有所限制。其中，经济性规制主要包括进入规制、许可权限规制、产权规制、数量规制、价格规制、广告规制、反不正当竞争行为、反垄断行为等；社会性规制包括新闻政策规制、审查制度、节目分级等。

（一）传媒规制的动因及规制内容

传媒规制的宗旨是基于信息传播的独特性，为净化传播环境，满足社会多层面需求增加社会福利而制定的。以美国媒介产业政策的制定、实施和调整为例，其依据主要有意见市场理论、多样化原则、本地主义原则和普遍服务原则四个方面，既要使意见可以自由表达，又要结合各种不同的需要，达到信息传播的平衡；既要遵循自由市场理念，又要有一定约束。一定程度上，规制是对竞争不得已的替代，是应对市场失灵的必要举措。从根本上说，传媒产业治理犹如治水，应以"疏导"为主，要根据这一产业的双重属性制定合理、合情的法律规章制度，以科学设计的理念制定实施激励、鼓励、奖励举措，发挥政府的引导、指导、领导作用；若是限制太多太零散和无系统地"围追堵截"，则会因政出多门、零散无序致使治理失效而陷入被动应对局面。制度经济学认为，完善的组织制度能有效防止市场作用的负外部性。理想的规制理念应是以疏导为主，以限制约束为辅；规制的方式不仅要满足受众文化物质需求，更应从供给侧出发有选择地为社会提供高水平的文化产品和服务项目，而不应单纯追求注意力价值而忽略了社会价值。

传媒产品满足的是精神需求，对虚拟价值提供者的规制有所不同。首先，所有权控制，即以渠道和平台的获得为标志的进入门槛，如书刊号、电视执照、落地权的取得等。所有权管制，各国限制程度不一。俄罗斯"媒体法"对外国人在俄媒体中持股份额的限度是

---

[1] 陈昌凤：《美国传媒规制体系》，清华大学出版社2013年版，第1页。

50%，该"限制规定"仅限于电视台和广播电台，并不包括纸媒和网络出版物。这意味着俄媒体管理政策对外国资本进入俄媒体市场并未进行全面管制。其次，内容控制。如国际上流行的电影、电视分级法和版权法。我国的《出版管理条例》《出版法》，既是管制，同时还是一种对创意价值的保护。另外，资质管理、进入门槛规定等；在某些领域，政府管理部门还会出台一定的激励机制重点支持某些行业的发展，如文化产业促进法，推动三网融合、媒介融合的奖励政策等。

（二）传媒规制种类、内容及影响

因为传媒业在各国的地位、发展阶段、职能不同，所以在具体的政策制定和实施条款上差异较大。当今世界，规制的类型主要有欧盟许可证模式、英美市场机制模式、中国政府特色市场机制模式。

许可证模式的特征是间接限制，德国比较典型，主要是通过对私立广播电视发放许可证、各州设立公法广播电视机构、按基础供给的原则运作等方式对媒体进行约束。

美国把传媒产品与其他产品同样看待，主要依靠市场来调节供需、配置资源。美国一直是鼓励竞争、鼓励国际传媒集团占领国际市场，主张自由贸易，认为贸易配额、关税壁垒以及政府补贴等行为最终是有害的。但是，美国也有《谢尔曼反垄断法》等有关法律的约束，有联邦通讯委员会处理有关诉讼以及还有行业协会进行自律，如美国电影协会等，也制定了电影等级标准。总体来说，美国的规制虽看不到什么明确的条文，但也是无处不在。

与美国不同，我国一直坚持强调传媒的意识形态属性，强调政府引导和监督作用，在内容和渠道方面都有较为严格的控制，有专门管理机构和管理条例，通过行政措施掌控渠道和内容审查，也干预禁限、叫停一些节目，在新闻业有许多不能触碰的"天花板"。随着市场经济改革的深化和我国传媒产品国际市场竞争力的提升，政府也在逐渐出台放松规制的举措。传媒所有权的问题一直是争论的核心，改革开放的进程中，陆续实现制播分离，允许民营资本进入传媒产品制作和发行环节，极大地解放了传媒生产力，掀起了传媒并购浪潮，改变了传媒价值链的结构组成。

当然，政府规制和市场机制也并非鸿沟般不可逾越，在某些方面具有一定的替代性。《媒介产业中市场机制与政府规制的可替代性——以欧美为例》一文对二者的替代机制进行了探索。

（三）传媒规制对价值链的影响

传媒产品的特殊性必然导致管理的复杂性，规制对产业链的影响具有决定性、差异性、动态性特点。

（1）决定性。郭海英认为，政府、市场与技术三种力量的角逐成为推动我国传媒业规制体制变革的深层次推动力，尤其是政府的价值取向对于传媒发展具有决定性影响。[①] 对内容和渠道的规制，直接影响了传媒企业战略部署和获利空间。

（2）差异性。不同市场环境的作用价值链环节不同，市场理念、市场制度起着很关键的作用。即使在英美自由市场生态下，所有权比例也有控制（参见第四章第一节，此处略）。中国的传媒进入门槛很高（参见第六章第三节，此处略）；同样在印度，对新闻类的印刷出版物的外资进入不仅要经过印度政府的安全认证，而且规定直接投资比例上限为26%，且印方持股人不得分散，编辑权和管理权必须由印度现住民掌握。

（3）动态性。随着规制的不断调整，价值链的结构也相应调整。在卫星电视领域，为限制默多克新闻集团星空媒体进入印度独立运作，2003年，印度政府出台新规。"除延续了原有法规中关于所有外国新闻广播集团只能控制合资媒体的26%的股份之规定外，还增加了一个印方合作伙伴必须持有至少51%的股份，由印方合作伙伴掌握编辑、管理方面的控制权。"[②] 这一次政策变化调整，是印度本土传媒势力——今日印度集团为对抗外来集团在所有权规制方面由政府出面设置的障碍。因为，当时正是星空集团与新德里电视台合约到期，双方将终止合作，分别申请开办独立新闻频道的关头；而且当时印度星空集团的74%的股份分散在6个印度投资者手里，新闻集团拥有26%的绝对控制优势。这一调整无异于给默多克当头一棒，这一规定重塑了印度本国企业在编辑、管理方面的控制权，从而削弱了新闻集团价

[①] 郭海英：《传媒行业政府规制体制研究》，博士学位论文，南开大学，2013年。
[②] 明安香：《全球传播格局》，社会科学文献出版社2006年版，第512页。

值链中生产环节的控制优势。

三 技术变革对价值链结构的影响

科学技术改变着人们生活方式和市场供求关系,影响着企业运营的方式。福山在《历史的终结与最后的人》一书中认为,现代自然科学的逻辑是推动人类进步的重要力量之一,这是一种驱使人类通过合理的经济过程满足无限扩张的欲望的力量。[①] 确实,蒸汽技术、电力技术极大地颠覆了传统产业,基于信息技术的第三次工业革命正在从根本上改变人们的消费和价值创造方式。随着技术作为核心生产要素的变化,企业权力分配必然发生迁移。企业权力转移理论认为,在第二次世界大战后,最重要的生产要素已经不是土地,也不是资本,而是生产技术知识和经营管理知识的掌握者。[②] 当下互联网技术催生了一个人人可能参与的、新型的、不断整合的"地球村",极大地影响着传媒生态。

(一) 传媒技术发展演变

信息传播技术顺应人类需求,不断向便利化、舒适化、人性化发展,也重塑人类的生活规则,需求的变化从根本上重构产业格局。从雕版印刷术到3D打印技术,不足2000年的时长中,以传播知识开始的传统出版业却遭受了至少三次新技术的冲击。第一次是无线电波的有声传播,分夺了一大部分书籍阅读者;第二次是图、声、像技术传播,电视依靠其声像技术使更多的年轻人减少了纸质阅读量,人类跨入大众娱乐时代。第三次是数字技术时代,人类步入全球化时代,人们很便捷地通过互联网浏览全球各类信息,媒介融合加速。当机器人写稿已成事实,CNN便急于采用无人机采集新闻了。技术的冲击对人类需求产生了重大影响,口头媒介、印刷媒介和电子媒介的演进,导

---

① 另一个是指黑格尔——科耶夫所谓的"寻求承认的斗争",驱使人类寻求平等的承认。

② 加尔布雷斯的企业权力转移理论认为,在资本社会之前,最重要的生产要素是土地;资本主义兴起之后,最重要的要素一度是资本;第二次世界大战后,最重要的要素是技术。

致了人类生存图景沿着"部落化—非部落化—中心部落化"[①]的样态发展，在第三次冲击下，一些权威人士对纸媒、电视等传统出版业的前景也并不看好。

有人说，谁掌握了数字多媒体平台，谁就会掌控21世纪的传媒产业。这里的"掌控"是一种力量，是基于互动这样一个概念，试图区别于单向传播的传统媒体，指向将传者本位和受者本位有机结合的新媒体。从企业角度来讲，由于新媒体的冲击，受众的注意力被分散和转移，传统媒体的到达率越显不足，广告商将大量预算转移到新媒体。在"报纸将亡""电视将死"和不绝于耳的媒体融合之声中，传媒企业不仅要生产出满足需求的产品还要根据渠道变化调整价值链结构。

（二）数字化技术与数字化生存、数字化经营

网络技术出现再一次深刻推动了媒介革命。不同国家、部门和个人通过电子技术、计算机技术、通信技术、信息技术、空间技术、视频技术"生存"在一个高速的信息交换系统中。其中，数字化技术是网络技术的核心，是多媒体技术的基础；数字化表达涉及了信息数字化的转换、存取、处理、传输、控制等一系列高技术，这种技术打通了现实空间和虚拟空间之间的价值传输渠道，以一种颠覆性力量冲击了传统传媒业，不仅改变了人们获得数据、图像和语言三种基本信息的时间、空间及成本，而且极大地重塑着人们的生活、工作、教育和娱乐的标准和方式，因此受众与传媒产业、传播业一样需要适应"数字化生存"的规则和传播方式。

"数字化生存"概念来自《数字化生存》一书，作者尼古拉斯·尼葛洛庞蒂提出了在数字化冲击下值得深思的多个问题，如媒介再革命、产业大革命、建立地球新秩序等论题。他特别强调了信息传输方式的根本性变革：信息不再被"推给"消费者，相反，人们或他们的数字勤务员将把他们所需要的信息"拿过来"并参与到创造它们的活

[①] 参见［加拿大］马歇尔·麦克卢汉《理解媒介——论人的延伸》，何道宽译，商务印书馆2000年版。

动中。① 尼葛洛庞蒂不仅从学理上对数字化问题进行分析判断和趋势预测，难能可贵的是，他的准确判断来自对传媒业的切身投融资实践和观察思考，可以说他代表了理论与实践的发展方向。② 他投资超过40多个企业，收益丰厚。《网络化生存》③ 编者进一步指出，电脑网络已经成为另一种生存方式，尤其是电子商务拓宽了信息价值实现的渠道。

传统意义上的社会关系一般基于血缘、地缘、业缘关系建立起来，人的交往过程受制于人的社会地位、社会身份和社会角色等因素。由于网络媒介的超文本格式和超链接形式，其内在的信息空间不受广播电视播放时间、报刊版面空间的限制，同时突破了以往"点对点"的局限性，实现了一对一、一对多、多对一、多对多的多种交往形式，可使信息传播到互联网所覆盖的所有国家和地区的所有目标受众，增强了人的开放性和社会性，不同阶段、不同民族、不同地区、不同语言的人在网络中发生着直接或间接的交往关系。社会成员可以在任何时间、任何地点，就任何内容有针对性地进行交换，形成了更加自由的人际交往关系和更加全面、丰富的社会关系。网络虚拟空间的无限性、网络的互动性，改变了媒体受众消费习惯，如信息获得的方式、阅读方式，占用了人们尤其是青少年的阅读时间。应对环境的改变，为获得新技术赋予传媒产品收益的排他性，传统企业不得不转型，寻求打造与技术变革匹配的价值链。

（三）技术变革对产业链的影响

著名学者詹姆斯·罗西瑙把技术及其改造能力看作是全球化的首要动力，技术对产业的影响是基础性的、持续性的。对传媒业来说，跃迁性的创新一次次颠覆传统的需求与供给，尼葛洛庞蒂"媒介融合"观点认为，广播电视业、电脑业和印刷出版业的交叉点将催生出未来盈利空间较大的行业。数字技术使替代品大量涌现并到达终端消

---

① 参见［美］尼葛洛庞蒂《数字化生存》，胡泳、范海燕译，海南出版社1996年版。
② 尼葛洛庞蒂被称为"天才投资家"。曾以信息和娱乐科技为主与摩托罗拉合作。在中国投资3家，以5000美元早期投资支持张朝阳创办搜狐公司。他不仅是美国《连线》杂志的创办人之一，还是杂志的专栏作家。
③ 乔岗：《网络化生存》，中国城市出版社1997年版。

费者，对传统媒体威胁很大。基于电子媒介的"大汇流"①出现的新商业盈利模式在不断成熟过程中，媒介融合形成的新一代消费市场，深度影响着传媒生产传输过程，主要表现为创意层的变革、传输渠道的变化和销售模式的变化。

（1）创意层变革。数字技术得到广泛应用以前，创意的制作生产层门槛很高。迪士尼凭借电影制作技术的优势，一直领先动画产业的发展：1928 年，《威利号汽船》赋予动画声音；1937 年，《白雪公主和七个小矮人》赋予动画色彩，1995 年，《玩具总动员》采用 3D 技术，与皮克斯公司合作制发的其他 6 部新技术动画电影，都带来了巨大的财富和多种荣誉，也拓展了创意层以至中下游的盈利空间。当下，网络改变了传媒产品生产的方式，通过互联网发布知识信息、观点和娱乐内容；人人都可成关注点，都可以创作，人人都可成为出版者、作家和记者，被动接受者可以转化为参与者、发表信息者，这种发布技术的变革对传统新闻业挑战很大。比如，社交网站微博、微信等社交自媒体的生产能力巨大，甚至有的内容成为新闻媒体的消息来源。

（2）传播渠道演变。数字化传播方式不仅改变了内容的呈现形式，而且还影响传播渠道。网络时代，参与者的互动力可以促进注意力和影响力的增强，将极大地推动社会民主进程。忽视或者不够重视参与者的传播平台的精心打造，在新媒体时代很难成功。

（3）销售模式变化。数字技术给传媒产业带来商业模式、营销模式的变革。其中，SoLoMo 营销模式是其中典型模式之一，SoLoMo 是由 Social、Local 和 Mobile 三个词整合而成，由著名风投公司合伙人约翰·杜尔在 2011 年首次创造出来，突出了 Mobile 技术对现代市场开发的主要推动力量，广泛用于电影等传媒产品的宣传推广。

四　资本运营对价值链构建的影响

随着外资传媒进入中国，尤其是随着近两年我国文化产业的快速发展，传媒领域各种并购重组一哄而上，人们突然意识到资本对传媒市场的巨大冲击力。

---

① 美国学者托马斯·包德温等所说的媒体"大汇流"是指网络、广播、电视、电话等电子媒介的汇流，不包括报纸。

(一) 资本的本质——追求利润

资本的含义包括三个层次：资本可用价值形式表示，如果某项财产不能用价值衡量，那么就不可能成为资本；资本能带来未来收益价值；资本是一种生产力要素。根据马克思"无休止地对利润的追逐是资本的意志"的说法，我们可以这样理解：如何获得利润，或者说采取一定的方式降低成本增加收益，是资本本质的追求。资本分为产业资本和金融资本。不管产业资本还是后来居上的金融资本，都以利润的获取为根本特征。资本力量不同于规制那样体现着统治阶层意志，具有极强的约束力，也不同于技术力量所附加的全人类的进步意义；资本力量更多地体现为个人意志，具有典型的逐利性。

作为一种新型生产力，资本具有突出的流动性，资本输出对于全球化进程具有特别重要的意义。马克思曾说股份制是促进生产力发展的有效资本组织形式，这种形式促成了铁路的快速出现和全球延伸。国际资本流动的原因是持有资本的机构和个人在寻找机会，以抓住最好的收益或最佳增长机会。进入垄断资本主义阶段以后，资本输出的重要地位主要表现在，掌握巨量资本的少数大企业为获得投资价值，通过上市、兼并、收购、合资等方式控制数个或多个实业，以最快的速度形成大型集团，直接获得多种产业资源；相应地，资本集中提高了行业的准入门槛，获得更多的资本增值的优势，从而把对生产资料的剥夺日益扩展到利润较高的垄断资本家之间。从国际产业链结构的角度出发，资本在国际化中扮演着一种掠夺财富的力量，国际资本曾被郎咸平称作"盘旋在发展中国家头上的一只秃鹰"，这句话尖锐地指出了国际资本突出的逐利性。美国等发达国家凭借资本优势[1]，通过资本运营使极少数金融寡头攫取着越来越多的世界财富。

资本运营的价值甚至高于实施质量管理和低成本战略产品运营产生的价值，企业通过资本市场买卖，扩大企业规模，重组股权结构，优化资产配置，以实现最优增值目标。资本运营包括资本的组织、投入、营运、产出和分配的各环节和诸多方面。具体形式主要有上市、并购和参股控股、专利权出让，还有资产剥离、破产和重组等。并购

---

[1] [美]迈克尔·波特：《竞争论》，高登第译，中信出版社2003年版。

是业务发展和价值链构建的主要方式，指市场机制下企业转移公司所有权或控制权，以控制产业链条上的关键环节，企业为获得其他企业的全部或部分资产或股权而进行的产权交易，从而影响、控制其他企业的经营管理和法人资格。

并购主要有横向并购、纵向并购和混合并购三种类型。横向并购指并购企业与目标企业处于同一产业、生产相同的产品或服务，并且在生产经营、销售环节上具有相似性或互补性；纵向并购是指处于生产同一（或相似）产品不同生产阶段的企业之间的并购；混合并购是指分属于不同产业、生产工艺上没有关联关系、产品也完全不同的企业之间的并购。当然，并购不当，也会带来不可预测的风险，甚至导致整个企业破产，比如，AOL对时代华纳的并购失利以至于重新分拆为两个各自独立的公司，并要处理诸多产权分割等遗留问题。当然，分拆也可看作资本运作的一种方式，可以通过剥离某一业务环节，以市场交易成本取代企业分工所产生的管理运营成本，优化成本结构实现效益最大化。

（二）资本力量对传媒产业价值链具有优化作用

资本经营能迅速整合价值链结构，促使传媒企业快速成长。传媒资本包括有形资本和无形资本。传媒资本运营，是将信息制作、印刷、出版、发行、广告等有形产业和品牌、美誉等各类无形资产进行规划和运筹，通过对内融资、对外投资等活动促使产权等资源合理流动和优化配置，实现最大增值目标。

在全球化进程中，资本的国际流动拓展了盈利空间，极大改变着全球传媒产业价值链结构。西方传媒企业，就是通过不断地并购发展壮大起来的。雷石东曾经说过，资本运作是维亚康姆成长的战略起点，他通过不断并购买了有线电视网、电视节目制作中心、广播电台和电视台等资产后，于1993年又大张旗鼓地收购了好莱坞八大电影公司之一的派拉蒙电影公司，从而拥有电影制片这一环节，进一步完善了公司价值链。

2012年4月，人民网上市，公司定位在以新闻为核心的综合信息服务提供商，募集资金主要用于移动互联网增值业务项目、技术平台改造升级项目、采编平台扩充升级项目建设，从一个侧面标志着中国资本市场与文化传媒产业成功对接掀开了新篇章。

传媒业是当前竞争最激烈的行业，产权频繁转移引发了一组如"马歇尔悖论"的矛盾：一方面，资本的过度集中容易导致垄断，降低企业竞争强度，既减少供给的产品多样性和价格控制力，又损害民众的福利；另一方面，并购等促成规模经济的实现，资本以产权转移的方式推动了传媒产业的全球化市场的占领速度，也不断推进产业价值链的演变转型，塑造着全球传播格局。

第五节　影响传媒产业价值链因素分析框架

传媒产业发展环境的形成同其他企业一样，都是由多种力量尤其是政府、企业之间调和博弈的结果，三者的动态变化直接影响着传媒产业结构。换句话说，是上述"各种力量"之间制衡的结果。波特的钻石模型理论考量的是，在产业层面，国家如何创造适合企业发展的市场环境，包括需求条件、生产要素、相关以及支持产业等方面的作用。波特强调微观层面的企业战略、结构和同业间的竞争对提升企业竞争力、产业竞争力和国家竞争力的基础作用。这一理论虽然勾勒了影响企业竞争力的基本要素以及它们相互之间的关系，但是对生产要素中相互制约的制度和技术、资本之间的关系并没有展开深入探讨，对于政府作为主要客户的利益诉求对制度的影响也没有系统分析。因传媒产业的意识形态属性，政府和公共利益对社会价值和舆论引导价值的关注，比对钢铁、汽车、航空等注重利润价值的产业要大许多，政府这只看得见的手[①]的规制因素影响较为明显，"游戏规则"的制定非常重要，企业需要在规定的范围内成就价值诉求。与此同时，企业出于追求不同价值的内在要求，又试图通过一定的市场力量来左右政府这只看得见的规制之手，从而形成了一种博弈动态。这也是波特的"国家的价值体系理论"所忽视的视角，本书尝试就此问题做进一

---

① ［美］小艾尔弗雷德·D. 钱德勒：《看得见的手——美国企业的管理革命》，重武等译，商务印书馆1987年版。

步探索。

一 "一心一圈二助力"分析框架

完善的价值链一般是完整且互相关联,具有资源整合力和规模经济实现的潜质。本书认为,传媒产业中理想的状态是创意层、生产层、发行层、消费层和延伸层共同组成了全产业价值链,且五个层面各有特色且互相借力,但是在现实中,某些传媒集团只具有其中一个或几个层面的优势,为了收获较大的价值,传媒公司会努力适应或者改造所处的市场环境,将各条件要素的环境优化。受政治力量、资本力量和技术力量共同合力的影响,不同的媒介生态取决于第一种力量和后两种力量的博弈,从资本发展角度看,资本力量有时能左右政令的有无、轻重,主导制度安排的变迁;同时,技术的推动作用也非常巨大,因为技术对传统的颠覆,并不以个人的意志为转移。换句话说,传媒企业与其他企业不同,资本和技术这两种具有"双刃剑"的外部力量,对传媒业发展的影响更为直接更为有力。本书尝试将这几种因素的关系结构命名为"一心一圈二助力",如图2-13所示。

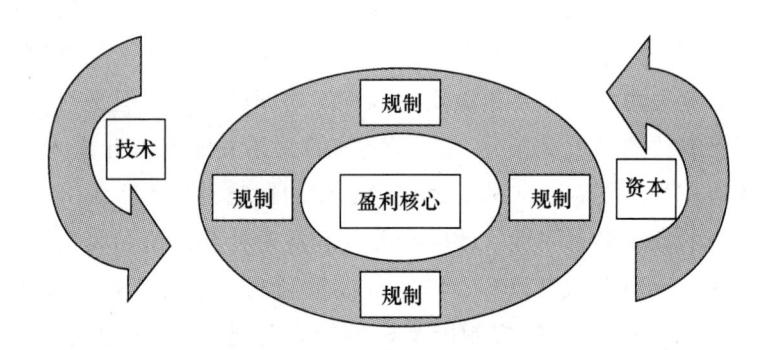

图2-13 "一心一圈二助力"分析框架

下面对这一结构关系进行诠释。传媒企业的市场环境由于规制的差异有很大不同,但是,盈利还是其核心诉求,关系到竞争力提升这"一心",既包括经济效益,又有社会效益内涵。在价值实现的过程中,技术以其颠覆性的影响改变着传播控制、议程设置等内容;资本在挖掘价值整合价值资源的方式、方法层面具有先天的重要推动作用。同时，在技术和资本这"二助力"的冲击下，传媒规制作为影响技术和资本等多因素的"一圈"也需不时地做相应调整，或促进激励或约束限制。传媒企业的发展也需根据"二力"与"一圈规制"关系博弈的动态状况而选择自己的价值实现战略，调整业务布局（需要说明的是，作为市场要素的"人才"一项没有单独列出，是因为人才影响企业的各个环节各个因素）。一般情况下，规制是最关键的主观影响因素，如果规制圈限制较少，甚至激励引导较多，则价值链会较为完善；否则价值链或结构难以使资源优化整合，阻碍因素表现在渠道或在内容或在股权方面；技术的力量也是较为关键的因素，技术优势并非通过资本运作就一定能获得成功，技术有时只是表现为工具属性，是促成价值实现的工具，必须依托适宜的盈利模式和管理模式；资本的运营能力对于实力雄厚的跨国机构来说并不是关键问题，而是投资的方向和时机选择是否准确。

二 理想的传媒产业价值链结构

图 2-14 是理想的传媒产业价值链结构形态：在规制、技术和资本的影响下形成通畅的价值链。产业链上的每个环节不仅要完成该节点的价值诉求，而且要与其他相关环节相配合，上下游紧密合作，使整个产业链不断增值，实现整体价值最大化。

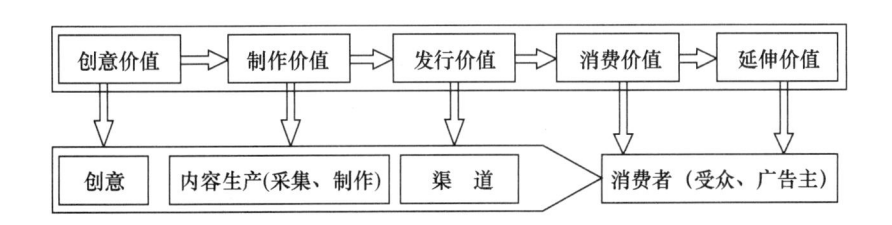

图 2-14 理想的传媒产业价值链结构形态

事实上，许多企业只能在产业链某些环节上拥有优势，而很难拥有全部的优势。成功的企业不只是关注自己的产业环节优势，更要通过与其他环节相配合、紧密合作，使整个价值链不断增值，才能实现价值最大化的理想。传媒企业根据内容和渠道、影响力经济的实现的难易程度以及不同的市场环境构建不同的价值链结构，有的是完善的，有的是残缺的。众所周知，曾经在某些时代某些领域，谁拥有媒体谁就能获胜，所谓"渠道为王"，控制渠道往往成为竞争者的主要战略，也就是力争在传输环节实现产品价值增值。传媒业随着环境的变化，新商业盈利模式也在不断变化，需要及时调整企业战略。传媒企业的竞争，从价值链完善的角度考虑，既要注重注意力经济的实现，更要强调影响力经济。现在，信息供给过剩，信息内容的差异化就成为传媒企业必须重点筹划的内容。因此，确定差异化战略，推进价值链相关的各部门间联系，以强化差异要素的作用，成为企业竞争力形成的主要战略。

第三章 新闻集团产业价值链构建与全球布局

新闻集团半个多世纪的演化史，是一部与各种机遇和挑战相伴相生的历史。默多克从一份小报起家，其媒体帝国已覆盖五大洲，观众、读者超过了世界人口的75%，不仅掌控着英国40%的报纸、美国40%的电视台，而且默多克又奋勇进军互联网行业，探索传统媒体转型。虽说新闻集团规模不断增大、实力增强，但一路也遇到了很多危机，甚至有时险象环生，特别是屡次遭遇财务危机、"窃听事件"引发的业界"地震"、探索新媒体事业中的重挫、开辟中国市场无功而返资产缩水等，即使如此，2012年分拆前的整体业绩依旧非常可观。那么，究竟是什么成就了默多克60多年纵横捭阖的传奇，新闻集团的竞争力在哪里？本章首先描述全球化信息产业的扩张图景，展现该集团产业链不断丰富演化的历程，探讨其价值链构建的主要规律，进而对影响新闻集团传媒产业价值链构建的因素进行剖析。

第一节 全球化背景下西方传媒产业价值链结构

近半个世纪以来，西方经济长足发展推动了全球化进程，至20世纪90年代，真正进入技术、企业、市场的全球化。事实上，全球价值链是一个不平衡布局，确如郎咸平尖锐指出的那样："全球产业链是一个阴谋。"因为，发达国家占据价值创造的技术研发、创意设计上游，将高耗能、高污染的产业环节转移到发展中国家，并通过跨国公司以产权渗透的形式进行市场扩张，这无疑使发展中国家面临经济安全、政治压力以及技术创新、环境问题的多重挑战，呈现出后发展国家的劣势样态。在传媒业，因传媒产品的独特性，发达国家一直特别重视对信息传播领域的主导作用，不仅因为信息产业是绿色产业，占据着产业链的上游，价值最大，代表着社会发展的方向，而且具有意识形态传播力的战略价值。在经济一体化主张下，以英美为主的发达国家提倡创意、创新，并充分运用技术、资本实力占领世界市场，以信息商品交易的方式促使价值的实现，不仅包括经济价值的获得也包括意识形态的渗透，即大力推行"媒介帝国主义"以影响世界文化价值取向。

一　背景分析：传媒集团抢占市场的群雄争霸态势

在传播技术不断进步的推动下，信息产品由稀缺到质量、数量都趋于剩余的态势愈加明显。为实现规模效益，传媒企业想方设法摆脱地域限制以占领更广大的市场。20世纪80年代开始世界传媒业重组，全球大众文化传媒市场日益被少数资本寡头、跨国公司把控。传媒寡头在全球形成垄断竞争的格局，利用产业集约化经营和规模化生产的优势，为消费者提供多种文化传媒产品，确立并维持其寡头垄断地位，其中，以资本运作方式整合优化价值链取得成效是普遍采用的手法。在传媒巨头的推动下，世界传媒格局形成了两个特点：一是传媒集团竞争加剧；二是全球传媒产业价值链、价值网逐渐形成。

一百多年间，西方经历了多次并购浪潮，在这个过程中传媒业从边缘地位走向竞争中心。19世纪末，垄断资本主义开始形成，传媒业发生了第一次并购浪潮，主要表现为资本集中于横向并购。报业寡头托拉斯出现，美国"一城一报"垄断格局初步形成；出现了一大批报业集团，诸如普利策并购形成的报业集团以及赫斯特、斯克列普斯报媒团；与之相应的反垄断政策也随之出现。第二次是发生在1920—1930年，广播电视的出现使传媒业并购加剧，资本在传媒业更加集中，"一城一报"现象更加突出；这个阶段虽仍以横向并购为主，纵向并购也开始出现；追求规模经济是此次并购的重要动机，企业经营权与所有权开始分离。第三次发生在20世纪五六十年代到70年代石油危机期间，60年代后期为高峰，以混合并购为主，跨国并购异军突起，业外资本的进入助推了传媒业规模壮大。第四次发生在七八十年代末的经济衰退期，表现为竞争加剧，1985 年达到高潮，开始重视通过重组兼并夯实公司核心业务，杠杆并购形式出现，多种资本运作形式并存，跨媒介、跨行业并购频繁发生，媒体世界被大约 50 家集团控制。在这第四阶段，发生在美国电视台之间的交易仅 1986—1994 年就达 600 次之多。第五次并购自 20 世纪 90 年代末至 21 世纪初，以信息、传媒和服务业为主，表现为传媒巨头的跨国并购和强强联合特点，不仅在总规模上刷新了历史纪录，而且连续八年呈现递增走势；金融业的并购明显加剧；多数企业放弃了杠杆收购式的风险投机行为，以投资银行为主。其中，90 年代，全球传媒产业间共发生了 2000 多次并购，其中美国最多，多达 1294 次；欧盟市场也发生了 700 多次并购。在这 2000 多次并购中，有 1022 次（占 49.3%）是相同业务的企业之间的横向并购。

经过第五次兼并浪潮，到 21 世纪初，媒体世界由八大传媒公司锐减到五大公司控制，50 家媒体和一些新生媒体都并入了这五大传媒公司。[1] 这几大传媒集团有一个共同点：为了获得竞争优势，它们通过资本运作迅速把握市场机会并以完善价值链的方式，实现了业务结构的优化整合。1985 年，在汤姆·墨菲与丹柏克等组成的优秀管理阶层的驱动下，大都会以 35 亿美元的价格并购 ABC（American Broadcasting Corporation, Inc.）[2]，组建大都会美国广播公司。合并后，拥有约 100 家发行商、若干 24 小时播放的电台、24 个主流电视频道和超过 50 个有线电视网络。[3] 1995 年 7 月 31 日，美国迪士尼公司首席执行官艾斯纳以 190 亿美元高价收购了大都会美国广播公司。[4] 这一对传媒业的准确把握和果断的并购，创下美国历史上第二大兼并案纪录。[5] 通过这次资本运作，迪士尼将娱乐业、电影制作业与广播电视业融为一体。时代华纳、新闻集团、威旺迪以及贝塔斯曼等巨型集

---

[1] 迪士尼、新闻集团、维亚康姆、时代华纳、贝塔斯曼。
[2] 截至 2008 年，ABC 是美国观众最多的电视网。
[3] 武小仲：《美国广播公司为什么被兼并？》，《国际新闻界》1985 年第 3 期。
[4] 杨建华：《传媒帝国冲击着美国大众文化》，《国际新闻界》1996 年第 2 期。
[5] 1989 年，美国克拉维斯·罗伯兹投资公司以 250 亿美元兼并纳比斯科公司，为第一大案。

团，也是通过产权交易编织了复杂的价值网络。

表 3-1　　　　　　　　主要的并购事件信息　　　　　单位：亿美元

并购事件	时间	数额	影响
马文·戴维斯收购 20 世纪福克斯	1981 年	—	大石油商人马文·戴维斯（1981 年购得）
通用电气收购美国无线电公司（RCA）	1986 年	960	连同其子公司 NBC 一并购入
索尼 SPE 收购哥伦比亚影业公司	1989 年	60	被美国人视为日本人入侵美国
迪士尼收购米拉麦克斯影业公司	1993 年	0.8	Miramax Films 成为迪士尼公司控股的相对独立的发行公司
维亚康姆收购哥伦比亚广播公司（CBS）	1999 年	397—500	增加了 200 多家电视台和 180 家广播电台，拓宽渠道
威旺迪（Vivendi）	2000 年	330	成立威旺迪环球
通用合并成立 NBC 环球	2004 年	—	购得威旺迪持有的环球电影公司 80% 的股份
索尼收购米高梅	2005 年	48	将全球最大的私营独立动画、电视和家庭娱乐公司之一（作品有 007、猫和老鼠）收归旗下
派拉蒙收购梦工厂	2005 年	16	派拉蒙母公司维亚康姆支付。《拯救大兵瑞恩》《小鸡快跑》《怪物史莱克》系列及《马达加斯加》
迪士尼收购皮克斯	2006 年	74	作品有《星球大战》《海底总动员》《玩具总动员》，收购后出品《汽车总动员》、《美食总动员》

续表

并购事件	时间	数额	影响
加拿大汤姆森集团收购英国路透集团	2007 年	183.04	打造全球最大的财经信息集团。组成了新的"汤姆森路透集团"。全球商业金融资讯提供商"三足鼎立"的格局形成——汤姆森路透、彭博和里德·埃尔塞维尔集团 Reed Elsevier
时代华纳合并新线	2008 年	—	《指环王》《七宗罪》《尖峰时刻》《魔戒》
亚马逊收购游戏视频直播服务提供商 Twitch	2014 年	9.7	进入新媒体渠道领域

说明：新闻集团并购在本章第二节专列，此处略。

优胜劣汰正是这些收购合并的内在逻辑，近一个世纪以来，好莱坞公司之间的并购使美国影业良性发展并称雄世界。在1934—2004年的68年间，曾以出品《大白鲨》《侏罗纪公园》《速度与激情》《金刚》闻名的环球影业，被8次售卖，德卡唱片公司、美国音乐公司、松下公司和威旺迪都曾表达收购环球的意向，2004年被通用公司纳入囊中。2008年，新浪娱乐独家策划了对其中8次并购的分析的一组文章。[①] 以上并购，顺应了产业发展做大做强的趋势，促成了西方传媒产业规模经济和范围经济的实现。比如，2008年3月28日，时代华纳为节减成本，裁掉旗下新线电影450名员工并与旗下华纳兄弟合并。新闻集团前总裁彼得·彻宁谈到传媒业的趋势时说："时代华纳、维亚康姆和康卡斯特这样的大型传媒集团都会变得越来越庞大。……大鱼吃小鱼，我相信并购风潮将会持续，大公司也会变得更为庞大。"[②] 见表3-2。

[①] 8次并购分别是1985年新闻集团收购20世纪福克斯、1989年索尼收购哥伦比亚、2004年NBC环球合并成立NBC环球、2005年索尼收购米高梅、2005年派拉蒙收购梦工厂、2005年迪士尼与韦恩斯坦兄弟分家、2006年迪士尼收购皮克斯和2008年时代华纳合并新线。

[②] 《经济参考报》2007年5月8日。

表3-2 2010年世界十大传媒集团①

集团名称	销售额（百万美元）	员工数	毛利率（%）	集团驻地
迪士尼	38063.00	149000	17.67	美国伯班克
新闻集团	334105.00	51000	37.33	美国纽约
时代华纳	26888.00	31000	43.62	美国纽约
贝塔斯曼	22019.6S	102983	—	德国居特斯洛
维亚康姆	14914.00	11470	47.24	美国纽约
考克斯	14500.00	60000	—	美国亚特兰大
哥伦比亚广播公司	14059.80	255380	40.51	美国纽约
拉加代尔	10556.54	28080	23.73	法国巴黎
迪瓦恩娱乐	8015.00	5400	87.20	加拿大多伦多
贝内德蒂	6368.20	12940	23.07	意大利米兰

并购目的之一是有效整合资源，实现有形资源、无形资源的效用价值最大化以及经济价值最大化。比如，1989年索尼并购哥伦比亚影业，盛田昭夫以近50亿美元的耗资收购哥伦比亚电影公司、哥伦比亚图文电视公司和旗下的三星电影公司以及三星在全国的180个地方的820家电影院，引起美国公众举国上下的震撼和恐慌，媒体以"日本入侵好莱坞""日本企业买走了美国之魂"为新闻标题表达了对此次收购行为的抗议。这一大手笔并购行为的主要目的是通过优化价值链来实现增值。作为以电子产品制造为主业的索尼公司，在1988年买下CBS唱片公司后，盛田昭夫就计划购买一家电影制片公司。收购哥伦比亚影业既是进军美国的尝试，更是占据电影市场创意层、发行层的壮举，因为哥伦比亚公司拥有2700部库存影片版权（其中包括12部奥斯卡最佳影片）、260部（共23000集）电视连续剧库存。1997年索尼总裁出井伸之聘请霍华德·斯特林格任索尼美国公司董事长，目的是将哥伦比亚的业务整合进索尼公司的新价值链中，在索尼电子和娱乐业之间建立起战略合作关系。无独有偶，2005年，索尼不

---

① 转引自张咏华《传媒巨轮如何转向：移动互联网时代的国际传媒》，南方日报出版社2010年版，第93页。

惜重金收购米高梅影业，也是看中其拥有的4000多部电影的资料库对于其电子产品格式的独特价值。

2014年年初，媒体大量报道康卡斯特（美国最大的有线电视商和第二大互联网服务供应商）计划高价[①]收购时代华纳有线公司的新闻，许多媒体对此展开分析，认为并购的出发点是两个公司覆盖区域互补，可以通过合并提高对抗查特（Charter）通信公司（美国第四大有线电视运营商）的能力。这一并购要约如若获批[②]，康卡斯特将会拥有美国有线电视行业3/4的份额，整合有线电视资源的能力将会增强，寡头垄断的格局将会凸显。

二 传媒产业价值链结构类型与盈利模式分析

根据传媒企业不同成长路径，可分为低层次经营规模收益、中层次经营品牌延伸、高层次经营服务理念三类价值追求，结合这三种不同类型的价值战略，本节从核心价值差异的角度，将价值链结构分为内容核心型、注意力核心型、品牌乘数核心型和混合型四类。下面将结合一些典型案例来分析这四类价值链的特点和盈利方式。

（一）内容核心型

内容核心型，指的是拥有独特内容资源，或以差异化的资讯产品或者娱乐产品为核心，将价值链尽可能延伸和扩展到中下游环节。如维亚康姆集团，以娱乐节目、音乐节目取胜，经营领域极为广泛，涉及出版、电影电视剧制作与发行、电视网、卫星电视、有线电视、广播、音乐、网络、新媒体、主题公园、形象授权等方面。这种资源多元化开发，被称作"一鱼多吃"。其总裁雷石东提倡"内容为王"的理念，被称作"内容卫道士"，他强调制作一流的电视节目和娱乐内容的重要性。[③] 为此，20世纪70年代初从哥伦比亚广播公司分离出来，专心于节目制作业务[④]，先后拍摄了《阿甘正传》《星球大战》等经典影片。自1987年雷石东收购维亚康姆公司开始，经过20多年

---

① 每股158.82美元，总价达452亿美元。
② 这一要约未能获得FCC审查。
③ 李亦非在雷石东《赢的激情》书评里如此评价。
④ 美国联邦FCC的法律不允许占垄断地位的电视网自己制作并发行电视节目，即要求制播分离。

不断收购，扩张为全球性的媒体帝国。其发展模式是，以娱乐内容为核心，逐渐扩大业务领地，获得多次销售的价值。首先，内容制作；其次，版权出售、院线票房；再次，电视收益；最后，各种衍生品收入，如书刊、光盘以及音乐制品等。其并购便是围绕着这个链条展开。1994年分别以100亿美元和76亿美元收购了派拉蒙和布洛克巴斯特录影带出租连锁店；1999年耗资350亿美元收购了哥伦比亚广播公司（CBS）；2001年以35亿美元收购了非洲裔美国人最喜爱的频道BET。

品牌资源始终是维亚康姆集团规模扩张的核心要素，扩张过程一般可概括为"ABC三部曲"，即购买（Acquire）最好的内容、以内容为核心进行品牌（Brand）建设和进行严格的版权（Copyright）保护。在这个过程中，内容首先要具有极强吸引力，同时具有严格的版权保护，这二者共同促成了品牌价值多方面的实现。

（二）注意力核心型

注意力核心型并非影响力核心型，而是指靠奇异的内容、夸张的言辞和引人注目的表现符号攫取受众注意力；而影响力核心型指的是媒介传播的内容有积极向上的正面价值。注意力核心型以新闻集团为代表。默多克的并购目的，既包括内容差异化也关注渠道控制，但最终还是紧紧围绕着爆炸性新闻和高价收购所带来的注意力展开布局，并运用这些注意力，绑架政府权力以获得规制空间，从而最终获取信息垄断带来的经济效益。

默多克曾被称作"赫斯特转世"，是因为他们二人同样极度热爱报纸、同样以低俗化方式获得注意力、同样在成年后都转向了极端保守主义。默多克以保守主义者姿态参与政党争战，运用性、暴力、体育赛事转播、骇人听闻的大标题等多种令人指责的方式迎合也引领着大众需求，获得报纸和电视受众的注意力。但是，在网络媒体的冲击下，渠道失灵致使这种策略失去优势。虽然默多克依然认为身着时髦衣服的女性应该更受欢迎，但他还是不得已终止那种以"三版女郎"吸引眼球的传统做法。

买下《纽约邮报》（以下简称《邮报》）后，默多克一改报纸原来的风格，开始增加暴力和性丑闻等案件的新闻报道，并通过渲染和夸张的语言来吸引读者。尤其是大胆的风格引发的争议，在一定程度上也扩大了《邮报》的传播力。比如，2009年2月18日，因刊登疑似采用种族主义漫画攻击当时黑人总统奥巴马而饱受争议。2011年9月29日，网络红人"凤姐"在美国接受了《邮报》记者的采访。2012年12月4日，因刊登纽约地铁命案照片，其摄影师被质疑为见死不救，引起广泛非议与责难。

（三）品牌乘数核心型

品牌乘数也叫影响力核心型，源自品牌价值乘数，所获收益大小取决于品牌的领导作用、稳定性、市场、国际性、趋势、支持和保护七个因素。品牌乘数核心型，指的是紧紧围绕品牌核心价值环节进行资本运营，以品牌乘数原理实现轮次收入。迪士尼集团是典型的品牌乘数企业，以艺术形象健康向上、老少咸宜为标签，已经连续十余年跻身最具品牌价值的百强公司前十。迪士尼价值实现的经验是，利用自身经济实力厚实的优势，所有的电影几乎都是自己独立投资、独立制作，运用各种成熟影视制作技巧，打造并完善自己的核心动漫形象，从而享有版权收益；并将IP价值再开发主题公园和衍生商品，并在后面乘上了各种经营手段而获得最大利润。

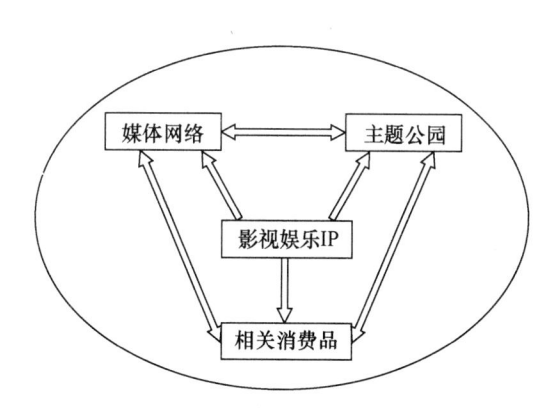

图 3-1 迪士尼产业价值链

这样，迪士尼凭借逐渐积累的大量原创优秀内容产品，形成了强大的品牌驱动力，得以延伸和扩张产业价值链。不仅商品销量好，与之相关的系列授权也为其带来巨大的收益。1954年，迪士尼将"迪士尼乐园"和"米老鼠俱乐部"的播出权卖给美国广播公司（ABC），这次资本运营决策既成为ABC公司发展的转折点，也使迪士尼收益丰厚。这一价值链接是为内容找到了完美渠道的肇始，之后财源滚滚。

迪士尼的经营特别注重品牌扩张。如果仅仅是单个运作，很难说能够发挥最优，只有各个产品与服务发挥真正的协同效应，导致连锁反应的产生，才能产出比任何单项产品多数倍，甚至无数倍的能量、品牌认知和经济效益。现在迪士尼的产品和服务不只局限于电影制作发行，而是通过充分利用最初的电影发行创立的品牌影响无限扩张价值链，而每一步的扩张都与最初树立的动画品牌紧密相关。其并购、出售等活动都是根据目标和核心品牌战略而进行，注重产品或者供给的系列环节的通畅，使公司的价值链相应地融入一个更为广阔的价值体系中，即通过相关环节的资产交易，使产业链不失时机地延伸到各种衍生品（包括主题公园）。例如，动漫形象专有权的使用与出让、品牌产品的生产与销售、书刊和音乐作品的出版与发行、迪士尼乐园和各类主题公园及其他旅游设施的修建与管理、有线电视频道的不断扩展等，但这一切的最初驱动力与源泉都来自迪士尼动画的品牌。其中，迪士尼主题乐园40%的收入来自纪念品的销售。

"迪士尼战略的差异化更多地体现在价值链中的上游和下游环节，形成了独特的品牌价值链运作模式，实现了连年的持续稳定的增长。"[1] 这种近乎垄断的轻资产商业模式曾被巴菲特看好，1999年前几年通过买卖迪士尼股票，收益高达20亿美元。

迪士尼品牌价值还表现在准确的品牌定位和品牌价值的维护。2005年，迪士尼保留了米拉·麦克斯的名称使用权，但终止了与其创始人温斯坦兄弟的合作。其原因是发行风格的矛盾，因为他们擅自发行迪士尼不认可的题材，如同性恋影片《神父》、血腥暴力片《杀死比尔》以及对政府官员有负面影响的题材《华氏911》等，影响了迪

---

[1] 方政、鲁皓：《始终被模仿，从未被超越——基于品牌价值链的迪士尼差异化战略分析》，《中国商贸》2009年第21期。

士尼整体品牌影响力,时任 CEO 迈克尔·艾斯纳对此表示极为不满。

(四)混合型

几大跨国传媒公司,几乎都带有跨媒体性质,价值实现既可能是因为内容,也可能是品牌影响力,还可能有注意力的因素。尤其是当今时代产权流动频繁,很难判断哪一家公司不是混合价值链。曾经被称作美国在线(AOL)——时代华纳公司,是一个通过不断并购成长起来的典型混合型跨国传媒集团。1918 年华纳兄弟娱乐公司成立于美国加利福尼亚州电影小城伯班克;1927 年改名华纳环球影业设备公司,成为全球首家商业影院,避开美国《反垄断法》制裁,保住了影院业务;1990 年,与华纳传播公司合并成立时代华纳,成为全球最大的媒介集团之一;2001 年,与全球最大的渠道运营商——互联网服务商美国在线合并;因整合不力于 2009 年 11 月 17 日剥离其互联网业务,美国在线公司恢复时代华纳集团的名字,在这四次改名[①]的过程中,其业务结构不断向着混合化方向发展。

盈利模式的上述划分是相对的,如此分类也是为了研究的需要。当传媒集团业务发展到一定阶段以后,走多种模式并重的发展道路将成为一种通例。

第二节　新闻集团全球扩张、发展阶段以及业务整合

默多克在传媒产业的红海中展开竞争,通过大量实践、透过各种战略环节见微知著、把握大势,总结了很多名不见经传的实操经验,其资本运作和经营实践不同于只是佐证观点的科班式投资逻辑,具有独特的策略路线,看起来好像没有章法,仔细考察就会发现,默多克发起的一场又一场的国际化兼并"战",正是围绕价值链结构的优化,步步布局跨国生存坐标战略的竞争过程。

[①] 方政、鲁皓:《始终被模仿,从未被超越——基于品牌价值链的迪士尼差异化战略分析》,《中国商贸》2009 年第 21 期。

一　新闻集团全球化战略与发展历程

自澳大利亚发迹，经过 50 多年的扩展，默多克领导下的新闻集团逐渐成为最典型的全球化传媒公司，其传媒业务已经延伸到世界很多角落，甚至一些偏远的乡村。

（一）执着的全球化理念

"在全世界范围内创造和传播顶级的新闻、运动和娱乐方式"，这条标语极为醒目地在新闻集团网站主页上闪烁着，它明确了集团公司的全球化愿景：在世界范围内不仅要传播新闻、娱乐和运动这三大人类共同需要的信息，而且要做到最顶端，追求内容的独特性和传播方式的创造性。

为打造庞大的传媒帝国，默多克投身不同国家展开扩张竞争，也遭遇非常棘手的难题。例如，在印度当地政府因其节目内容不合规定不仅叫停该节目甚至发布了对默多克的逮捕令；在英国，也曾因"三版女郎"和"基勒事件"遭到民众抵制。即使在更艰难的环境下，默多克凭借执着的新闻价值追求，巧妙地化解各种变故，不仅应对自如，而且不失时机地挑战固有的战略思维和管理方式。50 多岁时，他毅然放弃澳大利亚国籍，其直接目的是收购美国一家广电公司，以加大开拓美国传媒市场力度。因为美国法律规定，作为外资企业的新闻集团不得持有任何一家拥有执照的美国广播电视公司的超过 24.9% 的股份。在婚姻选择上，多少也与市场战略相关。有人猜测，默多克与邓文迪之间 15 年情感离合也与他对中国市场的态度密切相关。默多克 1967 年与英国《每日镜报》记者安娜结婚，是在布局英国报业。1999 年离婚并闪电般迎娶邓文迪，正是他看好中国市场的当头，邓文迪本是新闻集团子公司凤凰卫视新员工，因熟悉中国文化和中国市场被默多克看中，二人结婚后，为打开中国互联网和电影市场，邓文迪不仅将 MySpace 引进中国，还以制片人身份制作了主打中国市场的《雪花秘扇》，并参加了其他公关活动；而决然离弃邓文迪恰是他看淡与中国的合作前景，逐渐撤离中国市场的时候。第四次结婚的对象是美国女演员、名模杰丽·霍尔，这恰是默多克在美国娱乐业市场发力时节。

默多克的全球化战略和他少年求学牛津以及旅欧的全球眼光密切

相关。1931年3月11日，他出生于澳大利亚墨尔本市一个著名报人家庭，父亲基思·默多克①拥有几家报纸的股份。少年默多克在寄宿学校曾一度因红色激进行为被关注；1949年，他进入英国牛津大学学习法律，曾经一度信奉列宁的革命主义。受他父亲影响，默多克很早就注意到报纸的注意力价值，在报社实习期间，曾发誓有朝一日把英国的《每日镜报》据为己有。需要说明的是，在英国学习期间，他遍游欧洲，还参与赌马等多种商业活动，这影响了他之后全球冒险的行为策略。默多克不仅用实践证明了其推崇的信息全球化自由市场理念的切实可行，而且多次公开表明支持这一观点。"全球化是真实发生的事情，它让全世界受益无穷。全球化并不是一个可耻的字眼。"针对中国的全球化道路，他在一次讲座中反复强调："随着亚洲的发展，人们在价值观问题上产生了激烈的争辩。有人认为，西方正在将自己的价值观强加给这一地区，但出版自由会让公司、政府和个人都学会负责。责任并不是西方特有的价值观，它是成功所必备的基础条件。""在当前这个竞争超级激烈的世界上，信息的自由流动已经成为一种举足轻重的优势。"②

（二）发展历程

从1953年继承阿德莱德《新闻报》开始，鲁伯特·默多克用五十多年时间，通过多次扩张将一个普通地方报业公司打造成全媒体集团，从纸媒、电子媒体再到数字媒体，成为当今世界上国际化程度最高、规模化较大的综合传媒公司之一。到1973年，默多克资产已经分布在英国、澳大利亚和新西兰，集团业务贯穿着价值创造的几个环节：8家报纸、11家杂志、几家电视台、广播电台，还有下游的纸张公司、印刷公司，甚至已经涉足航运公司等非传媒业务。到2004年其净资产达78亿美元③；1977年，其报业已遍布澳大利亚、英国和

---

① 基思·默多克，是著名的战地记者，被女王授予爵位，还是出版商，经营《阿德莱德日报》、《新闻报》。
② ［美］保罗·拉莫尼卡：《揭秘默多克：传媒大亨默多克的商业传奇》，刘祥亚、王静译，石油工业出版社2009年版，第83页。
③ 张金海、梅明丽：《世界十大传媒集团产业报告》，武汉大学出版社2007年版，第121页。

美国三大地区,有 50 份报纸、两家出版社以及许多商业性印刷厂、5 家电视台的股权,还有采矿公司。之后又开发跨媒体业务,开拓欧美以及亚洲市场,形成跨五大洲、涵盖多元领域的强大传媒帝国。2007 年财政年度报告显示,新闻集团销售额中,有 32% 来自欧洲市场,且上升了 20%;15% 来自澳大利亚和亚洲市场。[①] 其全球化进程伴随着本土化变革,每每呈现出新面貌。表 3-3[②] 清晰地将该集团区域扩张的情况展示出来,本书结合该集团区域拓展的不同特点,将其扩张总结为以下四个阶段。

第一阶段,本土继承父业和创立基业。1952 年 10 月 3 日,因父亲突发心脏病亡故,默多克于 1954 年继承了阿德莱德《新闻报》,并成立新闻有限公司。默多克目睹父亲在竞争中遭遇的艰难险阻,这促使他很早就坚定了强力竞争的决心。接受家族报业后经过几年的努力,默多克不仅使《新闻报》变为非常成功的地方报纸,在这期间他还努力促成了《星期日邮报》和《广告报》的合并,从而改变了二者之间的对立关系。之后一路挺进珀斯报业,1956 年,默多克多方筹措 40 万美元,收购了珀斯市《星期日时报》。完成收购后,默多克锐意创新,开始了对该报的大力改革,使《星期日时报》脱胎换骨、实力大增。后来,他还收购了《女性杂志》大部分股权,进而组成了地跨珀斯和阿德莱德两市的小规模报业集团。

随后进军悉尼报业市场。1960 年以 400 万美元的价格,从费尔法克斯家族轻松购得《镜报》。之前,费尔法克斯、诺顿和帕克家族报业三巨头掌控着悉尼的传媒市场,主要报纸有《太阳晚报》《先驱早报》(费尔法克斯家族控制)《每日电讯报》《星期日电讯报》(由帕克公司控制)《镜报》(由诺顿家族控制)。《镜报》因连年亏本无力支撑,诺顿家族转手给费尔法克斯经营,却依然不见起色。默多克发现了这个商机,迅速以较低价格将其收入囊中。

---

① [美]保罗·拉莫尼卡:《揭秘默多克:传媒大亨默多克的商业传奇》,刘祥亚、王静译,石油工业出版社 2009 年版,第 73 页。
② 喻国明:《传媒竞争力——产业价值链演变案例与模式》,华夏出版社 2005 年版,第 99 页。

表3-3　　　　　　　　新闻集团产业拓展区域扩张情况

年代	进入国家或地区	事例	地区拓展的四个历程
20世纪五六十年代	澳大利亚	1954，默多克接管新闻公司。主要资产是澳大利亚阿德莱德市的第二大报纸《新闻报》的控股权；1964年，出版了澳大利亚一份全国性报纸《澳大利亚人》	1. 20世纪50—70年代，新闻集团在澳大利亚的盈利是向英国和美国扩张的主要经济来源 2. 20世纪80年代后，在英国的报纸利润成为新闻集团最大的财富，支持了在美国的大规模扩张，特别是收购20世纪福克斯电影公司等 3. 自20世纪80年代末起，在美国的产业成了新闻集团的主要收入来源 4. 20世纪在美国取得成功后，新闻集团开始进入非英语国家
60年代末	英国	1969年，进军英国传媒业，先后收购《世界新闻报》和《太阳报》	
70年代	美国	1973年，在美国圣·安东尼奥买下三份报纸；1986年，兼并《纽约邮报》	
80年代	中国香港	1976年，买下中国香港《南华早报》	
90年代	东欧、亚洲、欧洲大陆	1990年，开始往东欧寻找机会；1993年，收购中国香港"卫星电视"，该地区是第一家也是唯一一家覆盖全亚洲的卫星电视网；1994年，收购了沃克斯公司，在德国有85个频道；1996年，进入日本"朝日电视台"	
21世纪	中国、意大利、拉丁美洲	2001年12月，星空卫视在广东落地；2002年年底，收购意大利Telepiu电视台，将其与意大利的溪流电视台合并，命名为"意大利天空电视台"；2003年4月，买进休斯电子19.9%的股份，进而拥有直播电视。休斯电子是直播电视的母公司，还拥有拉丁美洲"直播电视集团"的控股权	

具备一定实力后，默多克于1964年创办并出版了第一份全国性日报《澳大利亚人报》，并且效仿《纽约时报》和《华尔街日报》的办报做法，开始通过这份严肃的大报对国家政策施加较大的影响。为

获得更多价值，《澳大利亚人报》不断增版创新。7月15日，创办周六版，1977年7月2日更名为《周末澳大利亚人报》；1980年2月13日首开高等教育版、1988年9月出版彩色版、1999年3月出版了国内第一个媒介专版，之后相继创办了世界、周末健康、个人理财、房地产报道等专版。为吸引年轻读者，拓宽同读者的互动及时的联系渠道，报社采用互联网技术，开设了免费网站——澳大利亚人新闻在线（Australianit news com. au），并设立网络意见箱和评论栏，较早采用了注重互动的网络传播方式。

经过30多年时间，新闻集团逐步控制了澳大利亚大城市日报总数的70%左右，随着实力大增和国际化进度的加快，传播控制能力越来越强，见表3-4。

表3-4　　　　　新闻集团在澳大利亚的主要并购业务

时间	金额	购并对象	方式以及产业影响
1954年	—	阿德莱德《星期日邮报》《广告人报》	兼并
1960年	40万美元	珀斯市的《星期日时报》	组成跨珀斯和阿德莱德的报业集团
1960年	400万美元	悉尼《镜报》，另收购《悉尼日报》	收购
1962年	—	悉尼沃龙网WIN第4频道	收购
1972年	—	悉尼《每日报》《星期日电讯报》	收购
1987年	—	哈伯·罗出版公司和《墨尔本论坛报》	收购
2004年	—	昆士兰新闻出版集团	兼并
2012年	—	CMH福克斯澳讯	收购

在初创阶段，在报业市场打拼的同时，默多克也极为密切地关注着电视的发展。经过系列政治公关，得到澳大利亚广播局同意，默多克获得阿德莱德TV-9台的经营执照，并且经营有方，不到一年的时间该台就为他赢得了很大的效益。

到 1968 年年底，默多克资产已超过 500 万美元。1980 年将新闻有限公司改名为新闻集团。

第二阶段，成熟期，进军欧洲报业市场，跨国布局产业价值链。默多克为得到《每日镜报》，开始了英国圆梦之旅，依次拉开了欧洲报业市场的征战序幕，先后收购了《世界新闻报》《太阳报》。1969年，新闻集团买下《世界新闻报》，随后又收购杰克逊和卡尔家族的股份，成为该报主席。紧接着，默多克又巧使计策以150万美元的价格从马克斯韦尔手里买下《太阳报》，并以耸人听闻的报道使这两份报纸迅速成为公司收入的"金牛"，很快创造了亿万美元的股票价值。20世纪80年代，新闻集团在英国的业务拓展进入一个很重要的奠基阶段，尤其在1981年，先后从加拿大汤姆森家族收购《泰晤士报》和《星期日泰晤士报》，在报业市场确立了稳固垄断地位。

20世纪90年代，进军电视领域，首先与英国卫星广播公司共同成立了天空卫视。

第三阶段，进入美国，成为一个真正的跨媒体、跨行业公司。1972年进入美国报业，为打开市场，耗资2000万美元先后从哈特·汉克斯手中买下《圣·安东尼奥快报》《圣·安东尼奥新闻》[1]等报纸。这时的美国报业动荡不安、罢工不断，许多报纸倒闭，已经没有适合默多克购买的报纸，他就开始创办报纸。

1974年默多克创办了一份在超市出售的黑白周报《国民之星》，开办费高达1200万美元。刚开始一年经营亏本，他不但没放弃，还从澳大利亚调来知名记者伊恩负责该报编辑，并改为彩色出版《星报》杂志。两年之后，该杂志发行量逐步上升，广告收益逐步增加。[2]

1976年，默多克收购《纽约邮报》，挺进大都市纽约且收购加速。1977年买下《纽约杂志》《新西部》《乡村之声》[3]和《波士顿先驱报》。其中，《纽约杂志》发行量和广告收益都非常可观。1983年，以9000万美元收购《芝加哥太阳时报》。[4] 通过系列买卖壮大了实力。

---

[1] 1984年，将两报合并为《圣·安东尼奥快报新闻》，1993年将之出售。
[2] 1990年，将之出售给国家问询者报的母公司。
[3] 1985年，出售价为5500万美元。
[4] 1986年，出售价为1.45亿美元。

从 20 世纪 80 年代开始新闻集团进军美国的影视业。1985 年，默多克以 2.5 亿美元低价收购石油大亨马文·戴维斯持有的 20 世纪福克斯影业公司，以此为平台开始进入美国电视市场。1987 年，组建福克斯电视网，默多克看中的是旗下的小型独立福克斯电视台，并将之改造成一个结构合理的全国性电视网。经过改造升级，很快盈利能力和影响与 ABC、NBC、CBS 并驾齐驱，成为全美第四大电视网。同时在这个时期默多克开始尝试开发互联网业务，并于 1999 年和新媒体公司合作。先是与 Yahoo 合作，推广宣传福克斯电视业务，2000 年，两家建立了多家新闻业务、电子商务等网站。另外，默多克还涉足采矿业和石油业、牧羊业、运输业、航空业等股权运营。

进入 21 世纪，默多克开始进军美国直播电视领域，2003 年，新闻集团收购直播电视公司 Direct TV 股份。2004 年 11 月 12 日，新闻集团总部搬迁到美国的特拉华州，重组新闻集团。至此，拥有澳大利亚、英国和美国三大市场主流媒体的默多克，成为名副其实的媒体巨人。

第四阶段，拓展亚洲市场，尝试完善传媒产业价值链。对于亚洲市场，默多克从不同的方面进行了布局。首先，以中国香港为跳板进军中国大陆（见表 3-5）。在第六章专论，此处略。

表 3-5　　　　　新闻集团在亚洲的主要并购业务

时间	金额	并购对象	并购方式对价值链影响
1986 年	—	中国香港《南华早报》	报业
1993 年	8.5 亿美元	中国香港星空卫视	李泽楷创办
2001 年	—	中国网通	与高盛等合作收购其 12% 的股权
2006 年	1.88 亿美元	收购德国服务提供商 Jamba 公司	凭借这一业务，加大在中国市场的影响
2012 年	—	博纳影业 19.9% 股权	进入中国电影娱乐业务

在日本，与软银公司合作投资开发传媒业务。1996 年 6 月，默多克与日本孙正义软银（Softbank）确立了共建日本苍穹广播公司（J sky B）的意向，并为此投资日本第五大广播公司——朝日广播公司，其主要目标是极具潜力的卫星多频道转播事业。但在日本举国反

对的强大压力下，默多克和软银都退出了投资。2006年11月，默多克通过子公司MySpace.com与软银组建合资企业MySpace Japan并在日本登陆，各持50%的股份。MySpace Japan提供面向个人电脑的服务，个人可以通过手机发布照片和写博客。这一业务也因MySpace.com的关闭，在2012年正式停止。

为进军印度有线电视业，开拓卫星业务，新闻集团通过与印度第一大有线电视经营商——哈斯威公司合作，铺设了印度第一条最高质量的数字服务网络，进一步完善其天空环球网络布局的架构。

二　新闻集团资产结构与业务整合

从新闻集团年报数据可以看出，公司多年销售额中有一半左右来自美洲市场，有1/3左右来自欧洲市场，只有1/6来自澳大利亚本土和亚洲新兴市场。这些收入以及收入的区域差异与其价值链布局紧密相关。在这一部分，先梳理该集团的资产组成，然后对其业务构成以及变化进行分析，为下一节剖析其价值链结构和特点打下基础。

（一）资产与管理

20世纪80年代初，新闻集团的年营业额已达到12亿澳元。到20世纪末，据1998年资产统计①，默多克已在全球52个国家拥有789个企业，总资产达140亿美元，其资产包括四家覆盖三大洲的卫星广播公司以及分布在世界各地的200多家报纸。到21世纪初新闻集团资产进一步增长，2010年，其净资产超过了470亿美元，2012年分拆前，集团总资产高达566亿美元，分拆的两家公司的股票市值之和也超过了800亿美元。在2014福布斯全球亿万富豪榜上，默多克以净资产135亿美元排名第78位。表3-6中的数据显示了2003—2012年10年间新闻集团的发展状况。

表3-6　　　　2003—2012年新闻集团的收入情况　　单位：十亿美元

年份	总收入	净收入
2003	17.380	8.22
2004	20.802	15.33

---

①　与第二任妻子安娜离婚时的资产统计。

续表

年份	总收入	净收入
2005	23.059	21.28
2006	25.327	23.14
2007	28.655	34.26
2008	32.996	53.87
2009	30.423	33.78
2010	32.778	25.39
2011	33.405	27.39
2012	33.706	11.79

从持有的股票看，默多克家族共持有"新"新闻集团 A 类股 8791232 股和具有投票权的 B 类股 314894138 股。其中，5.7 万股 A 类股和 306623480 股 B 类股由默多克家族信托持有……此外，未披露姓名的默多克家族成员持有 4800 股 A 类股和 4540 股 B 类股。由独立受托人管理的 GCM 信托持有 8729432 股 A 类股。分拆后，默多克家族信托原持有的全部新闻集团股份也转换为"新"新闻集团股份，默多克将视作持有"新"新闻集团 A 类股 2197808 股和 B 类股 8723534 股，占 B 类股的 39.4%。[1]

另外，默多克在美国、英国、澳大利亚还有多处不动产。在美国贝弗利山西班牙别墅有十个车库，还有游泳池、网球场等设施，价值 2450 万美元；在科罗拉多别墅配备室内游泳池，并有直升飞机起落场等，价值高达 3270 万美元；在纽约曼哈顿还有一套公寓，价值 820 万美元；此外，他在澳大利亚的悉尼、墨尔本以及英国伦敦都有楼宇，总价值约 2000 万美元。[2]

（二）业务领域

新闻集团通过旗下的诸多世界知名媒体，全天候连续向 70 多个

---

[1] 秦伟：《默多克新闻集团拆股 4 换 1，邓文迪携女持 220 万股》，《21 世纪经济报道》香港报道，http://hn.focus.cn/news/2013-06-17/3464598.html。

[2] 新浪：《安娜·默多克向法院正式提出离婚申请——传媒王国会一朝瓦解吗?》，http://news.sina.com.cn/richtalk/news/9808/080522.html，1998 年 8 月 5 日。

国家和地区提供新闻信息和娱乐节目业务。在报纸业，新闻集团控制的报纸在澳大利亚占 2/3、在英国占 1/3 以上，并掌握着美国《纽约邮报》和《华尔街日报》等报纸；电视业影响后来居上，旗下的美国 30 多家电视台、福克斯网络电视台占该国电视台数量的 40%。主要业务见表 3-7。①

表 3-7　　　　　　　　新闻集团驻澳业务领域

洲名	国家名称	主要产业
大洋洲	澳大利亚	《先驱太阳报》、MX、《每日电讯报》《快递邮报》、黄金海岸消息、《广告报》《水星报》《星期日时报》、北部特区新闻、《澳大利亚人报》、Foxtel 澳讯电视台、福克斯体育澳大利亚、新闻澳大利亚、哈珀—柯林斯出版公司、澳大利亚新闻有限公司
	新西兰	哈珀—柯林斯出版公司
欧洲	英国	《世界新闻报》（已关闭）《太阳报》《泰晤士报》《泰晤士星期日报》《每日电讯报》《镜报》《卫报》、英国天空电视台（有 39% 的股份）、哈珀—柯林斯出版公司、国际新闻集团、NDS 集团、NET 电视设备集团
	意大利	意大利天空电视台
	德国	德国天空电视台
北美洲	美国	《纽约邮报》《华尔街日报》《福克斯广播公司》、福克斯全球网络电视、福克斯体育网、My Network、20 世纪福克斯电影公司、福克斯电影工作室、旗帜周刊、国家地理频道（股权 50%）、哈珀—柯林斯出版公司
亚洲	中国	香港星空传媒集团、香港凤凰卫星电视、国家地理亚洲频道、EPSN、STAR 电视网（已基本出售完股权）
	印度	EETV、Tata SKY 电视台、星空传媒印度、哈珀—柯林斯出版公司

另外，默多克与 3 家电视台合作，通过卫星为拉美地区输送 150 套娱乐节目。

---

① 搜狐新闻财经频道：《老默多克拆分传媒帝国》，http://media.sohu.com/s2013/mdkcf/index.shtml。

2009 年及以前，新闻集团在年报中，将主要业务分为八大板块，如表 3-8 所示，它们共同组成了一个复杂而庞大的价值系统。

表 3-8　　　　　新闻集团部门组织结构和资产架构

部门	职能	代表企业
电影娱乐	电影、电视节目的制作、生产、发行	FOX 电影公司
电视	广播电视台的运营、电视节目制作、生产、播放	FOX 电视台、MyNetwork TV
有线电视节目	有线电视节目、卫星电视节目生产、制作和发行	FOX 有线电视网、新闻频道国家地理频道、STAR
直播卫星电视	由宽带、卫星传送的定制节目及服务	英国 BSKYB、FOXTFL, Sky Deutschand Sky Italia
杂志、杂志广告	杂志以及广告的制作、发行	美国旗帜周刊
报纸及信息服务	覆盖五大洲的报纸以及信息服务	《澳大利亚人报》《泰晤士报》《华尔街日报》《道琼斯通讯社》
书籍出版	全球英语书籍的印刷、编辑、发行	哈珀—柯林斯出版社
其他	数字技术、网络互动及广告服务、体育等	NDS、FIM、橄榄球联盟

资料来源：新闻集团年报，2008 年。

从 2010 年开始，业务结构根据发展和财报需要在逐渐调整，由 8 类减到 6 类，从表 3-10 列出的财报信息可以看出，杂志类、报纸类、图书类在 2010 年被合并到出版类。

表 3-9　　　　2008—2012 年新闻集团主要业务结构变化情况

年份	2008	2009	2010	2011	2012
业务	电影娱乐	电影娱乐	电影娱乐	电影娱乐	电影娱乐
	电视	电视	电视	电视	电视
	有限电视节目	有限电视节目	有限电视节目	有限电视节目	有限电视节目
	直播卫星电视	直播卫星电视	直播卫星电视	直播卫星电视	直播卫星电视

续表

年份	2008	2009	2010	2011	2012
业务	综合营销服务 报纸与信息服务 图书出版 其他	综合营销服务 报纸与信息服务 图书出版 其他	出版 其他	出版 其他	出版 其他

新闻集团虽以生产、销售新闻信息发家，但自20世纪90年代以来，其主要收入来自电影、电视及其相关产业，旗下的影视控股公司为集团贡献了超过60%的收益。福克斯影业公司的收入占比较大，还有互动电视、有线电视以及卫星电视领域的收入。

从表3-10中的数据可以看出，电影和电视娱乐业务已成为新闻集团的主要收入板块，报纸与信息服务和图书出版等所占比重逐渐减小，新媒体网络的收入较小被归入其他类统计。

表3-10 2007—2012财年业务部门收入数据 单位：十亿美元

业务	2007年	2008年	2009年	2010年	2011年	2012年
电视娱乐	6734	6699	5936	7631	8037	9135
电视	5705	5807	4051	4228	6899	7302
有线网络节目	3902	4993	6131	7038	4778	4734
直播卫星电视	3076	3749	3760	3802	3761	3672
综合营销服务	1119	1124	1168	8548	8826	8248
报纸与信息服务	4486	6248	5838			
图书出版	1347	1388	1141			
其他	2286	2988	2378	1531	1104	618
总计	28655	32996	30403	32778	33405	33706

新闻集团的业务变化，从财报看得很清晰，从每财年制作的财务数据报表还可看出该集团财务管理的用心，其细致程度很少有企业超越：不仅画面优良，而且内容丰富；更主要的是为优化资产结构，往往美化财报。在2011财年的业务部门划分中，新闻集团为减轻"窃听丑闻"带来的对报纸和服务部门收入下降的负面影响，将"报纸和

信息服务""图书出版"和"综合营销服务"三个部门整合成"出版"部门。这样,在账面上看到的是新整合的数据,2010年出版部门业务比2009年收入增长3%;而且以2010年三项之和85.48亿美元与2009年的"图书出版"一项11.41亿美元的收入相比较,结果是运营利润竟然增长了85%(见表3-11和表3-12)。通过美化财务数据,新闻集团股东信心或可增强。

表3-11　　　　　新闻集团优化财务报表(一)

业务类别(财年截至2010年6月30日)	业务收入(亿美元)	
	2010财年	2009财年
电影娱乐	76.31	59.36
电视	42.28	40.51
有线网络节目	70.38	61.31
直播卫星电视	38.02	37.60
综合营销服务	11.92	11.68
报纸和信息服务	60.87	58.38
图书出版	12.69	11.41
其他	15.31	23.78
总计	327.78	304.23

资料来源:邢建毅等:《2011世界五大传媒集团发展概述》,《现代传播》2012年第10期,第93页。

表3-12　　　　　新闻集团优化财务报表(二)

业务类别(财年截至2010年6月30日)	业务收入		
	2010财年(亿美元)	2009财年(亿美元)	同比增长率(%)
电影娱乐	68.99	76.31	-10
电视	47.78	42.28	13
有线网络节目	80.37	70.38	14
直播卫星电视	37.61	38.02	-1
出版	88.26	85.48	3
其他	11.04	15.31	-28
总计	334.05	327.78	2

资料来源:《现代传播》2011年第8期,第102页。

从表 3-9 和表 3-10 可看出，2008—2012 年，产业结构经过了两次明显的升级：第一次是在 2007—2009 年间，"杂志、杂志广告"部门不见了，被并入了"综合营销服务"部门；第二次是 2010 年，"报纸与信息服务"部门被并入大"出版"部门。可见，纸媒业务正在萎缩。

第三节 新闻集团价值链结构以及主要影响因素

新闻集团凭借强大资本运作能力和独特的股权治理以及财务、税收、人力管理，经过系列并购和分拆构建了较为完善的价值链结构：包括内部的实体价值链、虚拟价值链，以及通过纵横交织的价值网络衔接的行业链、资金链、关系链。喻国明从结构竞争角度将传媒价值链分为内部价值链和外部价值链。内部价值链是指企业自身构建的上、中、下游价值链条，外部价值链是指由企业外部利益相关者组成，包括竞争者、合作者、政府部门、银行等金融机构以及研究咨询机构。笔者认为，这里的外部价值链组成部分是作为影响企业的外部环境而存在的几个重要相关因素，与价值链是不同的价值表现形式，故而从价值链本体角度出发，先分析价值链结构本体，而将外部相关因素作为同技术和资本力量一样的影响因素对待，在本节第二部分展开分析。

一 新闻集团价值链结构特点及演化分析

在 2013 年分拆之前，新闻集团的传媒业务覆盖了报纸、图书出版、杂志和增刊广告、电视、有线电视、卫星电视、电影业、娱乐业和其他行业几乎所有领域，其运作模式是通过价值链形式把技术开发、内容生产、发行营销等诸多环节紧密联系在一起，最大限度地发挥内容价值、渠道价值、平台价值以及资本价值，形成了一个上游信息开发、中游生产拓展、下游发行延伸的产业价值网络。本书将该集团价值实现的环节分为主要业务活动价值链和辅助活动两个集合，分别进行考察。

(一) 主要价值链

(1) 以传媒业务为核心的全产业"一体化模式"。产业价值链的形成是通过企业业务延展、接通断环,打造核心价值链核环节和衍生延伸,使整条产业链利益共享,实现活动的附加价值。新闻集团发展同西方文化娱乐集团综合化潮流一致,通过产业的横向和纵向并购、整合,不断扩大业务范围,产业结构日益多样化:由报纸、电视、杂志、图书、电影、网络到终端平台的探索,并开发外围衍生品,终成多元化产业链格局(见图3-2),甚至延伸到体育业、赌博业、保健业、采矿业等行业,在新闻集团的价值网络中,每个媒介企业都是产业链中的一个环节。

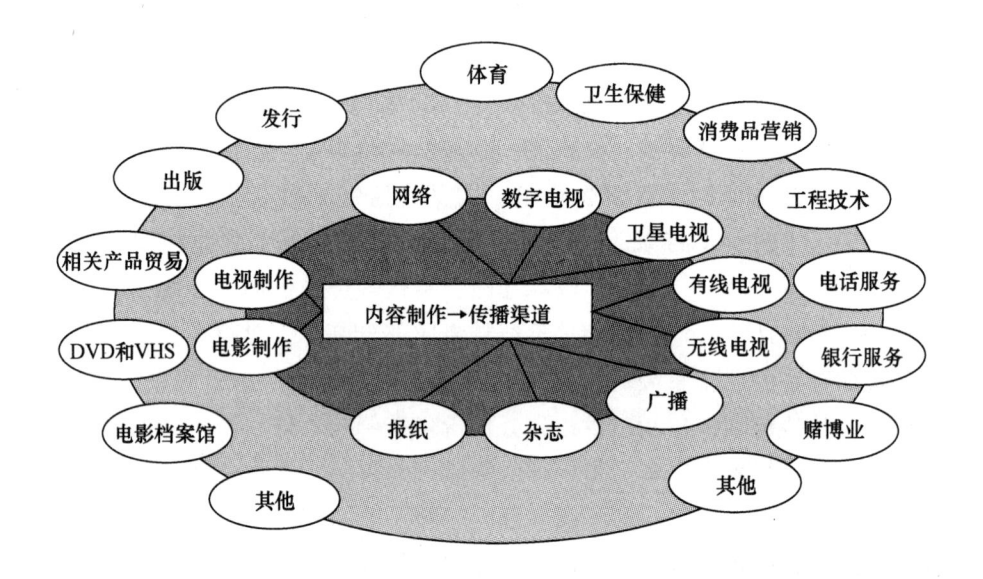

图3-2 新闻集团多元化产业链格局[1]

在业务的不断扩张中,新闻集团形成了"一体化"模式:通过融媒体的方式,整合平面传媒,电子传媒,网络传媒的新闻、娱乐、运动、明星、音乐、游戏、文字、程序等内容,以报纸、杂志、图书、

---

[1] 喻国明:《传媒竞争力——产业价值链演变案例与模式》,华夏出版社2005年版,第79页。

广播、电视、网络、光盘、唱片等为承载平台，将调研、策划、制作、包装、发行、广告、相关商品开发，集合为同工业化流水线一样的商业价值链条运作体系。这种体系，可以极大地降低运作成本，不仅使信息资源、渠道资源的利用效率获得乘数级的提升，还能使受众资源和广告客户资源得到反复利用，以扩大传媒的品牌价值及社会影响力。

这种模式正是新闻集团战略目标的集中体现：不断开发多种媒介价值，培养多层次的客户群，开拓新的增收渠道。综观新闻集团多元化的过程，可明显看出是从内容产品和服务提供两个维度同时展开。其业务结构主要包括以下三个层次：①新闻信息。新闻集团作为全球最大英文报纸出版商，新闻信息曾在该企业价值链结构中最突出。时至今日，其报纸的销售额和发行量仍然排名全世界第一。除了通过纸媒、电子传媒进行传统方式传播外，新闻集团也开拓了新闻发布业务新媒体模式，表现为不仅创立《华尔街日报》《澳大利亚人报》等网络版，自办了9个娱乐及新闻网站，还开发 The Daily 终端发布信息。同时该集团还与 Yahoo 门户业务对接合作，将福克斯新闻业务以及9个自办网站链接到 Yahoo，以增加网络媒体访问量。②娱乐业。主要包括电影和电视剧、电视节目等内容。随着电视业务的不断拓展，近年来娱乐业增长较快，在集团收入中占比增大，超过60%。证券分析师迈克尔·纳森逊指出，在2011—2012财年，其娱乐业务的营业利润年增长率保持在14%，居该集团媒体行业之首。③服务业，包括健康业、卫生保健业、家庭服务业、消费品零售业等。

（2）打造核心盈利环节，编织"网络价值链"。由图3-2可以看出，新闻集团通过从报纸、杂志、图书、广播到电视、电脑、手机、终端以及其他媒体的扩张模式，将主要产业板块的众多子产业或企业，以次级价值链的方式覆盖了新闻传播业的各个分支产业领域，使原来单一层面的媒体生产扩张形成多层次、立体化媒体运作。在其战略布局中，内容和渠道并重，在某种程度上可以说，新闻集团更重渠道的获得。喻国明教授称为"归核战略"，即企业集中资源培养其核心能力，是大力发展核心主业，把主业做大、做强、做精的一种发展战略。

由表 3 – 13①可以看出，在"内容制作—渠道传输"核心框架下，有逻辑地、递增地推进构建的多层级"网络价值链"，是指新闻集团通过纵向一体化、横向一体化、混合一体化的方式，不断拓宽渠道，将主要产业板块之间、子产业板块之间活动有机结合，较好地实现了内容产品的范围经济。

表 3 – 13　　　　　　新闻集团产业价值链延伸情况

时间	核心产业内涵的延伸	衍生的多元化产业
20 世纪 50 年代	报纸	纸业、印刷业、赌博业等
20 世纪五六十年代	报纸 + 电视	
20 世纪 70 年代	报纸 + 电视 + 杂志	
20 世纪 80 年代	报纸 + 电视 + 杂志 + 卫星电视 + 有线电视 + 图书 + 出版 + 电影，开始涉足数字化电视	发行公司、出版公司相关产品开发及贸易公司、DVD 和 VHS 电影档案馆
20 世纪 90 年代	报纸 + 杂志 + 图书出版 + 卫星电视 + 有线电视 + 电视 + 电影 + 网络，开始全面进入数字化电视	体育、卫星保健业、消费品营销业、技术公司、电话公司、赌博业、银行服务等
21 世纪	报纸 + 杂志 + 图书出版 + 卫星电视 + 有线电视 + 电视 + 电影 + 网络，开始全面进入数字化电视，构筑了全球卫星电视网络	

新闻集团的一体化模式构建中，首先是不同产业之间构建了产业链协作关系，使同一内容可以借助多种媒体在上中下游之间自由流畅地切换，收获多重价值。在电影业中，制作公司、品牌开发和版权授权处于上游，发行公司处于中游。在这里以 20 世纪福克斯电影业垂直产业链构建为例分析：其制作于 2007 年的 3D 电影《阿凡达》，耗资 5 亿美元，首先是收获全球票房高达 27.88 亿美元，再通过影院、电视网、DVD、录像带、电影博物馆以及版权出售等几大渠道，获取

---

① 喻国明：《传媒竞争力——产业价值链演变案例与模式》，华夏出版社 2005 年版，第 96 页。

的多重价值则源源不断地变现。即使某一个渠道或者某一个地区收入不稳定，也能在其他渠道获得一定支撑力。

在子产业中，也形成了一条条的系列化价值链，分为纵向系列化和横向系列化两种。

纵向系列化是指同一子产业的价值链上下游延伸。在内容版权产业，完整的价值链包括上游版权，中游出版物、印刷和下游的光盘、衍生品生产开发等环节，产业链所带来的范围效应很突出。拓宽、延伸或拉长产业链是提高区域产业竞争力的有效途径，如《电视指南》的运营成功即是一个实例。又如电影产业，也形成了如图3-3所示的价值增值架构。以电影产品为核心，除银幕营销外，还通过家庭影院、电视以及网络渠道收获价值，有的还收获周边相关产品的盈利。

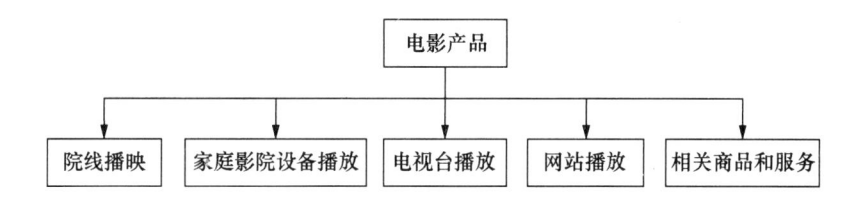

```
                         电影产品
    ┌─────┬─────────┬──────┬──────┬────────┐
  院线播映  家庭影院设备播放  电视台播放  网站播放  相关商品和服务
```

图3-3 电影产业价值增值简图

横向系列化是指两个或者两个以上的业务单元构成并列和交叉关系。这就可使同一产品在不同市场销售，如某一电视节目、电影产品可在欧洲、美洲、亚洲等不同市场整合营销，获取多地价值收入。

(二) 辅助活动创造的价值

喻国明等学者认为，新闻集团的价值体系中，财务管理和税务管理也是重要的价值创造方式，将其归为辅助价值链。按照这个思路进一步扩充价值体系，本书将资本运营所带来的价值活动归入辅助价值链部分，这是因为，上市、买卖等资本运作所带来的价值也是新闻集团价值实现的一个重要组成部分，其创造的经济利润甚至在前两者之上。

(1) 资本运营产生价值，也叫金融资本价值。新闻集团善于运用资本的力量创造价值，善于"OPM——花别人的钱"即是默多克的经营诀窍之一。他之所以能如此大规模地资本运营，是因为他设法使澳洲最大的商业银行——由政府支持的澳洲联邦银行相信，他是能寄以希望的赌注。① 具体来说，新闻集团的资本运作包括上市融资和买卖盈利两类。上市的方式本身就是价值的创造过程。新闻集团先后在澳大利亚证券交易所、伦敦证券交易所和纽约证券交易所、纳斯达克股票交易所上市交易。以融资方式进行股权买卖，创造了巨大的价值。在其发展历史上，兼并、收购和出售等行为贯穿始终（可参见本章第二节，买卖杂志和报纸赚钱的实例）。

（2）财务管理活动创造价值。"蓝皮书"制度，是默多克财务管理体系中最重要内容。"蓝皮书"制度是企业集团的财务周报制度。默多克采纳金融顾问默克文·里克的建议，首创"蓝皮书"制度，要求旗下子公司把本公司的财务情况做成损益表，包装成蓝色封面，每周向他汇报。损益表的主要内容包括本周经营预测、下周经营预测、本月经营报告、每月一次的全年经营预测和全年经营报告。② 更为重要的是，"蓝皮书"还要对本周的损益情况进行深入分析，并提出相应的解决办法，以及为上层做出决策提供可靠依据。每到周四，子公司的"蓝皮书"就必须送达默多克，通常他每周对整个集团789家子公司的财务状况审查一次。关于这个问题，可参见肖克罗斯在《默多克传》中《国际化优势：会计制度间的"擦边球"》所进行的分析。通过这种扁平式的财务管理，默多克能及时发现问题，并及时与相关负责人沟通，这样就能帮助管理层迅速发现在销售、成本、利润、发行量、广告等密切关系着价值实现的环节出现的问题。通过"蓝皮书"制度管理，默多克就能够较为快速地做出决策、降低风险，轻松控制着全球的子公司，及时有效地掌握着整个集团的现金流，准确评估投资风险，实现价值最大化。"新"新闻集团首席行政官罗伯特·汤姆森说："当我们深陷在这个极富挑战性的广告市场而无法自拔时，收益报表为我们提供了进步的最直接方式。今后，在进行那些可以增

---

① ［美］哈罗德·埃文斯：《底线：默多克与〈泰晤士报〉之争背后的新闻自由》，黄轩译，上海财经大学出版社2013年版，第190页。

② 喻国明：《传媒竞争力——产业价值链演变案例与模式》，华夏出版社2005年版，第83页。

收的投资项目时，我们将时刻保持警惕。"与新闻集团健全高效"蓝皮书"制度相比，国内传媒集团的多级财务管理制度，往往不能及时发现财务问题，延误了许多盈利机会，这也是我国传媒集团资本运作能力弱的重要原因之一。

（3）税务管理活动节约成本。充分利用税务国际化结构体系，通过合理避税，新闻集团很大程度上降低其运营成本，提高运营利润。方法之一是利用各国会计制度的不同，安排账目的不同描述方式，以规避税赋。方法之二是运用澳大利亚、英国、美国等国税收政策的空隙，对旗下公司之间的业务活动和资产进行管理，巧妙避税。1985年加入美国国籍后，默多克之所以还继续将公司总部留在澳大利亚一段时间，是因为可以获得澳大利亚特殊的税收优惠。直至2004年6月该集团大规模重组，才将公司总部从澳大利亚迁至美国。方法之三是将有名无实的合法公司设立在税率很低的国家或地区，然后采取给高税率国家的子公司贷款形式，降低营业利润从而少交或者不交税款。比如收购《电视指南》采用的避税方法堪称典范。[①] 近年来，澳大利亚等国加强了对跨国企业的纳税监管，包括新闻集团、谷歌、苹果、微软等30多家知名企业。据报道，新闻集团旗下的公司发生多起被查税事件，从一个侧面说明该集团避税行为的广泛影响。

二 影响价值链结构的相关因素分析

价值链的构建关系着企业的生存兴衰，历来受到经营管理者的高度重视，在长期的发展实践中形成的经营思想往往是企业运作价值链构建经验的总结。默多克新闻集团的发展经验，不外乎两个方面：一是内在适应并创造有利的媒介生态，即把握自由市场环境下的整合资源的有利机制；二是外在则表现为产业价值链的构建和价值管理的运作。深入考察新闻集团价值实现的主要做法，本书认为，需重点分析争取政府的政策支持、产权独立前提下的资本运作、金融机构的资金支持、渠道和终端的技术控制、与同行的联盟以及采用智囊咨询机构的公关策略等方面。

[①] 具体分析可参见喻国明、张小争《传媒竞争力——产业价值链案例与模式》，华夏出版社2005年版，第84页。

（一）争取政府放松管制政策

默多克通过左右媒体报道左右选举影响公共政策，以政策的宽松空间取得资本运作力度为其发展赢得更大价值，包括在短时间内显现不出经济效益的更长远的布局。每当新闻集团遇到妨碍向消费者提供更多选择的通道规制时，默多克便把自己当作一种竞争"催化剂"，就会去努力改变那些规则。在英美两国，默多克利用在报纸和电视媒介所取得的媒体力量获得了很多特权。比如竞购获得特批、逃避垄断法案、逃避税负、免予被起诉等，甚至左右立法。《华尔街日报》曾透露了"1996年通信法案"诞生的一个细节：1994年共和党督导纽特·金里奇集团曾秘密地询问默多克媒介产业最想要的是什么，随后便几乎完全按照其要求制定并通过了这项法案。[①] 在此书中，作者还提供了一个细节与此相关且极具想象空间：1994年，默多克向金里奇提供450万美元，资助他通过哈珀—柯林斯出版社出版一本书，奇怪的是，当时这本书还没有写出一个字。为进入中国市场和其他市场，默多克也积极进行政府公关（参见第六章），试图以经济和媒介影响力操控法律、政策等规制。

（二）强大的资本运营能力

传媒业是世界上最受资本追捧的产业之一，资本经营是传媒企业快速成长的重要手段，产权流动非常普遍。在产权流动基础上频繁地高价并购为新闻集团抢得发展先机。一定程度上可以说新闻集团的国际化进程主要借力资本的驱动作用，通过大量并购获得成功，而不是像迪士尼那样依靠品牌化延伸，也并不像微软、苹果公司、脸谱网那样以技术创新为核心动力。美国资本通过传媒公司跨国投资，大量资本流向国外。并购是默多克资本运作最主要的方法，大量资本也流向外国传媒公司。新闻集团拥有的核心业务多是通过并购得到的，兼并是新闻集团实现多种经营的基本手段。

并购可为传媒企业带来协同效应和超常规发展：借力规模化效应，扩大了市场覆盖率；借助协同效应，优化了资源配置；利用媒体

---

① ［美］巴格·迪基安：《新媒体垄断》，邓建国等译，清华大学出版社2013年版，第94页。

间的优势互补,降低了财务风险;提高行业的准入门槛,获得整体竞争优势。新闻集团并购的目的有三个:一是为取差价,买是为了卖;二是为信息传递而占据渠道;三是为优化内容生产结构,完善资源配置。由于默多克善于通过家族信托基金利用产权关联关系,通过收购、并购、持股、控股、参股等形式对其他企业进行控制,被称为"并购奇才"。这在默多克的第二任妻子安娜创作的《家族事业》里有所描述。

新闻集团的成长史可以说是它不断收购其他公司、壮大自身的历史。传记作家迈克尔·沃尔夫,总结了默多克的系列购买行为后指出,他购买一切他买得到的东西。因此出现了由像默多克一样的人组成的整个社会阶层——交易人阶层,这一阶层改变金钱和商业的本质,他发明了现代传媒联合企业集团。在默多克之前,有电视业务、电影业务或者出版业务;而默多克将这一切统一为无明显差异的传媒业务。借助收购,新闻集团可以快速获得相关的资源,完善价值链结构,包括内容和渠道、成熟的运作机制以及优化财务报表,特别是扩大对所在区域的政治选举的影响。

(三)以技术优势满足受众新需求

默多克非常重视新技术在传媒产业发展过程中的带动作用,面对新技术浪潮,他一向积极开发并将其变成现实,在经营理念中始终将科技作为发展的制高点,因为新技术的采用,可以获得排他性收益。他总结的办报经验之一就是时刻注意新技术的苗头,并敢于投资新技术。他说过,"在任何社会或者机构,若期望辉煌的过去仍能保障他们不受科技演进逼迫,其命运只有失败并被淘汰"。[①] 默多克一直是技术创新最大的推动者,更是受益者。在媒体技术创新利用领域,新闻集团始终走在前列。

(1)改进产品,提供最细致的服务。报纸业经营中,在接受《泰晤士报》后,运用相当高级的印刷技术;电视业通过开发电视技术软件,针对体育节目的差异化需求改善收视效果的互动电视在英国市场

---

① 盛乐、水中鱼:《默多克家族全传:从小报馆持有人到世界传媒大亨》,华中科技大学出版社2010年版,第9页。

反应非常好。从图3-4可看出，利用机位和公共信号相互切换技术极大地满足了不同收视个性要求：观众不仅可以选择不同的机位（1—4），还有慢动作、精彩回放等多种选择，还可通过数据库链接获得丰富历史资料；而且通过互动电视还可以完成球衣、签字纪念品等相关商品的购买。这里，需要提出的是，新闻集团以3D技术领先电影业发展。20世纪福克斯出品的电影《阿凡达》上映，掀起了全球3D技术观影的热潮。

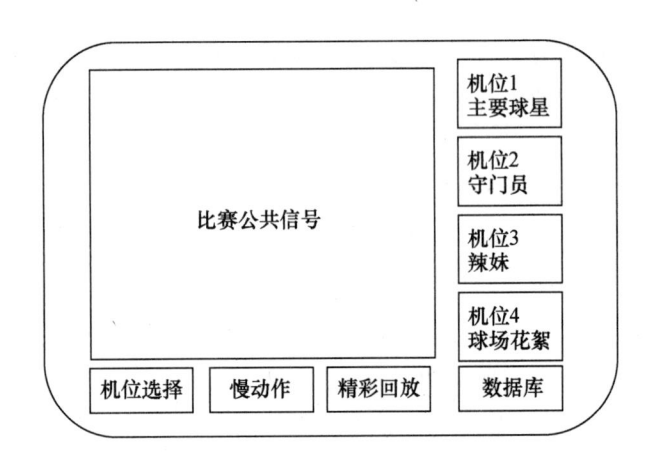

图3-4　2000年10月新闻集团在上海电视节上展出的互动电视图示

（2）开发和控制渠道。新闻集团不仅拥有纸媒发行渠道、有线电视渠道，还不断开发新的媒体内容和服务传输渠道，如数字卫星电视和互联网传输渠道，这是默多克近年来极力开拓的两种渠道；同时，他还极为关注控制渠道的技术，以防止信息价值的流失。他较早注意到电子商务中的密码编译技术。1988年2月，新闻集团与以色列魏茨曼科学研究院合资成立新闻数据中心，高价购买"公共密钥"的发明人沙米尔的密码编译技术，对卫星电视转播信号加密，采用机顶盒技术实现了对有线电视入口的控制，也因开发了这一付费管理系统的技术，从而开拓了付费电视市场。1992年，购买了技术的全部版权；1999年，将该公司改名为NDS公司。之后，这项技术被默多克广泛地用在许多领域和国家，不仅有效地保护了版权收益；还利用这一技术滤掉广告，向美国卫星电视用户提供电视节目；还可以转播特别新闻报道和大型体育赛事，特别是可以自行定价控制价格。另外，默多克还不遗余力开发专利技术，收购"宝石星"公司①的目的之一是收取专利费。在与微软开发"世界盒"的合作中，新闻集团利用以上两项技术取得优势，从而得以收取微软电视机顶盒的版税。

（四）同行竞争与联盟

"没有永远的敌人，只有永远的利益。"这句话在默多克竞争过程中体现得非常充分。新闻集团的竞争力的提升，一方面在于默多克有效整合内部复杂的资源，另一方面在于为理顺业务流程，他也很注意促成企业所处价值链体系中的成员间的跨企业顺畅合作。

默多克与许多媒介集团都有合作关系，甚至与关键竞争对手也建立了合作关系。比如，同派拉蒙影片公司（属于维亚康姆所有）在欧洲建立了一个合资公司；在欧洲有线电视"第五频道"的经营中，新闻集团同美国在线（AOL）——时代华纳、贝塔斯曼又彼此合作。甚至，美国五大媒介集团之间既存在激烈竞争，但又有复杂的合作关系，这不仅体现在它们有很多合资公司，而且各集团之间的董事会成员互相重叠，类似于卡特尔般的关系。它们在相同相类的产品上互相帮助、互相模仿，共享投资收益。新闻集团与它的"竞争对手"，"在美国以及海外共有63个有线电视系统、杂志、唱片公司以及卫星电视频道上有着经济上的共享利益。更有甚者在政治上的合作登峰造极。5个集团都加入了华盛顿最有权势的游说机构之一'全美广播业者协会'，从而能推动有利于进一步控制消费者的法律通过。"而且，"这5个集团已经成为改变美国政治局面的主要参与者。它们能推动通过新的法律、法规，从而增强公司的统治地位，或废除限制它们实现这一目的的各种规定。1996年通过的电信法案就是他们取得的重大胜利。"②

组建联盟的主要目的是资源共享。2007年3月，新闻集团与NBC

---

① 其某一技术可以使即时购物通过方便触摸方式来完成，从而带来超过其他技术的电视广告费。

② ［美］巴格·迪基安：《新媒体垄断》，邓建国等译，清华大学出版社2013年版，第7页。

合资成立视频免费共享网站 Hulu。其盈利点在于可以第二时间播放 NBC、FOX 丰富又是最新的电视剧、节目和剧集，提供免费观看获取插播广告①的收入。

（五）金融机构

传媒产品预期效益资本化，市场融资能力在公司运营中所起作用非常重要。迪士尼为并购美国广播公司，耗资 190 亿美元，其中 94.4 亿美元是从股市获得的股权融资。默多克也总是能够利用银行以及金融机构进行融资来实现购并目的。在澳洲，默多克享有从一周到一个月不等的多种短期融资的特权，金额高达上亿美元；特别是美国成熟的投融资体系下资金来源多样化，帮助新闻集团能够快速发展。当然，新闻集团也遭遇过债务危机，1990 年 146 家金融机构大多在催债，近千万美元的债务使新闻集团的资金链深陷断裂的险境，一家银行向《金融时报》描述默多克的处境时说"新闻集团到头了"。但是，其最大债主（高达 14 亿美元的贷款）花旗银行的莱恩挽救了其将倒闭的命运。这次化险为夷的机遇，也得益于新闻集团与证券机构长期合作形成的良好关系。

同时，新闻集团还利用手中政治关系为其资本运作保驾护航。1980 年，他向美国进出口银行申请由美国国家财政资助的贷款遭拒，后来他动用《纽约邮报》的力量，得到美国总统卡特的支持，很快获得 2.9 亿美元贷款。

（六）其他：智囊咨询机构

新闻集团具有非常顺畅的政府信息获得能力和准确的判断能力，这在一定程度上得益于其智囊顾问组织。默多克出高价雇用前政府多名高级官员组成自己的顾问机构，为其政治公关铺路搭桥。比如曾效力于美国总统竞选的罗杰·斯通，在关键时刻帮默多克扫除了法律障碍，获得在美国一个州可以同时拥有报纸和电视的特权，从而重新取得《纽约邮报》。另外，他还经常就某些收购问题向智囊机构咨询，如普林斯顿大学的一个思想库曾为其提供赌博业的可行性建议。

---

① 在 30 分钟的节目中插播 2—4 分钟长的广告时段，并且不能跳过。

第四章　放松管制与新闻集团传统媒体价值链结构

传统媒体相对于数字技术、互联网技术而言，这里专指纸媒和广播电视，主要以新闻集团在澳大利亚、英美市场价值链为分析对象。众所周知，默多克媒体帝国在澳大利亚、英国和美国这三个英语国度的影响力最大，虽然媒体权力和经济价值之间的权衡方式三国很不相同[①]，但总体来看，其最适宜的媒介生态还是基于市场经济形成的自由市场环境，一定意义上说，英国、美国传媒放松管制是新自由主义思潮在英美传媒业政策变革过程中的一个缩影。换句话说，放松传媒所有权限制等政策的出台直接推动了传媒集团大规模扩张。

第一节　发展背景分析：自由市场环境及对传媒产业影响

在《揭秘默多克——传媒大亨默多克的商业传奇》一书的序言里，陈平曾这样评价默多克："既是最会赚钱的商人又是职业新闻人，并且一次又一次地演绎着媒体传奇，根植于他对于人性的洞察、超越传统与表象而对人及社会需求的准确把握。""而作为高价'购物狂'的鲁伯特·默多克先生，其胜算概率一直很高，则因其并购发展战略暗合了近几十年全球化与西方社会经济的相对高速发展，故其是'知

---

① 戴元初：《大融合时代的传媒制度变革——行动逻辑、欧美经验与中国进路》，人民日报出版社 2014 年版。

人顺势而为、事半功倍之效。'"① 陈平所说的默多克的"洞察"对象、所顺的"势",最主要的是指西方新自由主义的思潮兴起所带来的商机。事实确实如此,综观新闻集团的发展强大,主要得益于西方自由主义理念下的宽松市场环境。默多克的"传奇",本书认为,主要表现在不断深入的三个层面:在战术层面表现为他开疆辟土所发动的一次次"战役"冲锋,在战略层面表现为他率领新闻集团纵横全球市场的布局,在制度层面表现为他为捍卫自由市场理念推动传媒规制不断放松的历程。

一 新自由主义思潮起伏及其影响

从历史进程看,西方经济的兴衰是在自由市场与政府管制之间的不断博弈斗争中波折推进。对市场的管控理念和放松程度,在不同的经济发展阶段表现为不同的制度措施和市场结构,相应地出现了不同的学派。其中,哈佛经济学派强调政府管制对于市场结构的决定意义,而芝加哥学派的核心观点是推崇自由市场在经济运行中的自我调节力量,强调放松管制。新自由主义是当代西方百年来最重要的经济、政治思潮之一,它同古典自由主义②一样,是在同国家干预主义的对抗中不断深化和调整,并深刻影响了全球包括传媒产业的经济政策变革。

(一)新自由主义概念、主张以及实质

新自由主义③作为一种经济理论,是包括众多学派的思想体系,国内外对它们之间的分界也有不同的认识。对其概念的提炼,有很多版本,其中,《辞海》定义最为简约,也最具有意识形态的倾向性:"标榜自由经济以掩护国家垄断资本主义的一种庸俗经济思想。形成于20世纪30年代国家垄断资本主义加速发展时期。流行于德、英、美、法等国。"④中共中央党校教科书提法最通俗易懂,"20世纪30年代以后,在凯恩斯主义大行其道的时候,一股与其背道而驰的政治主

---

① 参见[美]保罗·拉莫尼卡《揭秘默多克:传媒大亨默多克的商业传奇》(刘祥亚译,石油工业出版社2009年版)一书推荐页序言。
② 阿尔弗雷德·马歇尔(Alfred Marshall),英国著名经济学家、新古典学派创始人,以他为代表的新古典学派自由放任经济学说,又称传统经济学。
③ 本书主要是指经济上的自由主义市场主张而言,政治上的含义涉及较少。
④ 辞海编辑委员会:《辞海》(经济分册),上海辞书出版社1980年版。

张也悄然兴起,这股势力从萌生直到逐渐强大,沿袭自由主义的传统,一直坚持经济自由的理论主张,相对于斯密以后的19世纪传统自由主义经济学,我们将这一流派称为新自由主义。"① 美国经济学家诺姆·乔姆斯基则从全球秩序的角度,概括了新自由主义理论和思想体系的三个鲜明特点:贸易自由化、价格市场化、私有化。②

基于对大量已有研究的梳理,本书总结新自由主义特征如下:新自由主义者秉承了"看不见的手"和"萨伊定律"理念,并走向极端。具体表现为:极力推崇市场自发调节功能,抵制凯恩斯国家干预主义,反对政府对经济生活的过多干预,反对微观层次和宏观层次的政府调控,其核心是通过私有化、金融自由化等政策,发挥市场配置资源的能力。它与古典自由主义经济学的相同处在于皆主张私有化、主张自由贸易;不同处在于新自由主义更提倡生产要素的全球化自由流动,更强调资本在占领全球市场中的突出作用,炮制"引进技术和借外资"的"拉美式"发展道路。其中,特别强调市场自由、提倡市场经济决定模式,认为市场机制是一种社会运行的自然秩序,自由放任的市场才会产生出最有效的资源配置效果,才会在拥有私人财产、市场交易、消费和就业方面获致充分自由。

新自由主义观表面维护人类最高价值的自由,实际上脱离社会属性和生产关系所决定的经济基础和上层建筑来谈论理想化、主观化的"绝对自由",在无限夸大市场自发调节作用的同时,新自由主义者极端地把国家作用仅限于"守夜巡警"层面。其实质是垄断资本的自由,是为国际垄断资本的跨国扩张提供理论依据,推行以超级大国为主导的经济、社会文化、政治制度一体化的全球资本主义发展模式。

(二)新自由主义的发展及影响

这一思潮兴起的背景要回溯到20世纪70年代中后期西方国家出现的滞胀,那时通货膨胀、劳动生产率下降、失业增多等诸多问题,迫切需要扩大市场占有率,一些实行凯恩斯国家干预主义经济政策的

---

① 胡希宁:《当代西方经济学概论》,中共中央党校出版社2011年版,第346页。
② [美]诺姆·乔姆斯基:《新自由主义和全球秩序》,徐海铭、季海宏译,江苏人民出版社2000年版。

国家进行大幅度调整和转向，新自由主义思潮在英美等发达国家迅速兴起、兴盛，并逐渐扩及加拿大、德国、北欧，蔓延全球。

1. 兴衰起伏

20世纪80年代，新自由主义思潮适应资本主义由国家垄断阶段向国际垄断阶段过渡的需要，在美国共和党总统里根和英国保守党首相撒切尔夫人强力推动下，逐步成为英美等国的主流意识形态。在美国第40任总统里根执政期间（1981—1989年）及布什、小布什、克林顿时期，都宣扬新自由主义为主流价值观念，并调整了富兰克林·德拉诺·罗斯福加强政府干预经济的"新政"。90年代，"华盛顿共识"[①]的出台则明确了新自由主义已上升到意识形态层面，以新自由主义为理论支柱的"市场原教旨主义"观念和做法也向一些寻求转型的国家推行，在全世界范围内迅速嬗变为国际垄断资本的经济范式和政治纲领。美国政府不仅修改法律，而且还利用掌控的北美自由贸易协议和世界贸易组织、国际货币基金组织、世界银行等区域组织机构、全球化组织机构的运行机制，推动跨国公司以资本自由流动、产品自由销售等方式在全球市场进行经济扩张。但是，2008年由"次贷"危机以及所引发的美国金融危机和经济衰退波及全球，宣告了新自由主义和"华盛顿共识"的破产。

2. 影响

以新自由主义代替凯恩斯主义的做法，只是在一定程度上缓解了经济滞胀、促进生产要素的跨国流动，加速了帝国主义的全球扩张；另外，由此引发的市场失灵导致金融危机和政治危机，阻碍了经济健康发展，也加速了文化信息的单向传播。

（1）市场失灵引发金融危机和政治危机，阻碍了发展中国家发展。国际垄断资本借助放松管制政策，全速进行国际扩张，推动甚至掌控着经济全球化的方向。为推动资本主义向国际垄断阶段过渡，美英等国炮制出"华盛顿共识"之后，将新自由主义作为国际垄断资本向全球扩张理论依据，并在世界贸易组织、世界银行、国际货币基金

---

① 对"华盛顿共识"的本质，罗伯特·W. 迈克杰尼斯认为，其具有经济体制、政治体制和文化体制三重特性。

组织、联合国等相关制度的安排下加速向全球推行,市场全球化、生产全球化进程明显加快。由于垄断资本的过度扩张,世界两大阵营两极分化加剧,导致了经济泡沫破灭和金融危机大爆发。新自由主义思潮给世界许多国家带来了深重的灾难,推动垄断的形成、导致福利的损失。美国推行自由化,使拉美各国经济发展大幅度倒退,在亚洲等国家也引发了社会思潮和意识形态激荡等严重问题。中东欧国家和苏联,完全照搬新自由主义理论制定经济政策,推广自由市场模式,不仅没有消除贫困却使经济增长缓慢,而且造成大范围的经济危机、政治危机和文化危机。许多国家先后抛弃欧美推行的"自由市场"经济模式,在拉美、亚洲国家还掀起了大规模抵制新自由主义的运动。

(2)跨国资本加速经济全球垄断进程,加剧了媒介帝国主义[①]的渗透。新自由主义与垄断资本国际扩张、经济全球化、意识形态西化紧密相连。也就是说,不仅导致了经济的全球化,更为严重的是,信息单向流动特征明显,即从发达国家流向发展中国家,输出的不仅是以影视、报刊、图书为核心的显性文化产品,而且也将隐性存在的西方价值观念强硬灌输给输入国,严重冲击着发展中国家的社会文化价值体系。法国戛纳电影节主席吉尔斯·雅各布(Giles Jacob)针对美国的影视产品的输出,一针见血地指出,美国感兴趣的不仅仅是出口电影,它感兴趣的是出口它的生活方式。美国当代著名的国际政治理论家、哈佛大学教授亨廷顿在《文明的冲突》一书中,也强调指出,在21世纪人类最大分歧和冲突的主导因素将是文化方面的差异。

二 新自由主义思潮推动了欧美传媒产业全球化进程

全球化趋势在西方文化传媒领域表现突出,与新自由主义对英美等国传媒管制政策的影响息息相关。新自由主义者超越政府干预经济的模式,重提再次"发现"的市场机制,表现为英国、美国推行对内放松管制、对外推行扩张政策,对传媒业的管制渐次松绑,主导了20

---

① "媒介帝国主义"(Media Imperialism)理论是西方传播学批判性研究的产物,出现于20世纪60年代后期,在"传播与国家发展"理论的演变和发展过程中逐渐形成。代表人物有赫伯特·席勒、马特拉、麦克菲尔等传播学者,他们认为,发达国家(主要指美国)凭借其经济、政治以及文化传播优势控制了发展中国家的媒介系统。

世纪 90 年代中期大规模的传媒企业集中和兼并。① 从经济发展角度看，垄断寡头——超级跨国传媒公司的产生，顺应了数字技术革命对资源整合的内在要求，提高了传媒市场资源配置效率而获得快速发展。相较于澳大利亚，默多克更看好欧美传媒市场，认为这两个市场能给他实现真正全球化构想的机会。

（一）促使传媒业放松规制政策出台

这里所说的放松管制，主要是指对于广电业产权的宽松政策。自 20 世纪 70 年代末 80 年代初期开始，以里根政府和撒切尔夫人政府为代表的自由市场主义者，开始了一系列传媒业放松规制的改革。相关信息获得、渠道控制等方面的政策逐渐放松，共同促成了巨型媒介集团的成长。在全球化时代，英美两国相信自由竞争的方式是实现动态的、充满活力的市场的关键。英美两国采取了自由市场模式后，对报纸几乎没有任何控制，加之在美国宪法第一修正案的保护下，自由出版自由发行。

在英国，1990 年和 1996 年的《广电法》坚持放松管制的立场，"清楚地蕴含如下含义：逐渐减少广电和报刊政策的差异，允许市场（逻辑）起决定性作用。"② 然而，从实际效果看，市场化做得并不是很彻底、很理想。1992 年，托尼·普若瑟在《欧洲传播杂志》上发表的题为《英国的公共广播及其放松管制》的文章，分析了 20 世纪 80 年代末期英国广电传媒领域中一系列放松管制的政策措施，探讨了 1990 年广电法的实行，批评"英国政府的这场改革并没有在多大程度上帮助广电业达到最初提出的'市场基础'的目标"。但是"善于

---

① 可参见肖赞军对新自由主义与西方传媒规制的研究课题、专著和系列文章，对分析新闻集团的发展环境也有一定的价值。课题有：国家社会科学基金项目"西方国家传媒业的融合、竞争及规制政策的演化"（07CG69）；国家社会科学基金项目"媒介融合时代的传媒规制政策研究"（11BXW014）；教育部人文社会科学研究项目"媒介融合时代的传媒规制研究"（10YJA860024）。专著：《西方传媒业的融合竞争及规制》，中国书籍出版社 2011 年版。文章：《新闻与传播研究》2009 年第 5 期；《媒介融合时代传媒规制的国际趋势及其启示》；肖赞军等：《重庆社会科学》2012 年第 6 期；《媒介融合、规制融合的国际经验与中国策略》；《湖南师范大学社会科学学报》2009 年第 4 期；《新自由主义经济思潮的沉浮与美国电子传媒管制政策的变迁》。

② 张咏华：《西欧主要国家的传媒政策及转型》，上海人民出版社 2010 年版，第 48 页。

捕捉市场机会的默多克，作为英国最大的报业集团的老板，被允许控制对被其兼并的英国天空广播公司的控制，从而在英国卫星电视（British Sky Broadcasting，BSkyB）中占领了主导地位"。①

美国放松管理的力度更大，里根执政时期，为充分发挥市场均衡调节的作用，收缩政府的经济职能，重新审核了91种管理企业的规章，撤销和放松了65项规章和一系列其他影响企业效率的过严的管制法规。② 在公共事务讨论时段的管理上，为顺应20世纪80年代中期媒介大规模兼并的需要，美国政府废除1969年规定的"公正准则"③，之后一些类似于气象问题等公众需要参与讨论的公益节目退出了媒介舞台。里根以后的历任政府，都在消除他们认为不合理的规章制度。比如《1934年通信法》④，在20世纪80年代到21世纪初，FCC多次对之进行了大幅度修改，进一步放松管制。主要表现在取消媒体所有权的许多限制，特别是放宽了单一集团所拥有电视台的全国观众的上限、放宽了对当地电视台所有权的限制、取消了对电视台和报纸同一城市交叉持股的限制等。之后，美国又进一步取消了广播台和电视台在取得许可后三年内不能买卖的规定（1982年）；"取消了其要求电视台播放最少数量的新闻和公共事务节目，以及限制互相播放一定数量广播节目的规定，也取消了要求电视台保持播放节目的公共纪律和确定电视台经营的社区节目要求的规定"（1984年）⑤；提高了一个企业在全国拥有的广播台、电视台的数量上限，由原来的7家到12家（1985年）；1992年又放宽了对一家公司在同一城市所能拥有的广播台数量的限制。⑥ 之后又出台放宽电视受众覆盖率、放宽执

---

① 张咏华：《西欧主要国家的传媒政策及转型》，上海人民出版社2010年版，第48页。
② 周穗明：《当代资本主义发展与自由主义的两次转型——当前欧美经济政治回归新自由主义主流》，《国际经济评论》2001年第5—6期。
③ 这一准则要求电视合理地划拨出一定时间来讨论重要的公共事务。
④ 《1934年通信法》，以国家干预主义为特征的凯恩斯主义波及其他国家，主导西方传媒市场60年。
⑤ 李继东、王杰昌：《试析大众传媒业规制的成因》，《青年记者》2006年第16期。
⑥ 张咏华：《美国新自由主义思潮和FCC新规定之争》，《新闻记者》2003年第13期。

照年限等一些规定。62 年来第一次大幅修正《1934 年通信法》，1996年美国《电信法》出台①，放松管制是为了促进电信市场的竞争，支持跨媒体并购。不仅取消了以上所说"12"台的规定，将提高观众占有率上限从 25% 调至 35%，还允许电讯公司参与电视运营，允许电话、广播、卫星通信和有线电视工业三大网之间互相进入。此举对美国有线电视的发展起了极为重要的促进作用，有线电视台在短时期内大量增加，而有线电视台的大量增加又反过来促使与无线电视台之间的竞争，从而使美国电视市场进一步活跃，竞争激烈。2001 年，美国政府又允许美国四家主要电视网（即 ABC、CBS、NBC 和 FoX 公司）之间进行兼并，还允许它们同 WB 公司和 UPN 公司联合。更有想象空间的是，2003 年 6 月 2 日，FCC 决定将媒体所有权中电视受众覆盖率上限从 35% 提高到 45%，同时放松其他一些限制。这一决定遭到了美国上下各界的广泛反对，最终没有获得通过。

与之相呼应，以新自由主义理论为指导，美国的反托拉斯法（新自由主义也是美国制定反垄断政策的主流理论）有所松动，执行力度明显下降。FCC 有法律义务保护媒介受众顺利接近和使用当地广播、电视台等媒体，但是，2002 年，它竟将无线电波这一公共财产交给了大媒介公司，并把这种行为当作理所当然的准则。这种行为还得到了像证券委员会、司法部反托拉斯局等监管部门的协助和唆使。②

当然，英美也反垄断。③ 1927 年，福克斯收购了米高梅的部分股

---

① 1996 年《美国电信法》，在 1996 年 1 月 3 日美国第 104 届国会中通过，并且在同年 2 月 8 日由美国总统克林顿宣布实施。分成"电信服务""广播服务""有线电视服务""法令改革""猥亵与犯罪""对其他法律的效益"和"其他条文"七章。

② [美] 巴格·迪基安：《新媒体垄断》，邓建国等译，清华大学出版社 2013 年版，第 91 页。

③ 比如，在 20 世纪 40 年代初的美国，全国广播公司（NBC）曾作为全美第一家广播机构，也是最大的广播机构不光覆盖了全美所有地区，更把自己的辐射范围衍生到加拿大、北墨西哥等地。它同时拥有两条覆盖全国的广播网络，一条叫红网，另一条弱一点的叫蓝网（后面广播网络转变成了电视网络）。这与当时的美国《反垄断法》相违背。根据美国联邦通信委员会关于对连锁广播的调查报告后决定，全国广播公司不得同时拥有红色广播网和蓝色广播网。1944 年，爱德华·约翰·诺贝尔（Edward John Noble）买下蓝色广播网（拥有 116 座附属广播电台），1945 年 6 月 15 日正式使用美国广播公司的名称。1948 年 4 月 19 日，正式以电视台的方式出现在公众眼前。

权，而后路易斯·梅耶起诉威廉·福克斯的收购违反《反垄断法》，致使收购流产。但多数情况下，保护美国个体消费者权益的反托拉斯行动在推进经济和传播的全球化的口号下，搁置不提。强大的媒介巨头能影响政府，甚至左右立法，获得特殊权力得以收购美国媒介机构中的大部分。但是当"消费者"不是普通受众而是"美国大型媒介公司"时，美国司法部就会采取行动应对外国卡特尔组织。无独有偶，在英国法律中也存在对垄断、对传媒合并的很多限制，比如，《竞争法案》传播办公室负有反垄断之责，但是事实表明也阻挡不了广播电视的频频交易。吉利恩·多伊尔《媒体所有权》，分析了英国1996年广播电视法及其对英国广电传媒业发展的导向作用，在分析1996年法案引入的新措施带来的益处的同时，也对英国存在某些传媒所有者势力过分强大的问题，提出了批评。

FCC允许媒介组织交叉所有权带来的弊端，引起了公众不满，甚至前任总统奥巴马[①]也表示将进行修改："FCC将企业的利益置于公众利益之上，由来已久，是该改变的时候了。"

（二）保护私有媒体权益，使媒体私有化范围扩大，实力增强

伴随着新自由主义的流布，欧洲多国以及日本、俄罗斯等国的广播电视业掀起一股私有化改造的浪潮。如1985年1月法国总统密特朗签发命令同意设立私营台。法国电视一台、电视五台、新频道三家电视台转让给一些大公司，变成私营台。1987年，德国联邦各州达成改组广播事业的全国协议，规定了公共台和私营台并存的格局，随即也出现了私营电台、电视台。1990年，意大利议会通过《公共和私人的广播电视体制之规定》（《223法》），正式承认私人拥有、从事广播电视的权利。[②] 特别是苏联解体（1991年12月21日）后的10年，新闻传媒也被抛入了自由经济的汪洋大海，全面进入市场经济。20世纪90年代中期，官僚资本集团和金融工业资本集团纷纷渗透进入新闻媒体，在短期内掌控了大量媒体资源。出现了新闻媒体集团化，即

---

① "For too Long Now, the FCC Has Been Putting Corporate Interests Ahead of People's Interests, It's Time for That to Change", —Barack Obamal, Free Press, 2012.12.12.

② 李良荣：《西方新闻媒体变革20年》，《新闻大学》2000年第1期。

"媒体康采恩"。同时，英国私营电视台——独立联盟（ITV）和日本的四家私营电视台，也在私有化浪潮中实力得到了加强。①

美国的版权保护支持了迪士尼等传媒集团的实力提升。美国宪法对版权的规定："国会有权确保被授权的发明者在一定时期内对他们的作品和发明享有排他的权利，以促进科学和有用艺术的进步。"而且，从法律实践来看，版权保护期越来越长。由原来的"14—14"（从作品被创造后的14年加上期满时再重新申请后的14年）到1909年增加为"28—28"年；1976年，继续扩展为创作者的有生之年加上其去世后50年。而且，被保护的内容也越来越广泛。保护对象扩展到计算机软件（1990年）和音频、视频制品（1992年），而且在1998年还制定了《数字千年版权法》。美国严格、严厉的版权保护在21世纪导致的结果是："在过去的30年间，少数大集团掌控了大量媒介作品资源，这造成了版权保护的一个历史性转变——从原来聚焦个体作者和大批独立的出版商发展到各国内和国际大型媒介集团为了获得尽可能多的版权作品和高额利润而对版权保护的不懈推动"。② 在迪士尼公司的努力下，导致《Sonny Bono 版权延期法》的出台，米老鼠相关的版权保护得以延长20年，即"米老鼠的版权保护期被延长到2023年；布鲁托到2025年；高飞狗到2029年；唐老鸭到2029年——届时这只鸭子距其首次出现在电影中将有95年了"。③ 这一法案的出台，规定版权保护期为作者寿命加上70年，意味着任何版权作品可以享受长达120年的保护。

（三）兼并重组使跨国产权流动加快，跨行业垄断加剧

在传媒管制渐进放松的政策下，西方广播电视业私有化的同时也出现了大规模的兼并行为，行业集中度提高（可参考第三章第一节内容）。阿尔巴朗认为，"缝隙"竞争的市场结构（寡占）是美国传媒产业最普遍的一种市场结构类型。报纸和有线电视几乎是完全垄断的，电视和图书出版、录像带和唱片业基本处于寡头垄断状态。

---

① 李良荣：《西方新闻媒体变革20年》，《新闻大学》2000年第1期。
② 巴格·迪基安：《新媒体垄断》，邓建国等译，清华大学出版社2013年版，第50页。
③ 同上。

就报业来说，美国报业集团经过兼并收购迅速扩张。1970年，西方各国还有125个拥有报社的集团公司，在西方各国重要报刊已落到不到30家大公司手里。[1] 在美国，10家大公司拥有全国20%的日报，而报纸发行量只有80%。在欧洲，小报大量被大报兼并、收购，从1980年到1996年间，日报数减少30%以上。[2] 2000年后，美国15家最大的报业集团中有3家从此消失，报业集团的数量进一步减少，平均每个报业集团控制的报纸数量显著增多。[3] 2013年8月5日，《华盛顿邮报》以2.5亿美元的价格卖给亚马逊首席执行官杰夫·贝佐斯（Jeff Bezos）。这一决定宣告了格雷厄姆家族四代人长达80年来对其控制的结束。

大量兼并的结果是，全球传媒资源掌握在迪士尼、新闻集团、维亚康姆、威旺迪和贝塔斯曼等几家跨国公司的手中：拥有美国主要的电影制片厂、美国全部的电视网络公司（除7家外）；在图书出版和商业杂志出版业占有很大的比重；它们几乎拥有全部或大部分美国乃至世界的商业有线电视频道。[4]

第二节 新闻集团传统媒体在欧美的价值链布局及案例分析

在英美等国支持传媒跨国竞争的政策下，新闻集团获得了较大的市场自由空间。在纸媒和广播电视产业领域，完成了一次次兼并重组，不仅获得巨大的经济价值也在一定程度上左右着规制方向和政治选举，充分发挥了媒介权力。

---

[1] Shivley Biagi, *Media Impact*, California: Wadsworth Publishing, 1998.
[2] 李良荣：《西方新闻媒体变革20年》，《新闻大学》2000年第1期。
[3] 1900年美国日报的报业集团只有8家，控制27种报纸；到1935年，63家报团控制328种报纸；1960年109家报团控制的报纸达560种；1990年135家报团控制的报纸达1228种，占报纸总数的75.5%，发行量占81%，独立发行的报纸只剩383种。
[4] 摘自郭莲编写《国外理论动态》2001年第7期。2000年10月，罗伯特·麦克切斯尼在联合国教科文组织的会议上发表《全球传媒体系与新自由主义、文化帝国主义》的讲话，内容全文载于美刊《每月评论》2001年3月号。

一 报业价值链构建

默多克对报业情有独钟,付出了很多精力也取得不少业绩。一家很有权威的媒体研究机构[①]主管人员查理·贝克特曾说默多克热爱报纸,不仅对英国人的生活方式甚至对英国政治和股价都产生影响。的确,从实践中看不能否认默多克是办报的行家里手,他以"注意力经济"理念改造所收购的报纸,影响了媒介生态也塑造着价值追求的取向。

(一) 以并购的方式拓展报业增值点

在很多人的评论中,默多克的名字似乎常与并购联系在一起,因为这种资本运营不仅帮他在澳大利亚获得实力,而且还帮他在英美市场取得很有影响的媒介控制权。

在20世纪60年代末他进军英国时,报业格局是"一城多报",并且小报与严肃大报竞争激烈。伦敦除《泰晤士报》《每日电讯报》《卫报》和《独立报》四份全国性大报外,也有财经类的《金融时报》,还有其他发行量巨大的小报,如《太阳报》《每日镜报》等。进军英国报业是默多克留学牛津期间就定下的规划,是为收购早就看好的《镜报》而来,却收获了更有吸引力的《世界新闻报》。随后又买下《太阳报》,并将之办成《世界新闻报》的每日版。1981年2月,默多克又收购了《泰晤士报》和《星期日泰晤士报》。新闻集团在英国发展势力非常惊人,曾经一度控股全国40%的报业,以此加强了对经济和政治的双重掌控。

在买下英国《世界新闻报》不久就扭转了亏损,该报不仅为新闻集团收获了巨大的经济效益,还带来了很大的制度拓展空间。该报1843年开始出版,被新闻集团收购后,一度超过260万份的日发行量。在此基础上,1969年,默多克又收购了陷入困境的《太阳报》,通过"小报化"手法迅速把《太阳报》办成了英国发行量最大的报纸。[②]其实,《太阳报》也不只是因三版女郎而声名鹊起。2000年该

[①] 这家机构的观点之所以可信,在于其与伦敦政治经济学院的联系。
[②] 1970年11月7日,一张乳房赤裸的美女像刊登在英国《太阳报》第3版上,图片上的说明文字宣称:《太阳报》像大多数读者一样,喜欢漂亮的女孩子。——这是默多克接手《太阳报》后第一个惊世骇俗的大动作,默多克凭借此类"小报"手笔迅速打开欧美媒体市场。

报出了一本关于世界历史方面的小册子，结果"《太阳报》不但因此大赚一笔，还使保守的英国历史学家们大跌眼镜。某位历史学家也说《太阳报》不仅仅只会经营第三版"。① 在英国传媒市场的成功，为下一步拓展奠定了很坚实的经济基础。

在英国报业经营稳定后，默多克带着来自英国小报的巨额盈利，迫不及待地开始了拓展美国传媒市场的征程。20世纪70年代初，新闻集团展开了美国报业的并购，先是从地方报开始，购买了得克萨斯州的两家小报。之后一直在寻找有较大影响力的大报，1976年年底收购了《纽约邮报》，1982年买下《先驱美国人报》，并将其更名为《波士顿先驱报》。最为引人争议的是，2007年，新闻集团却在报业唱衰的时节，斥巨资收购道琼斯集团以及旗下《华尔街日报》。也正因为拥有了这一高端大报，默多克不仅自己认为登上了事业的顶峰，而且也被业界认可，由此而获得"传媒业的拿破仑"的美称。

在美国新闻集团业务构成中《纽约邮报》作用突出。真正使默多克成为世界级传媒大亨的转折点，是他买下该报并正式进军全世界最大的传媒市场——美国。尽管《纽约邮报》是美国历史上连续出版时间最久的报纸，却是在被默多克接管以后才得以名声大振。对此事件，美国《时代》周刊曾以封面文章进行报道，并把默多克的脸以漫画的形式嫁接在大猩猩"金刚"身上，这一只骑在纽约曼哈顿摩天大楼屋顶上巨型动物旁边配以醒目标题——《澳洲金刚惊煞纽约》，美国《新闻周刊》宣称"媒体军阀发动侵袭了"。② 也正如人们所担忧的那样，默多克接手《纽约邮报》后，不久就调来了小报记者史蒂夫·邓拉维，并且不顾忌一些报道禁令，大标题、八卦和犯罪、暴力充斥③，人们很快发现，《纽约邮报》风格被默多克改变了。

（二）收购《泰晤士报》系的价值链意义

英国发行量最大的报纸无一不属于新闻集团，其中，《泰晤士报》

---

① 明安香：《全球传播格局》，社会科学文献出版社2006年版，第117页。
② 新浪新闻：《默多克新闻集团陷窃听丑闻专题：他自以为自己在管理这个国家》，《三联生活周刊》，http://news.sina.com.cn/w/sd/2011-07-29/115322899840_4.shtml。
③ 央视9纪录片：《默多克创办了通俗小报》，http://tv.cntv.cn/video/VSET100220135169/9266272144664976b4ab5c5902e0f101。

《每日电讯报》《镜报》《卫报》等总发行量曾达每日 2500 万份。英国报业对新闻集团价值不只是经济收入，还充分展现了默多克典型的大众化新闻理念对传媒业的价值塑造。收购《泰晤士报》《星期日泰晤士报》并对它们进行了所谓"默多克化"的改造，也收获了"默多克式"注意力经济价值。

1. 品牌价值①

1785 年，约翰·沃尔特创立《每日环球记事报》于伦敦；1788 年改名《泰晤士报》；1803 年沃尔特二世接管，开始独立办报之路。之后几经转手：1908 年，诺斯克立弗买下《泰晤士报》；加拿大汤姆森家族买下该报。到 1981 年因陷入经营困境，肯尼斯·汤姆森把《泰晤士报》和《星期日泰晤士报》卖给新闻集团。②

这份有 200 多年历史的《泰晤士报》具有很突出的品牌影响。它曾因报道了许多世界重大事件和战争，成为影响舆论最大的报纸，不仅象征大不列颠尊严，也影响世界很多地方。其办报历程也是争取新闻自由民主的斗争过程，自 1803 年起，不再接受政府津贴，成为独立报纸；1808 年实行总编辑制，所有权和经营权首次分开。20 世纪 70 年代，《星期日泰晤士报》曾经挫败了来自号称"开放、民主的大不列颠政府"的众多干涉，在与专制权力碰撞过程中捍卫了该报非常珍视的新闻专业主义和编辑的独立性。克罗斯曼案③可以说是一座里程碑，在一定程度上可以说该报的发展历程确实孕育了新闻业的改变。

2. 拓展价值增值途径

默多克买下《泰晤士报》之后，进行了很多革新，经过 20 多年的发展，其发行量从最初的 20 万份增长到 67 万份。

---

① [美] 哈罗德·埃文斯：《底线：默多克与〈泰晤士报〉之争背后的新闻自由》，黄轩译，上海财经大学出版社 2013 年版。

② 《底线：默多克与〈泰晤士报〉之争背后的新闻》一书，对报业史上极富争议的这起并购案，叙写在默多克手下出任主编的种种内情，真实呈现了巨变时刻的媒介业态。审查限制、劳资纠纷、技术换代带来了外部压力；更深远的问题，正埋藏在新闻观念本身的嬗变当中。

③ 理查德·克罗斯曼，1964—1970 年是英国工党内阁一员，《星期日泰晤士报》顶住政府压力，1975 年 1 月 26 日刊布了克罗斯曼记录高级公务人员政见的日记。

（1）不顾内部编辑独立性原则，左右政论立场。英国议会设立了法律担保，限制《泰晤士报》所有者默多克的媒体权力，以保证新闻报道准确性和观点的自由表达。但是，"默多克收购报纸一年后，担忧成为现实。默氏绕开担保，借商业运营之名，控制新闻采编，左右政论立场。报纸珍视的内部独立性遭到腐蚀"。① 此书作者哈罗德·埃文斯在英美媒体圈60余年，是公认的最伟大的英伦报纸编辑。② 他一度供职于《星期日泰晤士报》达14年之久，但《泰晤士报》被收购仅一年后，1982年哈罗德·埃文斯便离职到美国"优质新闻报业"（此处指的是秉承新闻专业主义的报纸）发展。

因为默多克对新闻采编独立性的干预过多，收购《泰晤士报》和《星期日泰晤士报》也曾受到英格兰垄断委员会的禁止，但默多克成功利用持有英国天空广播公司（BSkyB）多数股份，特别是帮助撒切尔夫人赢得大选，使撒切尔夫人搁置《竞争法》，允许默多克于1981年成功收购《泰晤士报》。据权威杂志报道，2000年默多克在英国所获得利润20多亿美元，但却不用向英国缴纳任何税费。

（2）进行"小报化"改革。2003年11月26日，《泰晤士报》推出小报，从2004年11月1日开始，正式"瘦身"。这家英国严肃人报的代表之一的《泰晤士报》经过小报化改革为"小泰晤士"，也是默多克一手推动完成的。这一"小版"化产生了不可想象的变化。首先，标题大都经过改写和压缩；其次，"泰晤士填字游戏"改了提示语也在小版面上出现；再次，有"品位"、"读者熟悉"的"三版女郎"也会刊出；最后，还会增加体育报道的分量，也会配照片。③ 改革后发行量和广告收入都有一定增加。

（3）通过发动价格战，占据内容产品市场优势地位。《泰晤士报》以资金实力打赢围歼战，获取垄断价值。在1993年9月到1997年间，《泰晤士报》（以下简称《泰》）发动了同伦敦的另一份

---

① ［美］哈罗德·埃文斯：《底线：默多克与〈泰晤士报〉之争背后的新闻》，上海财经大学出版社2013年版。

② 埃文斯的报业生涯得到的评价是对英国出版自由的贡献远胜过首相，获国际新闻学会50大"世界新闻自由英雄奖"。

③ 侯宇静：《英国报纸的小报化趋势》，《新闻战线》2005年第3期。

严肃大报《每日电讯报》(以下简称《每》)的价格战。《泰》首先把单位报价从 45 便士降到 30 便士,再降到 20 便士,最低是 1995 年 1 月的 5 便士;《每》也紧随其后一降再降也降到 5 便士。大幅降价带来了销售量的暂时剧增,而发行收入却急剧减少。之后《每》不堪重压退出竞争,1995 年 7 月《泰》提升报价到 25 便士,1996 年底价格又回升到 45 便士,发行量却没有太多减少。默多克运用这种"先降后升"的策略使《泰》完胜,到 1997 年其发行量达到 79.2 万份。

(三) 收购道琼斯集团的价值链意义

2007 年 8 月 1 日,新闻集团经过三个多月拉锯战,几经反复[①]终于以 50 亿美元(每股 60 美元)的价格从班克罗夫特家族购得道琼斯集团[②],将《华尔街日报》报系和道琼斯有线新闻社纳入其价值体系之中。此次并购不仅因其价高而引发争议,而且对于并购目的也引人猜测。收购一开始,就受到被收购方包括原有股东和员工抗议。在报纸产业渐衰的当头,默多克不惜重金、力排众议并且势在必得。难道默多克真把自己看成了拯救纸媒的"白衣骑士",坚持"报业不亡论"并斥巨资竞购道琼斯公司?对此,查尔斯·R.埃森德拉思(Charles R. Eisendrath)认为,尽管默多克对油墨和报纸非常热爱,但他还是看重能给他带来经济价值的资产。道琼斯公司之所以受默多克青睐,主要还是出于默氏经营理念:整合产业价值链,以取得更长远的经济效益,不仅仅只是看重内容与渠道的结合。

(1) 强化公司影响力,优化价值链布局。这一次高价收购,是基于默多克整体价值链构建通盘考虑,是着眼于《华尔街日报》和道琼斯经济指数独特影响力的收购。在新闻集团的经营中,购并、整合是常用的整合方法,有时不是为了谋求超额利润,而是出于对内容平衡方面的考虑。默多克在英国、澳大利亚,掌控多家有影响力的报纸,

---

① 2007 年 5 月 9 日,在新闻集团财务大会上,默多克坚持认为道琼斯所拥有的资源也非常有限,看似无意收购。经过一系列斗争,堡垒被击破,7 月 31 日,两家达成确定性合作协议。

② 班克罗夫特(Bancroft)家族通过各种形式的信托方式控制着道琼斯集团 64% 的表决权。

首先有《澳大利亚人报》这份全国性大报；在英国，默多克的报纸占据着很重要的地位，可以说他已经征服了英国传媒，而且收入也不菲。不仅占英国国内报纸发行量的1/3左右的4家主要报纸，而且还有《泰晤士报》占据着高端市场。而在美国报业的弱势，多年来一直是默多克的心病。虽然也有《纽约邮报》这份算得上影响较大的报纸，但总体来说新闻集团麾下报纸，多是中低端报纸，尚未形成呼风唤雨的影响力。基于这个考虑可以说，默多克此次天价收购的重要原因是弥补美国高端报业影响的缺失。默多克要进入高端市场，获取道琼斯的独特价值自然也就很迫切了，因为道琼斯一直以独立性品质、高端品牌而著称。早在20世纪90年代，默多克就曾经尝试收购道琼斯集团。这个意义上说，经济效益不再是传媒收购的唯一标准，更高层的追求在于深入对媒体权力和人性价值的关注。

（2）道琼斯的内容及其延伸价值。多年来，默多克希望通过开拓新的内容和渠道来保持新闻集团的活力，而历史悠久的道琼斯的影响力价值是其他媒体无法比拟的。默多克认为，收购道琼斯的主要目的并不是要卖更多的报纸，而是要设法利用《华尔街日报》来增加左右政局的筹码，从而最终带来更多的收益。

始创于1882年的道琼斯公司是与路透社（Reuters）、彭博社（Bloomberg News）齐名的三大金融、商业、财经信息提供商之一，其"道琼斯工业股票平均价格指数"名气很大，有影响全球的力量。道琼斯集团拥有报纸、杂志、通讯社、电台、电视台以及互联网服务。不仅拥有《远东经济评论》和《财智月刊》以及提供实时财经报道、市场评论的道琼斯有线新闻社等媒体；还有以对商业和财经领域的深度分析报道而著称的《华尔街日报》（创立于1889年），其日发行量达200万份，每天读者超过2000万人，且受众是主流经济人群，这正是它独特价值之所在。该公司一直重视新闻报道的真实性和准确性，以在全球任何时间、任何地点"出版最重要的商业与财经新闻及信息"为使命。毋庸置疑，道琼斯通讯社以及《华尔街日报》的权威财经资源能帮助默多克的传媒版图快速扩张到财经领域；之后开通网络版，并收费成功，这也证明了默多克的并购目的。

收购后，《华尔街日报》的新闻独立和高品位很快被默多克"新闻理念占据第二位，盈利占据第一位"的一贯做法改造，包括多样化内容改造，增加周末版内容以吸引读者、增加广告收入，更好地与其他大报（如《纽约时报》）竞争。甚至要求编辑记者不要为获普利策奖而写作，而是要提供给人们需要的，甚至用上"三版女郎"的做法。

（3）整合全球传播渠道。默多克曾极力表明，加入新闻集团之后的道琼斯，将不再是由一个家族控制的独立公司，而是在新闻集团庞大的媒介群体支持下的媒体，会更容易扩大自己的业务。新闻集团具有全球强大的传播力，覆盖五大洲、70多个国家，旗下有170多家报纸以及电影、电视、网络平台等媒体平台。比较而言，《华尔街日报》全球传播力不及新闻集团。虽然，道琼斯公司早已抢先采用版面传输技术联系着美国17个印刷厂，也在推动全球经营战略，也有《华尔街日报》的亚洲版和欧洲版，还共用社论版面；但是还是偏重于在美国的业务发展。收购完成后，新闻集团强大的传播力可以迅速为道琼斯高端财经产品扩展优势和影响力，实现内容的增值。

（4）为即将开通的福克斯商业电视做准备。英国《经济学家》认为，默多克选择在这个节点提出收购道琼斯，主要为其年内即将开播的福克斯电视台商业频道增加信息来源，需要财经类的传媒内容产品，以挑战美国国家广播公司的 CNBC 财经频道。[①] 而这并不会直接在道琼斯公司的收支损益表上看到什么收益。CNN 王牌记者保罗·拉莫尼卡也认为，此次收购是为即将开通的福克斯商业电视网考虑。默多克有他自己的计划。他认为，收购道琼斯主要目的是要设法利用《华尔街日报》来卖出更多的网络广告，从而带来更多的收入。"除此之外，此次收购还有利于提高新闻集团的福克斯商业频道（Fox Business Network）的成功率，后者将为新闻集团打败 CNBC（通用电气旗下有线电视巨头，长期在有线新闻行业占据主导地位）和彭博电视台（Bloombgerg Television）的终极筹码。"[②]证券市场对此收购响应积极，宣布收购的当天道

---

① 肖莹莹：《新闻集团成功收购道琼斯，国际传媒并购潮涌》，《经济参考报》2007年8月2日。

② ［美］保罗·拉莫尼卡：《揭秘默多克：传媒大亨默多克的商业传奇》，刘祥亚、王静译，石油工业出版社2009年版，第7页。

第四章 放松管制与新闻集团传统媒体价值链结构 139

琼斯的收盘价 57.4 美元,上升了 11.3%;8 月 29 日,新闻集团称提前获得美国 FTC(反垄断审查机构)的批准。①

二 影视业价值链构建

默多克通过大量购并,拥有了有线电视、互动电视、卫星电视、付费电视、电影领域大量的资产,广播影视业和纸媒形成合力,共同占领了欧美传媒业的大份额市场。新闻集团超过一半多收益来自旗下的电影电视控股公司以及相关的产业,如英国天空广播公司、福克斯电视、福克斯电影、国家地理频道、美国直播电视集团、美国直播电视、意大利卫星电视、德国卫星电视等。

在重视影视娱乐经营的同时,默多克也追求信息专业化,设立新闻频道、商业频道,收获的不仅有单纯的注意力经济还有复合型经济的延伸价值。

(一)收购卫星电视的商业价值

默多克媒体布局中,从 20 世纪 80 年代到 90 年代,电视是主要部分。他认为电视是推动娱乐化节目播放的首选媒体,适合大众化娱乐产品的特点;而卫星电视又超过有线电视更能够吸引受众,还可以通过付费模式平衡广告市场很难预料的变化。

(1)强大的盈利能力。1998 年,默多克决定在英国创办天空电视台,但因资金所限,有 1990 年与英国卫星广播公司合办成立天空 BSkyB。作为新闻集团控股子公司,B Sky B 先后开播了 200 多个卫星频道,尤其是在 1999 年推出互动体育频道,付费点播业务很受认可所以盈利丰厚。在 2008 年第三财政季度,英国 B Sky B 的收入也增加了 10%,"意大利天空电视台的收入占新闻集团总销售额的 11%,开始为集团创造巨大的利润。"② 利润增加的同时,卫星电视改变了传统的电视收看方式,使观众成为主导者,因而新闻集团被认为是全球盈利最高、最成功的付费电视平台运营商。默多克将天空的盈利模式概括为"无以匹敌的娱乐产品和卓越的客户服务帮助'天空'赢得了

---

① 根据美国《1976 年哈特—斯科特—罗迪诺反垄断改进法》,企业间的并购在签署最终协议后,还要经过 30 天(现金交易是 15 天)等待期,监管部门在这期间进行评估。

② [美]保罗·拉莫尼卡:《揭秘默多克:传媒大亨默多克的商业传奇》,刘祥亚、王静译,石油工业出版社 2009 年版,第 73 页。

很多新客户,并维持了世界级水平的客户忠诚度。"①

(2) 拓展卫星电视的平台,加强付费电视业务。默多克通过英国天空广播公司,于 1999 年 12 月开始进军德国卫星电视市场;在亚洲,新闻集团凭借 1991 年初创的星空传媒领先卫星电视业务,从 5 个频道发展到 40 多个频道,以多种语言播出,覆盖面极广。

为进入美国卫星电视领域,默多克首先展开对 Direct TV 有步骤的并购。2003 年 4 月 9 日,新闻集团首先同休斯电子公司(Direct TV 的母公司)达成协议,从通用公司手里收购休斯电子公司 19.9% 的股份(以每股 14 美元的价格);然后又以每股 11.3 美元的价格从股市买入休斯公司 14.4% 的股份。12 月 9 日,收购得到 FCC 和司法部的准许,新闻集团可以购买休斯电子公司 34% 控股股份。收购共计 67.8 亿美元,成功后即将购得的全部股份转入旗下 FOX 电视公司。本次收购,使新闻集团增加了其卫星业务版图中的美国部分,加强了对电视传输平台的掌控力,其意义在于默多克用卫星电视网覆盖全球的梦想又跨出了一大步。

经过不断拓展,默多克掌控了天空电视业务,坐拥欧洲、美洲、亚洲、大洋洲等几十个有线电视台和卫星电视台。因采用数字加密付费技术并提供了差异化的电视节目服务,新闻集团收入大幅提高,其经济实力很快超过维亚康姆。"到 2004 年 6 月,其直播卫星用户已达 740 万;而 Direct TV 的用户更是达到了 1220 万以上。在澳大利亚,FOXTEL 的卫星和有线用户达到 80 万户。"②

(二) 收购福克斯电影公司的价值链意义

1985 年,新闻集团以 2.5 亿美元低价收购石油大亨马文·戴维斯持有的 20 世纪福克斯电影公司 50% 股份③;1998 年 11 月 11 日,新闻集团为增加电视和电影资产的价值,将福克斯娱乐公司分拆,分离出福克斯 18% 的股份,包括影视娱乐、电视播放、有线电视节目生

---

① 杨士文:《美国新闻集团的业务架构及特点》,《中国广播电视学刊》2005 年第 12 期,第 79 页。

② 搜狐 IT:《新闻集团中国总裁戴杰明:付费电视的成功之道》,http://it.sohu.com/20040921/n222152334.shtml。

③ 后来又继续收购,共花费 5.75 亿美元。

产，以美国公司的名义在美国纽交所 IPO 成功上市，股价 23.50 美元，共融资 28 亿美元，完成了默多克第一步目标；2005 年 1 月新闻集团收购旗下福克斯娱乐集团剩余的 18% 的股权，当日，股价上涨到每股 29.25 美元，涨幅为 4%。经过几次并购，其在美国报纸、电视、电影以及卫星电视行业的领先地位得以进一步巩固，并以此为平台，将价值链不断延伸到电视和电影衍生品两个业务板块，且使二者业务互补。

1. 借用并进一步强化品牌影响力

借福克斯品牌影响力延长电影价值链。新闻集团收购 20 世纪福克斯电影公司，首先看中的是其借用品牌影响力，支撑电影业的发展。电影业的价值与电视业差异较大，其主要收入是票房和衍生品。在这一部分，作为电影价值构成中的一个部分介绍，不着重于其他环节的价值分析。

(1) 品牌价值。福克斯影业集团由威廉·福克斯等三人创立于 1915 年，成为当时世界上最早的集电影制作、发行、放映于一体的垂直经营公司。1935 年，福克斯影业集团同前"华纳兄弟"公司制片人 Darry Zanuck 创办的仅有两年的"20 世纪图景"公司合并，成立了 20 世纪福克斯公司。1930—1940 年这个公司曾经十分繁盛，制作了两部电影《怒火之花》和《慧星美人》，赢得了很大的影响。19 世纪 60 年代，因制作发行了著名电影《音乐之声》，公司一举闻名。1977 年，出产的《星球大战》又创下了当时电影史上最高票房纪录，并且之后拍摄的《星球大战 2》《星球大战 3》影响远播。

(2) 强化品牌。被新闻集团收购后，20 世纪福克斯不仅恢复了昔日在电影方面的辉煌，逐渐发展壮大。随后，成立了福克斯 2000、福克斯家庭影片、福克斯探照灯等新的子公司，可谓如虎添翼取得非凡的成就。之后，20 世纪福克斯电影公司凭借新闻集团稳定的资金来源、福克斯电视网的渠道优势以及优秀的制作团队、先进的技术设备，生产了多部成功的电影，可参见表 4-1。

表 4-1　　20 世纪福克斯电影公司出品的主要电影

类别	电影名称
系列影片	《虎胆龙威》《星球大战前传》《小鬼当家》《X 战警》
单片电影	《博物馆之夜》《机械公敌》《泰坦尼克号》《后天》《异形大战铁血战士》《机器人历险记》《天国王朝》《龙之吻》
3D 电影	《冰河世纪》《冰河世纪 2：消融》《机器人》《加菲猫》《加菲猫 2：双猫记》《阿凡达》《少年派的奇幻漂流》

其中，1997 年，与派拉蒙合拍的《泰坦尼克号》风靡全球，票房收入 20 亿美元；凭借 3D 技术[①]20 世纪福克斯的影响力又一次达到一个新高峰，尤其是《阿凡达》[②]《泰坦尼克号》（3D 版）[③]《少年派的奇幻漂流》[④] 被世界所熟知。

新闻集团在满足美国国内市场需求的同时，也不停地向国外市场进军，通过出口将其生产的电影推向世界各国市场，其中《音乐之

---

①　在《冰冻星球》失利后，默多克将与皮克斯和梦工厂齐名的蓝天工作室——1999 年奥斯卡最佳动画短片导演奖的克里斯·伟基及其旗下的高超制作水平团队，招致麾下制作而成。

②　《阿凡达》是一部由詹姆斯·卡梅隆导演的科幻电影，由萨姆·沃辛顿、佐伊·索尔达娜和西格妮·韦弗等主演，于 2009 年 12 月 16 日以 2D、3D 和 IMAX-3D 三种制式在北美上映；之后获得几大奖项：第 67 届金球奖最佳导演奖和最佳影片奖，第 82 届奥斯卡金像奖最佳艺术指导、最佳摄影和最佳视觉效果奖。截至 2010 年 9 月 4 日，《阿凡达》全球票房累计 27.54 亿美元，一举刷新了全球影史票房纪录。据说《阿凡达》将完结于第 4 部，目前《阿凡达 2》还处在拍摄初期，该电影仍然由詹姆斯·卡梅隆执导，《阿凡达 3》也有可能开拍，以形成完整的多部曲。卡梅隆在 2016 年 4 月中旬宣布《阿凡达》将有四部续集，将会在 2018 年、2020 年、2022 年和 2023 年的圣诞档上映。

③　2012 年 4 月 4 日《泰坦尼克号》以 3D 化处理的形式再度上映，纪念沉船事件 100 周年。在 3D 新片《阿凡达》的制作过程中，詹姆斯·卡梅隆受到启发，决定用这一高科技手段重新制作当年由凯特·温斯莱特和莱昂纳多·迪卡普里奥主演，颇受赞誉的影片《泰坦尼克号》。整个制作过程用时一年至十四个月。北美票房 5700 万美元，全球票房 3.44 亿美元，总票房已达到 21.87 亿美元。

④　《少年派的奇幻漂流》，20 世纪福克斯电影公司出品并发行的一部 3D 影片，根据扬·马特尔 2001 年发表的同名小说改编，由华裔导演李安执导，由苏拉·沙玛、拉菲·斯波、伊尔凡·可汗、阿迪尔等主演。在美国首周票房约 2800 万美元（周末约为 2245 万美元，列第 5 位），虽不敌斯皮尔伯格执导的《林肯》，但《票房杂志》还是认为是个奇迹："人们都说电影业正在走向没落。不过，像《少年派的奇幻漂流》这样的电影证明了奇迹依然在被创造。"在 2013 年获得第 85 届奥斯卡最佳导演奖、最佳配乐奖。

声》、《星球大战》、《辛普森一家》、《泰坦尼克号》等影片除在北美地区取得了巨大的票房收入外，其他国家收入也占有很大比例。因《阿凡达》第一集在中国的成功，据说续集中增加了不少中国元素，甚至设计了以中国人为原型的阿凡达人种。2012年4月10日，3D版《泰坦尼克号》登陆中国电影院，上映仅两天票房就过亿元。《少年派的奇幻漂流》在英国、俄罗斯等多国受到热捧，成就李安作品突破了全球12亿美元票房的纪录，该片于2012年11月22日在中国内地上映，四天票房就超过亿元，第一个周末票房快速攀升。《少年派的奇幻漂流》的成功也提升了扬·马特尔同名原著小说的名气，在当当网、亚马逊等网络书店，译林出版社于11月28日推出的插图珍藏版《少年派的奇幻漂流》迅速荣登预售榜之首。

2. 为拓展美国电视网，提供渠道平台

1985年买下20世纪福克斯后，默多克并没有对电影部门做出很大调整，而是从派拉蒙公司想方设法挖来好莱坞资深巨头巴里·迪勒，并在20世纪90年代初创建了福克斯电视网。因为他看中的不是电影业务，而是旗下的小型独立福克斯电视台。5月，与马文·戴维斯联手，以15亿美元的价格从美国媒体公司Metro Media收购六家地方电视台。1986年10月6日，为了更好地利用它所收购的多家地方电视台，新闻集团福克斯电视网正式开播（与巴里·迪勒共同创建），与ABC、CBS和NBC"三驾马车"展开竞争。几年后，福克斯电视网凭其节目创新性和价值链的拓展力，成为美国第四大电视网；在2000年成为美国最大的电视台集团，以全美各地近两百家电视台、35家福克斯拥有的电视台覆盖了美国40%以上电视观众；在收购后的20年中，默多克一步步拥有福克斯新闻频道、福克斯体育频道、福克斯商业频道[①]等居于美国市场前列的电视资产。

---

① 2007年10月15日开播。成立之初，福克斯商业频道就已经和三个全国最大的有线运营商签订了协议，第一天就提供给这个频道3000万以上的订户——有线频道史上最大的投放。2008年1月独立调查机构Beta Research的一份针对130家运营商的调查显示，在他们最希望加入的频道排行中，FBN名列第二。媒体市场调查公司SNL Kagan公司分析认为，到2011年，FBN可拥有7200万订户，并且预计4年内福克斯商业频道可获得1亿美元广告收入。如果加上用户付费，则到2011年福克斯商业频道净收入可达到2亿美元。

1996年，福克斯新闻频道（News Channel）开播，由默多克与艾罗杰共同创办。因其内容耸人听闻，观点鲜明而主观，很快超越CNN成为美国收视率最高的有线电视新闻网，不仅对福克斯每年数十亿美元的利润贡献很大，更为关键的是几乎成了美国政治选举的"风向标"，是美国共和党的主要政治宣传工具，任何想要吸引右派保守选民的候选人都争取在福克斯电视台的影响。福克斯电视每年给新闻集团带来数亿美元的收入，是开拓其他业务的强力资本支撑。[1]

2007年开播的福克斯商业频道，被运营商、广告商、受众看好的因素，在于其独特的经营理念。"默多克将其特色概括为'你＋金钱＋甜心＋互联网'，意思是为所有人提供启发性，但不乏娱乐趣味的财经新闻故事，并最终将会以互联网为主要传播渠道。"[2] 福克斯电视网凭借商业频道不断开拓业务领域，实力越来越强大，为电影等其他业务提供了强大资金支持。

3. 创新驱动影视产品差异化，追求价值合力

节目的创新性是默多克特别强调的差异化，他要求电视节目有品位、有吸引力、富有新意。

（1）节目特点以及创新。被新闻集团收购后，福克斯新闻新创的带有偏见的脱口秀、配合谈话节目的图片和"简短的摘录"，成为其他新闻节目尤其是CNN争相模仿的做法。

福克斯电视网在美国广播节目中以内容最暴力为特点。因为在美国，必须播放非常多血腥节目的电视台才能因暴力而闻名。主要美剧有：科幻类《X档案》、医务类《豪斯医生》（获得了艾美奖）、剧情类《越狱》、动画类《辛普森一家人》和《家庭伙伴》、综艺节目《美国偶像》等。

1989年开播动画类情景喜剧节目《辛普森一家人》，收视率很高且经久不衰。该剧由马特·格勒宁创作，该片从许多角度对美国社会与文化、人的存在条件和电视本身进行了幽默的嘲讽。这一节目展现

---

[1] 2011年当美国前驻华大使洪博培刚在自由女神像前宣布角逐2012年总统大选后，马上就接受了福克斯电视台名主持肖恩·汉尼蒂专访，其无与伦比的媒体权力可见一斑。

[2] 周根红：《美国福克斯商业频道的成功之道》，《新闻记者》2010年第11期。

了霍默、玛琦等一家五口人的生活面貌，对居住在美国心脏地带人们的生活方式进行了讽刺性刻画。

在电视节目创新和价值链延伸方面，新闻集团也取得了很大成功。在二女儿伊丽莎白说服下，默多克勉强同意让福克斯广播公司以7500多万美元买下英国真人秀节目《流行偶像》版权，从2002年6月起以《美国偶像》为名每年主办一届（季），至2015年已经举办了14季，每季的冠军歌手即为当年度的美国偶像，并且获得价值百万美元的唱片合同。《美国偶像》铸就了"赚钱如流水"的商业模式，制片人——19娱乐公司的富勒扬言要赚尽娱乐产业链上的每一分钱。2003年盈利超过1亿美元。主要表现是产业链得以延伸：福克斯电视台每年5亿美元的国内广告收入、版权转播费，数百万美元的CD、VCD、DVD等发行销售收入，授权纪念品和演唱会门票；"美国偶像"网站在线销售胜出者的服装、手表、水杯、CD包等许多私人物品等；网络音乐、铃声、手机游戏等下载收入以及其他现场收入；还开发了"偶像"系列品牌产品，如玩具、商业卡、电子游戏、杂志等30多类。

1994年秋季开始播放NFC橄榄球节目，1997年开播《携子成婚》，都取得巨大成功。

（2）在节目创新的同时，构建了以节目为核心的价值链。默多克同多家地区性独立电视台达成协议，节目一开始就在96家电视台播放，覆盖全国80%以上的家庭。1997年7月，时代华纳同意播放福克斯新闻频道。

电视剧的成功还催生了票房很高的电影版《辛普森一家人》在2007年上影。《辛普森一家人》的成功，是福克斯利用了电视影响力大赚电影票房的典案。

新闻集团价值链结构的逐步完善（见图4-1），也表现在电影衍生品的开发探索。随着《阿凡达》热映，在电视上播映以及以阿凡达为名的人偶、经典图手机外壳、T恤、蓝色幻想手机链、游戏的开发收入不菲，若加上长尾收益，那就更为可观。仅在中国淘宝网不完全数据统计，自2010年1月4日上映到10日，在网上开卖的相关商品就多达1997004件，交易额已经达到210万元。

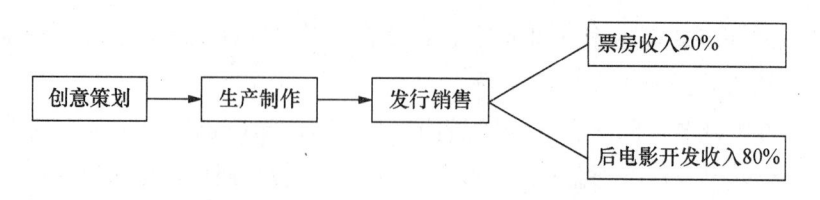

创意策划 → 生产制作 → 发行销售 → 票房收入20% / 后电影开发收入80%

图4-1　新闻集团电影产业价值链

第三节　影响新闻集团价值链构建的要素分析

随着媒介所有权的集中化加剧，新闻独立和新闻监督受到了全球化流动资本的影响。默多克通过资本运营推动了市场自由化进程，也是资本、信息自由流动的最大受益者，他以资本之力辐射全球达2/3的人口。"默多克是一位世界超级富豪，一位最具时代色彩的资本家，他的创业过程本身就反映了现代资本主义经济中所发生的深刻变化：技术革命不仅带来了经济的发展，同时也使垄断和集中在不断加强，政治和金钱的结合更紧密了。"[1] 那么，自由市场给默多克的跨国开拓提供了哪些空间，他又是如何获取政治的控制力，又是怎样将这些力量用于布局价值链的，这是本节要弄清的几个关键问题。

一　自由市场环境与传媒价值实现空间的获得

在新自由主义环境下，新闻集团报纸和影视等传统媒体获得极为宽松的政策空间，通过资本运作和领先的技术对传媒形成控制力，从而将独特的注意力价值发挥出来。同时，默多克以强大的资本力量和政治公关，有力地推动了传媒管制的放松进程。

（一）放松管制政策营造的自由市场空间，使规模经济和范围经济得以实现

在美国，《1996年电信法》是一部明确的放松管制的法律文件。放松管制促进了渠道和产权的垄断，有利于规模经济和范围经济的实

---

[1] ［英］威廉·菲勒：《传媒巨人：默多克竞争策略全书》，宿景祥译，光明日报出版社2002年版。

现，使传媒集团的股权转移获得更大的自由空间。在英国，1979年撒切尔夫人当选首相，大力推进私有化与自由化，特别是破除媒体进入壁垒，为默多克英国扩张提供了宽松的环境，默多克曾非常骄傲地说："创办天空电视台时，我们不得不在像灌木丛似的规则、章程和惯例中穿行——这些规则、章程和惯例是保证电视广播垄断，或者说是两强垄断的局面，这种局面已经持续了数十年。在经过坚持不懈的努力，付出了相当可观的代价后，现在我们已经能够在这里站稳脚跟了。"[1]

相比于英国和澳大利亚，默多克更看好美国，美国不仅有很大的消费市场，而且对跨媒体企业所有权的限制更宽松。默多克为了在美国拥有电视市场，1985年毅然放弃澳大利亚国籍而宣誓成为美国公民，才得以顺利收购美国福克斯电影公司。[2] 并且更令人吃惊的是，这之前默多克已获得过美国从未有过的一种特权，对于"广播台和电视台的母公司必须设在美国国内"的律条，默多克并没有严格遵守，他通过一系列公关，获得了美国传媒管理层的大力支持。默多克与媒体规则的制定机构FCC一直保持很密切的关系。因为FCC极力支持自由市场理念，历任主管竭力为默多克的自由市场实践排除那些"过时"的规则。2002年其最高管理者甚至公开支持媒体跨地区并购，迈克·鲍威尔曾表示：某个广电媒体集团在同一都市区拥有全部电台和电视台并不会太糟糕。同样，他也不赞成对广电集团在同一地区拥有报纸的限制。后来，FCC主席马克·福勒的支持力度更大，默多克进行跨媒体并购实践，不必考虑美国《反垄断法》以及其他规则约束，收购直播电视便是一例。先是2002年10月FCC认定回声之星合并直播电视公司有垄断之嫌，撤销了对回声之星公司的收购许可，这就为2003年新闻集团的收购扫清了障碍。事实证明，这种有利的公

---

[1] ［美］温迪·古德曼·罗姆：《默多克的新世纪：一个媒体帝国的数字化改造》，李慧斌译，中信出版社2005年版。

[2] 在默多克看来，美国对新闻集团的未来具有举足轻重的地位。为了很好地进入美国市场，1970年默多克从澳大利亚移民美国，他推行"天空帝国"计划，美国成了他构筑全球卫星网的最大障碍。根据美国宪法规定，外国人不得拥有美国电视台。1985年，默多克加入了美国国籍。

共关系为新闻集团带来了丰厚的垄断利润。

(二) 政治关系经营理念差异化, 为默多克换取经济价值空间

默多克的"操控力"首先表现在对媒体权力的运用把握上, 在推行信息自由经营理念与政府管制博弈过程中, 默多克追求的不是简单的政策影响力, 而是更高级别的政治控制力。他善于利用独特的媒介力量, 辐射政治舞台而获取经济利益。大卫·麦克奈特认为: "对于默多克而言, 财富和权力不再是鱼与熊掌不可兼得, 而是鱼与水, 相辅相成。"一方面, 默多克善于发挥媒体影响力左右政治进程, 其媒体影响力越大, 他直接参与民主政体的运作就越便利; 另一方面, 默多克运用政坛上的影响力为其商业媒体帝国添砖加瓦, 他掌握的权力越大, 就越容易得到法律对其媒介帝国的庇护。在利用政治势力为商业利益服务方面, 默多克精明之处在于他公开参与政治, 将媒体的权力发挥到极致, 一边拉拢一边胁迫, 试图将政治因素转化为经济因素, 转化为政策带来的自然的经济政策, 即由政治权力转变为经济权利。这种政治经济互助的策略, 使他获得额外的政治地位和超常经济利润, 这是通过媒体中介的特殊权力实现的。

政治立场服从于经济利益, 这是他一贯的经营理念。支持左派还是支持右派对他都无关紧要, 为了取得经济利益, 他可以随时改变自己的政治立场, 自称为奉行"第三条道路"。基隆语法学校期间, 默多克曾是相对激进的"左翼", 是狂热的马克思主义者。曾创办《假如复生》文学社团杂志 (宗旨: 让所有人畅所欲言), 并发表《为了社会主义事业》, 这些行为在校园引发了对于社会主义性质有关话题的热烈争鸣。在关于自由竞争与社会主义争论中, 默多克反对企业自由化, 支持计划控制, 呼吁增加政府干预。在关于美国生活方式的讨论中, 对美国完全被资本家操纵的政治制度表示不满。但他宣布不是共产主义者。在大学期间, 曾狂热崇拜列宁。笔者通过研读有关默多克的传记资料和媒体实践以为, 默多克的骨子里更多的是控制欲, 不管是言论上的还是政治控制, 都是为实现他的左右局势的愿望, 而后来转为倡导自由市场是基于他需要垄断媒体获得控制世界政治的企图。当前, 全球化是他搭建的价值实现平台, 首先是经济价值, 而后才是政治价值实现的最适宜的平台, 于是他从各个角度动用各种力

量,尤其是资本力量推进全球自由化的进程,可谓不遗余力。之所以亏本营运《纽约邮报》《泰晤士报》等报纸,甚至巨款并购高端报纸《华尔街日报》,是默多克以报纸的政治影响力为筹码、获取市场空间的成功要诀。相比于通俗报纸《太阳报》和《世界新闻报》,他更关注《泰晤士报》和《星期日泰晤士报》的政治影响力。他从来不恪守任何一种政治原则,其社论观点或新闻方针是以市场为导向,但是绝大多数是跟随执政党而随时转向;而且,他一般是不倾向于推翻现存秩序,尤其是能获利的秩序。

操纵选举,左右视听是默多克实现操控力的利器。新闻集团几乎左右英国每一次选举,其凭借的就是旗下报纸,因为发行量占到该国40%,使其拥有的强大话语权。英国两大党——工党和保守党都设法争取默多克的支持,据说,只要他施以援手,他们在民调中的排名就会大幅度上升。无论是保守党的撒切尔夫人还是新工党的布莱尔(有报道称布莱尔在竞选前曾亲自前往澳大利亚拜访默多克)和卡梅伦,都得到过默多克旗下报纸的大力支持。

在布莱尔竞选期间,他以对欧洲的态度和自由市场为筹码与布莱尔讨价还价而获取政策空间;在布莱尔执政期间,这种讨价还价一直没有停止。在《窃听丑闻》后出现于媒体的漫画《默多克政治掌控力》[①],形象地刻画了默多克像操纵玩偶一样作用于政治。卡梅伦为获得新闻集团的支持,曾聘用《世界新闻报》前总编安迪·库尔森做媒体发言人;在2012年6月12日,英国前首相约翰·梅杰也指控默多克曾以媒体支持为条件,要求梅杰政府改变对欧洲的政策以利于新闻集团。

这种政治的"传声筒"策略为他取得越来越多的新闻媒体控制权,换来新闻集团的迅猛发展。他凭借《太阳报》先支持撒切尔夫人竞选成功[②],随后又支持她发动马尔维纳斯群岛之争。凭借默多克与保守党15年的这种"友谊"关系,为新闻集团赢得了丰厚回报,这

---

① 在窃听事件爆发后,一名在议会门前示威抗议的英国人头戴着默多克模样的头套,左右两手各提着一只提线木偶:他们是英国首相卡梅伦和副首相克莱格。
② 1979年5月3日选举日,《太阳报》用整个头版发表社论称:"这次选举只有投保守党的票,才是终止混乱的唯一途径。"

是媒体权力发酵的一个典型案例。在转向支持工党布莱尔后,默多克不仅以座上宾的身份频繁出入唐宁街 10 号,甚至被布莱尔称为"内阁有力的成员",而且获得许多特权,还为自己获取了大量的政治资本,不仅使其传媒产业在政党之争中安然无恙,还能一定程度上左右监管法规政策。比如,1998 年 3 月布莱尔首相亲自打电话给意大利首相 R. 普罗迪,过问并关照默多克收购意大利电视网一事;布莱尔对天空卫视违反《本国电视保护法》引进美国廉价节目的行为视若无睹。所以,默多克可以改变报纸头版价格以对抗竞争对手而无视相关法律,甚至还阻止政府采取可能妨碍他业务的监管措施。通过以上措施,新闻集团在英国获得了宽松的生存环境,虽然盈利却多年逃避缴税。

在美国也一样,默多克旗下的媒体和媒体的报道立场常常成为他与政客交换条件的筹码。新闻集团的政治新闻信息生产直接影响着政治。默多克并购了《纽约邮报》,使这家曾持自由派立场的小报,很快变成了具有强烈政治色彩的报纸。为获得纽约市民主党派市长的批准,他曾在《纽约邮报》中发表了很多拉拢讨好该市长的新闻。卡特竞选民主党总统候选人时,纽约州选民态度对他来说非常关键,为此他曾经求助默多克。1980 年 2 月 19 日,两人会晤。三天后,《纽约邮报》发表一篇评论文章——《民主党初选:本报支持卡特》。共和党总统尼克松生前出国访问时,常常乘坐默多克提供的私人飞机。1980 年美国总统大选期间,默多克也曾支持共和党人里根。2000 年,默多克的福克斯电视网一家独大,以其极端保守主义的脱口秀节目左右政治,而且他还创立《标准周刊》,这本被称为保守主义的"圣经",影响着白宫也影响着小布什政府。

同样,默多克在澳大利亚政坛的影响也很大。1972 年,默多克运用垄断的报纸来支持澳大利亚工党。2014 年 6 月 10 日,正在美国访问的澳大利亚总理阿博特与新闻集团老板默多克会面,阿博特此前透露,希望在纽约能与其会面,并赞扬默多克是一名杰出的澳大利亚人。报道称,阿博特追随吉拉德及陆克文的脚步,他们在担任总理期间均曾与默多克在纽约会面。尽管澳大利亚总理拜访新闻集团主席成为传统,但阿博特与默多克的约会受到了绿党领袖米尔娜的挖苦,称阿博特本次拜会默多克是要听取其最新命令。

综上所述，默多克利用政治影响力，促使媒介进一步在市场和经济体制的关系上失去了自治性。"市场化媒体运作所特有的规范和手段伴随着欧美商业社会的成熟壮大而逐渐兴盛，经过几百年的发展已经完全能够将强势利益集团的政治性目标巧妙地融入它的专业化和商业化轨道当中。"① 借用政治上获得的权力，默多克取得规制的有利空间，使内容和渠道价值最大化。营销学专家菲利普·科特勒②认为，企业能够而且应当影响自己所在的营销环境，就要善于运用政治力量和公共关系为企业的市场营销开辟道路。默多克正是巧妙化用媒体权力为政治权力，推行他的自由观念，获取自由的诉求价值，实际上是他获取自己空间的自由，并不是为其他人争取自由。对他来说，左翼和右翼都不重要，关键是做一个永远的领袖，典型的实例莫过于他对英国保守党的取舍，本来他收购《太阳报》意欲支持工党，1979年转而支持保守党撒切尔夫人，而在1997年大选中又转向支持新工党党魁布莱尔。实际上他"是一个始终如一反对现行制度的人，他对现行制度有着清醒的认识和自己的价值判断"。③ 他关注的价值最终还是以经济价值为核心。

（三）独特的股权结构使默多克一直掌控着集团的运营决策权

澳大利亚政治学教授罗伯特·曼尼认为："实际上默多克无论在财富上还是权力上都有很大的建树，而最令人费解的无疑就是默多克如何使这二者浑然天成。"新闻集团通过战略管理、风险管理、资源调控等方式实施管控，使集团整体价值实现最大化，不仅包括经济价值，尤其对政治影响力的获取和转化价值。这种管控的实现，最终还是得益于完善的现代企业制度，产权自由流动使市场主体获得极强的经营动力。

---

① 王维佳：《传播治理的市场化困境——从媒体融合政策谈起》，《新闻记者》2015年第1期。
② 科特勒的6Ps理论，是由产品、价格、渠道和推广，又加上权力（Power）和公共关系（Public Relations）而组成。
③ 盛乐、水中鱼：《默多克家族全传：从小报馆持有人到世界传媒大亨》，华中科技大学出版社2010年版，第41页。

在自由市场制度下传媒产权虽有一定限制，但还存有很大的流动空间，表现为与创新和版权保护相关的制度较为健全，产业价值链结构较为完整。凭借西方流行的股权制度，默多克构建了巧妙的股权结构，用额外设立的家庭信托基金，以非合伙人架构控制着新闻集团近40%的拥有投票表决权的股份，其余股份则分散于大量的中小股东手中，这样通过家族对该集团的绝对控股权，将整个集团的控制权牢牢掌握在默多克手中。

操作方式之一是采取"同股不同权"的双层股权结构。集团发行两种不同的股票，无投票权的A类和拥有投票权的B类。在澳大利亚，新闻集团将其股份分为A类（69.6%）和B类（30.4%），A类没有投票权，公开发行；B类拥有投票权，不公开发行。默多克通过其家族控制的信托基金持有B类股份接近40%，具有绝对支配地位。其他股东都不超过2%的份额，只有沙特王子阿尔瓦利德·塔拉尔·阿萨德占7%。2012年财报显示，截至2011年8月20日，B类普通股股东约1085人，A类普通股股东共计41118人，其中，只有B类普通股附有表决权。2013年新闻集团分拆后，默多克和他的家族基金仍通过这种方式继续控制新成立的两家公司。

方式之二是特殊的董事会组成。首先，交叉持股形式使默多克始终是新闻集团的主要股东，是董事长还是最高行政总裁。新闻集团在英国的资产属于"新闻国际公司"（总部设在伦敦），该公司48%股份属于澳大利亚的"新闻有限公司"（总部设在澳大利亚）；同时，"新闻国际公司"还拥有"新闻美国出版有限公司"50%的股权。这样就可以交叉控股新闻集团的子公司，实际上也就控制了新闻集团。其次，具有表决权的公司董事会成员主要是其家族成员、好友，同时兼任公司较为高级的管理者。另外，出于展示公共姿态的需要，有时董事会成员也会包括一些其名字听起来与慈善有关的人。通过环环相扣的股权设计，默多克将新闻集团的整个决策权、运营权牢牢掌控在自己手中。在和其姐姐分股权，与大儿子、二女儿股权交易中，可以明显看出他对董事会的绝对控制。在默多克与邓文迪的婚姻中，财产的严格规定显示其对股权的严密掌控。① 其中，对投票权控制极为严格，邓文迪生的两个女儿格蕾丝（Grace）和克洛伊（Chloe）在默多克家族信托基金中只持有不带投票权的股份。

这种以双重股权结构、金股制度为代表的类别股份制度，在发达国家资本市场中具有非常重要的地位。美国的"优先股"和新加坡的"金股"就是这样的制度安排。2002 年美国《标准公司商事法》（2002 版）、英国《公司法》（2006 版）都允许实行类别股份制度，特定股东在股息支付、投票表决权以及剩余资本分配、清算等方面享有特别权利。这种企业股权结构对我国传媒市场化探索中推行"特殊管理股"试点有一定借鉴意义。阿里巴巴公司在美国纽交所上市，采用的便是这种同股不同权的双重股权结构。

当然，这种双重股权结构只是股份制公司的一种控股方式。在企业治理研究公司 GMI 数据统计中，美国 92% 企业采用"一股一票"，即所有股东享有同等投票权的机制。作为新闻集团竞争对手之一的 CNN 所有者时代华纳公司和 NBC 所有者通用电气公司等实行的是更为普遍的"一股一票"，产权也可以自由流动，不过，相比于默多克，在决策的速度和经营权的掌控力方面，时代华纳显得弱一些。这是自由市场下企业竞争力实现的一个积极方面，因为股权的占有，为自由流动提供的极为有力的制度保障。

二 新自由主义市场环境下新闻集团价值链结构

市场环境是否能提供信息内容发布的空间决定着企业的价值获得，也就是获得信息内容、传递意见的链条越顺畅，价值获得就越容易；传播链条中的内容和渠道获得越具有独特性和差异性，价值获得就越大。由以上分析可知，在传媒价值链中，新闻集团在创意层、生产层、发行层、消费层、延伸层中，具有以下独特之处：其一，创意层优势，独特的大众娱乐内容和财经内容；其二，发行渠道层面优势，资本和所有权掌控渠道、技术掌控渠道发行。在不同市场环境

---

① 1999 年，默多克和第二任妻子安娜离婚时，安娜在离婚协议书上加上的条件是："默多克去世后，邓文迪无权继承他的任何遗产。只有邓文迪生育子女，并且默多克去世时而她的孩子若不满 18 周岁，邓文迪才能掌控她孩子名下的股份。"

下,生产要素的获得不一,价值链结构形态有很大差异。在自由市场,新闻集团的成功经营在于较为完善的价值链环节的畅通,内容价值借渠道优势得到最大限度的实现。"新闻集团在默多克的领导下,组成了一个松散的网络市场结构,自主地经营不同的地区和行业的业务,在这种模式下资源在这些节点之间得以有效地流动。"[1]

新闻集团在新自由市场下,内容管制放松、产权流动的自由为资本运作和技术创新提供了强大的保障,有利于以并购的方式完善价值链结构,从而收取多重价值,有利于做大做强传媒企业集团。如果这个环境改变,则会影响到价值链的结构布局。在实体价值链场境下,新闻集团生产层一直具有绝对的预算能力和控制力;在消费层,对传统媒体观众的喜好把握极为准确;但是,在数字技术交互式的需求情境下,与受众的沟通交流还未能突破障碍,故而还在探索中。下面两章将以此为基本假设,分别从技术和规制两个因素专门分析影响价值链结构的因素变化情况。

---

[1] Lucy Küng, Strategic Management in the Media: From Theory to Practice, London: Sage 2008, 191.

第五章 数字化技术变革与新闻集团价值链重构

新闻集团在默多克的率领下印刷和电子媒体领域战果丰硕，然而在数字时代的攻战却屡遭挫败。应对数字化媒介生态的变化，是默多克近十年来急需解决的难题，他并没有逃避而是积极探索和实践。默多克直面新媒体如何抉择？应采用什么盈利模式，如何实施差异化战略？是为报纸搭建新的平台，还是用卖报纸的思维整合新旧传播渠道？对此难题，学界展开了多角度探索，但是，从新媒介技术对价值链结构冲击这个角度深入分析的文章尚未得见。本章从这一角度，展开探讨新闻集团价值链重构与数字化转型困境的真正原因。

第一节 数字化时代传媒企业竞争战略调整

21世纪以来，数字化迅速成为传媒行业发展的新战略。媒介、互联网、移动通信的融合对传媒产业竞争格局产生了结构性的冲击，"报纸消亡""电视没有未来"等言论越来越多。与此同时，国内外传统传媒企业积极调整竞争战略，探索数字化生存的规律和未来。随着媒介融合技术的不断升级，新旧媒体一道踏入被数字化了的"互联网"生态的全媒体时代。当前，一边是新兴媒体后来居上，多层面冲击着纸媒和电子媒体的盈利空间；另一边是传统媒体在靠近新技术纷纷踏上"全媒体化""跨媒体化"的数字化转型之路。

一 新兴媒体后来居上

在这个全媒体时代，手机媒体用户占据全球数字媒体用户的首位，其后依次为互联网、数字电视、数字报纸用户。一个明显的趋势是，原来排在媒体用户末位的智能手机与平板电脑用户增长迅猛。相应地，互联网媒体的市场扩张所带来的广告市场对传统媒体的冲击越来越大，2012—2016年互联网广告，年均增长达到20%。来自实力传播发布的《2014年第四季度全球广告市场预测报告》预计，2015—2017年全球广告支出增长的51%来自发展中市场的移动广告领域，其中，以在线视频和社交媒体的增长最为突出。

作为以搜索引擎为主业的谷歌公司，收购2005年刚成立尚未盈利的You Tube，通过混合并购换股方式进入并不擅长的网络视频领域，掌控美国网络视频分享领域近60%的市场份额，一跃成为该领域的明星。[1] 谷歌看中的是You Tube深受年轻人喜欢的视频市场。[2] 对于You Tube来说，被Google收购后，不但可以通过技术滤掉"南方公园"（South Park）"天天秀"（The Daily Show）等具有版权保护的节目，还能增强资本实力。事实证明，这一收购受到追捧。仅收购后两个交易日，Google市值就上升了约40亿美元，该金额已经超过收购You Tube所需金额的两倍多。这种数字业务的拓展与新闻集团收购社交网站MySpace、雅虎收购校友录网站、微软意欲收购Facebook等战略行为的目的如出一辙，即在科技推动下重新布局价值链，扩展广告业务的势力范围，以取得传播渠道和内容的整合优势。

二 传统媒体寻求融合跨越的数字化转型之路

传统媒体的利润空间越来越狭窄，利润不断下降。纸媒急于嫁接新媒体，采取了开办数字版、开发数字接收终端等方式。电视数字化进度加快，大部分发达国家制定了本国的电视数字化时间表，先后停播地面模拟电视节目。例如，美国于2006年年底率先停止播出地面模拟电视节目，全面实现电视数字化，稍后加拿大在2007年、澳大利亚在2008年停播，韩国也在2010年停播模拟电视节目；英国2010年实现电视数字化、日本紧随其后于2011年实现电视数字化。

为占得先机，实力雄厚的美国传媒集团纷纷抢滩试水数字媒体。

---

[1] 2006年10月，谷歌以16.5亿美元收购You Tube，是Google最近八年来最昂贵的一次收购行动。

[2] 每天播放的视频就达到了1亿美元，未来的趋势是视频搜索会取代关键词搜索。

现代传媒的竞争可以说是价值链结构的竞争，在这个数字化的新起点上，国际大型传媒集团面临挑战机会和困境并存。如新闻集团、BBC、维亚康姆、时代华纳、迪士尼、威旺迪等面临转型的困惑，为继续引领传媒行业，不断调整集团的产业布局，重新构建数字产业价值链结构。或者生产丰富的数字化内容产品，抢占产业链上游创意市场份额；或者使出浑身解数各展其能，努力打通传输渠道，控制用户终端，以更贴近、更多层次方式服务用户。它们的竞合战略选择不同，收效亦有很大不同。贝塔斯曼、维亚康姆、迪士尼、新闻集团、时代华纳探索新媒体转型的成败，具有一定的借鉴意义。

针对数字化转型问题，对美国传媒集团的价值链研究也是刚刚起步，著述文章较少。袁丽娜（2010）总结了国际传媒集团数字化时代的三大转型之策；刘玲（2011）分析了五大传媒集团新媒体战略的特点、实施路径及其成效，在此基础上，提出对我国传媒集团新媒体战略的启示意义。[①] 任博雅、谢立言（2012），从运营的角度分析了外国传媒集团八个方面的经验。上海大学 2012 年曾海芳的博士学位论文《美国报业的数字化发展研究：以〈纽约时报〉[②]〈华尔街日报〉[③]〈今日美国〉为考察对象》，从管理学权变理论出发，切入网络领域、移动领域和报业组织嬗变三方面，探讨美国报业的数字化发展进路和上述三大报的数字化发展差异：因其定位不同，数字化操作和实践也各有侧重。该文分析了报业组织的特点，进而探讨了数字化发展过程中报业组织结构调整的内因和外因。该文认为，美国三大报业推行的组织结构调整共同目的都是为了确立以"数字化发展为核心"的理念；最后指出，报纸与新媒介的融合既是西方报业的生存需要，也是中国传统媒体转型的需要，更是媒体未来的发展趋势。

从以上文献看出，研究还基本上在探讨数字化转型问题，而对于如何转型，选择何种盈利模式战略，论述较少，也尚未触及更深一个

[①] 刘玲：《世界五大传媒集团新媒体战略比较分析》，《出版科学》2011 年第 5 期。

[②] 2011 年 3 月 28 日，《纽约时报》也加入了数字化阵营，推出年费为 180 美元和 420 美元的两种订阅服务。

[③] 《华尔街日报》自新闻集团收购以来一直坚持付费订阅模式，读者要付出 79 美元或者 99 美元的年费，曾经一度居于美国网络付费订阅用户量之冠。

层次的价值链建构问题。

第二节　新闻集团数字化战略与价值链重构

新闻集团在信息技术革命[①]推动下开始了转型升级的积极探索，且一直冲在前列。在2008年财报中，默多克不仅多次肯定了全球化战略的正确性，也强力进行数字化转型的实践。曾任新闻集团中国市场负责人的高群耀[②]也多次提到，新闻集团在积极应对新媒体的变革。2002年，美国《时代》周刊评论默多克"不仅能预知全世界的信息革命，并且将自己在整个媒体帝国的形象发挥到极致"。的确，默多克一直在关注新技术，而且对新领域的进军速度也是极为迅捷，又投入了数字化战争，因此曾被称为"付费转型的急先锋"，但其经营理念与数字化技术的特征不尽吻合的矛盾也使他一次次受挫，也损失惨重。虽然他一直强调自己的经营战略不合常规，他也不在乎别人的说法，但他在不同场合也一再强调要为顾客提供"最好的内容产品和最好的价格"[③]；尽管他有"独狼"的孤傲，媒体买卖行为看似既突兀也不合规矩，但其得失实践也为数字化冲击下的传媒企业的战略选择提供了一个分析范本。

一　确立数字化战略

默多克一直是新技术、新平台的创造者或合作者，他较早看到了互联网的强大颠覆力量，发现了互联网的独特性，他曾说："我们越想越觉得互联网符合我们40多年来的哲学，即提供更多的选择。互联网几乎是向人们提供选择的最终途径。"

（一）数字化战略的提出

21世纪伊始，新闻集团就开始布局数字化传播技术的转型。在

---

① ［美］阿尔文·托夫勒在《第三波》提出了全球经济发展进程：农业革命—工业革命—信息革命。

② 2014年7月，贝森娱乐传媒集团成立，出任联合创始人和CEO的就是新闻集团前全球副总裁、中国首席投资官高群耀。

③ 来自新闻集团2012年财报中默多克的开篇报告部分。

2006年7月末的一次高级管理层交流会上，默多克谈到数字时代转型时强调："我们此刻遇到的转折点将给新闻集团带来最根本的改变。今天我们必须从单纯的传媒公司转型为数字时代的大型内容提供商……互联网是这场革命的中心……互联网技术将对我们的文明产生巨大的冲击，就像车轮、报纸媒介、蒸汽动力和内燃机一样，彻底改变我们的生活。"[1] 在很多场合，他向新闻集团传输了这样一个观念：数字化不是集团的新业务，而是一种战略，要把所有的核心业务都与数字化技术紧密结合。2008年，新闻集团将数字化业务作为其核心业务；2009年财报显示，新闻集团正在努力转变旧的观念，改变原来的商业模式，其核心战略就是进行数字化发展，在其书籍、报纸、广播、有线电视、卫星电视、电影、营销服务、数字媒体等全部业务当中推行数字化。

新闻集团数字化战略，是指凭借数字新技术和资本实力整合传输渠道和平台的关键环节，将节目等内容价值所包含的数据信息以及思想传播到世界各地，通过延伸价值链以获取尽可能大的增值效应。

(二) 组建数字化媒体管理机构

早在2005年7月15日，新闻集团就购买了三家网络公司，之后以MySpace业务为主组建福克斯互动媒体公司FIM (Fox Interactive Media)，主要开展信息、娱乐内容的生产与传输、提供在线体验等数字化互动服务。作为一个特殊的独立部门，FIM地位很高，与20世纪福克斯、BSkyB等平级，直接隶属于新闻集团。福克斯互动传媒成立后，不仅直接接管内部人气极高的FoxSports.com、FoxNews.com、Fox.com，还逐步接管了集团旗下娱乐、新闻、体育等所有互联网业务，包括IGN、RottenTomatoes、AskMen等网站。

在内部组建FIM的同时，新闻集团在外部还不断进行数字业务的投资。2007年3月，与NBC合资成立视频免费共享互联网网站Hulu；2007年5月，FIM收购了两家在线图片和视频分享网站Photo Bucket

---

[1] [美]朱丽亚·盎格文:《谁偷了MySpace：被社交网络改变的疯狂世界》，吕敬译，中信出版社2011年版，第215页。

和 Flektor。而且，FIM 的另一任务是为默多克打造服务于新媒体战略布局的投资平台，以资本力推数字化进程并掌控数字化发展的先机。其实，在 2000 年，为拓展欧洲的互联网市场，默多克就与日本孙正义软银、法国电信公司 Vivendi 合作，在英国成立基金，共同投资超过 10 亿美元。

为进一步推进数字化转型，2009 年 4 月新闻集团设立机构，专门负责数字化工作，高薪聘请美国在线前董事长兼 CEO 乔纳森·米勒[①]为首席数字官和新闻集团数字媒体集团董事长兼首席执行官，并在默多克的直接领导下展开数字化整合业务。

二　传统媒体数字化改造

新闻集团数字化战略重点是对传统媒体的数字化升级，即在纸媒、广播、有线电视、电影领域以及营销、服务等业务中进行数字化改造。首先，报纸网络版的推行，其《华尔街日报》网络版 Wsj.com，因其付费模式的成功，曾一度被认为是世界上最有前途的新闻网站。其次，运用 3D 技术制作电影产品。20 世纪福克斯电影公司采用 3D 新技术制作并发行的科幻大片《阿凡达》，不仅以 2.42 亿美元的票房开创了电影史上"首周全球票房"最高的原创电影纪录，更重要的是标志着电影进入了 3D 新时代，引发了大规模的 3D 观影热潮。据统计，80% 的北美票房和 65% 的海外票房来自 3D 厅。随后，2012 年新闻集团又对之前的产品《泰坦尼克号》进行 3D 技术处理，在中国市场又一次捞得重金，上映仅两天就收获了过亿元的票房。另一个创新是，2011 年，新闻集团和苹果公司乔布斯合作，将 iPad 平板电脑作为阅读终端，推出全新的"报纸"产品——The Daily。这一传统业务和数字技术结合业务，曾经在一个月内创造了下载量数亿的奇迹。

此外，利用数字传输技术推广交互电视业务，也是默多克规划之中的数字化战略项目重点。继英国天空广播公司卫星电视业务经营成

---

① 乔纳森·米勒（Jonathan Miller）曾经联合创建了一家专注于数字媒体与消费互联网的投资公司——Velocity Interactive Group；他也曾任美国在线的董事长兼首席执行官，他带领下的 AOL 实现了 21% 的利润增长，在 2006 年一度创造了在线广告业务增长 46% 的业绩。

功后，默多克将交互电视业务复制推广到欧洲和亚洲，在中国和印度通过泛亚卫星播出星空传媒的节目。

三 开辟数字媒体新业务，整合新旧媒体资源

默多克曾痴迷于网络业务，2005年和2007年投入巨资进行大规模产权交易，以资金强势姿态挺进数字互联网领域，开拓自媒体平台博客市场和社区网络市场，力图迅速转变为数字媒体公司。

2005年7月，新闻集团击败竞买对手维亚康姆以5.8亿美元将Intermix媒体公司纳入囊中，默多克看中的是该公司拥有的聚友网①（MySpace），这是由汤姆·安德森、克里斯·德沃菲等在2003年创立的社交网站，除提供娱乐、游戏、心情以及社区网络服务以外，还有图片、音乐和视频欣赏内容的分享业务。收购一年后，MySpace的市值增长到了60亿美元。"通过此次收购，这家由默多克控制的公司，获得卓越'时尚门户'网站MySpace.com。"②

这次高价收购看起来确实是新闻集团传统业务融入新媒体、调整价值链结构的一个良机。默多克优先考虑扩展网络市场，Intermix网络公司对新闻集团来说具有战略意义。一是这次并购为集团扩展网络业务提供了一个前沿口径；二是Intermix网络公司带来了与新闻集团几乎同样大的网络用户量使集团业务扩延。MySpace.com和Intermix公司，经过四年的发展，到2007年年底，聚友网在亚马逊Alexa的全球排名已居第6名。默多克认为，通过他竞价买来的这些品牌网站，更有利于整合已有的优质资产价值，将Intermix公司的品牌与已有的在线品牌合并，就可提供更广泛的服务，满足Fox新闻、体育和娱乐服务的客户的新媒体需要。确实，MySpace是那时最受欢迎的社交网站，聚拢了一批音乐界艺人。

2005年9月，默多克控股的新闻集团又以6.5亿美元收购了一家网络视频游戏公司IGN Entertainment。如表5-1所示。

---

① 邓文迪取此中文命名。
② ［美］朱丽亚·盎格文：《谁偷了MySpace：被社交网络改变的疯狂世界》，吕敬译，中信出版社2011年版。

表 5-1　　　新闻集团数字化战略中的主要收购事件　　　单位：万美元

时间（年）	金额	并购对象	并购方式及价值链影响
2005	58000	社交网站 MySpace.com 的母公司 Intermix Media	现金收购从而踏进网络、博客及互联网社交领域
2005	—	Scout Media Inc	收购美国媒体集团
2005	65000	视频游戏业务 IGN 娱乐公司	收购美国视频游戏
2007		Photo Bucket 公司	收购美国网络图片分享网站
2007	—	Hulu 在线视频	合办在线视频
2012	—	俄亥俄州体育时间和体育频道 YES Network 的 49%	收购，获得体育赛事转播权
2011	3500	将 MySpace 廉价卖给 Specific Media	获得 Specific Media 少量股权
2013	2500	Storyful 社交网站（爱尔兰都柏林）	核实设计网站 UGC 消息源，如 Twitter、Facebook、Instagram

四　数字化转型战略得失

经过七八年探索，新闻集团数字化业务也收到一定成效。主要表现为以下三点：一是旗下报纸、电影、电视等呈现出典型的数字化形态；二是推出或者购买全新的数字新媒体业务，除购买 MySpace 外，还以 3.9 亿美元购买了定制化特点的无线教育平台——"无线下一代"，以驱动型技术进军美国教育市场；三是到 2010 年上半年，其数字化业务的收入规模也得以大幅提升。其中，3D 版《阿凡达》《冰河世纪 3》《艾尔文与花栗鼠 2》的火爆票房使电影娱乐板块增长速度高达 59%；有线网络节目的业务收入同比增长 15%，运营增长 37%（见表 5-2）。[1] 可见，数字化产品逐渐成了新闻集团的新增长点。

然而，总体上看，新闻集团的数字化之路还是收获甚微。自 2008 年以来，MySpace 的独立访客量大幅流失到社交网站 Facebook，经过

---

[1] 邢建毅等：《2010 世界五大传媒集团发展概述》，《现代传播》2011 年第 8 期，第 103 页。

管理层的努力挽救仍未见起色，因此，默多克决定出售。仅6年时间，默多克的新媒体之战宣告结束。2011年6月29日，新闻集团将MySpace以3500万美元卖给在线媒体和广告公司Specific Media①，其资产缩水94%。在这期间，新闻集团进行的另一尝试也以损失惨痛而告终，2011年2月创刊的The Daily，也因严重亏损于2012年12月3日宣布终止出版。本书下一节就以The Daily为案例，重点分析新闻集团数字化转型的得失，剖析失利的原因。

表5-2 新闻集团2009—2010财年各项业务的收入与运营利润

业务类别（财年截至2010年6月30日）	业务收入（亿美元）			运营利润（亿美元）		
	2010财年	2009财年	同比增长率（%）	2010财年	2009财年	同比增长率（%）
电影娱乐	76.31	59.36	29	13.49	8.48	59
电视	42.28	40.51	4	2.2	1.91	15
有线网络节目	70.38	61.31	15	22.68	16.53	37
直播卫星电视	38.02	37.60	1	2.3	3.93	-41
综合营销服务	11.92	11.68	2	-1.51	3.53	—
报纸与信息服务	60.87	58.38	4	5.3	4.66	14
图书出版	12.69	11.41	11	0.88	0.17	—
其他	15.31	23.78	-36	-5.75	-3.63	58
总计	327.78	304.03	8	39.59	35.58	11

第三节 案例分析：电子报纸——The Daily

新闻集团的数字化技术转型过程中采用了报纸网络版收费、报纸与阅读终端联姻等方式探索对新闻业务的数字化控制，也开展了网络视频、社交媒体等不同方式的尝试。然而，同是为独特的经济内容与互联网渠道的结合寻求内容增值的探索，得失却不同，既有《华尔街

---

① 包括歌手贾斯汀·汀布莱克购买了MySpace少量股份。

日报》《泰晤士报》网络版成功收费,也有 MySpace 的买卖巨亏,虽在 The Daily 的创新选择上比较慎重但还是触礁。人们不禁要追问:到底是技术落后还是内容不足抑或是盈利模式存在问题呢?针对这一问题各种分析已经展开,但从价值链角度进行探究的著述还有待深入,下面先梳理这一创新的始末,然后从盈利模式和价值链的角度分析其存在的问题。

一 创新始末

(一)创刊

2011 年 2 月,新闻集团与苹果公司合作①,通过对方提供的平板电脑 iPad 这一数字化传播平台发布电子报纸——The Daily。为此项战略,默多克前期调研欧美、亚洲许多国家,认为未来平板电脑作为新的传播介质很有优势,因而极其果断地推出这一电子报纸。The Daily 应用程序订阅用户每日仅需支付 14 美分、每周 0.99 美元、全年 39.99 美元的订阅费用,就可尽享依托于 iPad 平台的新闻内容。这一出版业务和数字终端结合的创新,寄托了双方的美好愿景,乔布斯称其为"最令人期待的新闻阅读产品",默多克视其为"未来的发展潮流",并对这一创新成果寄予厚望,希望它能带领整个新闻集团进入移动互联网时代。这一尝试是默多克为挽救新闻集团传统报业受网络冲击江河日下的颓势,充分发挥媒体内容生产的价值,即"新闻的收集和编辑业务"的核心增值能力,寻找报纸呈现的一种新形式,也是默多克近 80 岁高龄时,与技术领袖乔布斯合作为 iPad 平板电脑量身制作的新闻产品。这款 The Daily 新产品,为原创内容开辟了极具想象力的价值空间,"我们相信,The Daily 将会成为新闻被讲述和被消费的新模式,我们相信苹果 iPad 将引领内容消费的革命。"②

The Daily 的诞生是数字化技术下的可贵创新,是世界上诞生的第一家数字终端电子报纸。这种产品创新了报纸的存在方式,也塑造着报纸阅读的新时尚,被时人称作报业的"救生圈"。正如德鲁克所说:

---

① 约定收入分成比例 30%。
② 《默多克:The Daily 将重新定义新闻》,环球企业家网,http://finance.qq.com/a/20110429/004163.htm。

"创新就是创造一种资源。"产品上市初期，表现得似乎很成功，开始一个月内就创造了数亿的下载量纪录，并且接二连三地在 iTunes 商店的新闻产品收入榜中位居前列。不管是考察创新的技术层面还是按照传统盈利模式进行分析，这一创新的确是人们非常看好的一种尝试。

（二）被迫主动关闭

新闻集团创新的理想却遭遇连年亏损的不支，不得已于 2012 年 12 月 15 日宣布关闭 The Daily，不到两年的时间就为这一报业与移动终端的创新结合画上了一个看似不可思议的休止符。其实，早在 2012 年 7 月，The Daily 就已出现了经营困顿，这时的订户不足 10 万人。在这种经营压力下，不得不裁员 50 人——接近总人数的 1/3。首先撤掉了社论编辑部，社论版改由旗下的福克斯体育等合作方勉强维持了一段时间。之后，又陆续裁掉设计、生产等部门一些员工。2012 年中期，虽然拥有了超过 10 万付费用户，但仍然亏损巨大，2012 年 12 月 3 日宣布终止出版业务。

二 失利原因分析：盈利模式失当，价值链存在结构性缺陷

The Daily 的关停表明，默多克迎战互联网冲击而进行转型的努力遇到阻碍。这看似靠谱、看似符合旧约新规的创新以失利告终，既透露出默多克以内容嫁接新技术的天真，也击碎乔布斯关于技术无敌的预言。我们知道，创新要获得盈利回报，需要清晰的思路和更完善的价值链结构。新闻集团新媒体创新受挫所体现出来的盈利模式和价值链构建方面的不完善，主要表现在以下三个环节。

（一）创意内容环节：内容枯燥乏味，缺乏吸引力

默多克非常重视 The Daily 这一创新产品，为制作独特的付费新闻产品投资巨大。其中，运营费用达到每周 50 万美元；他还不惜重金聘用了众多名人组成阵容强大的团队，其娱乐内容由 *Page Six* 的理查德·约翰逊负责、文化主编由曾任《纽约客》音乐评论家的萨沙·佛瑞琼斯担任。

强大团队制作出的 The Daily 新闻产品，具有非常强烈的视觉冲击力。它有 360 度全景照片、高清视频、互动界面，并且每天更新三次。读者既可以浏览高清画面的新闻片段，还能听广播，看立体照片，还可以语音留言。然而这种形式方面的创新，并不能消除内容方

面所显出的读者定位和办报理念的矛盾。作为数字出版业先锋，它要吸引的受众是年轻人，因为 iPad 的主要使用者是 20—40 岁的年轻人，他们对高科技有极大的兴趣。但是在 The Daily 的办报理念上，却类似彭博风格——政治中立和实用主义。默多克好像在追求不同于以前的通俗的"重口味"理念，在转向"重个性化、重知识"的较高层面。从收购道琼斯可以看出，他的转型、停止《太阳报》的刊登"三版女郎"的做法，也好像在印证着这一诉求。或许，默多克想改变自己的公众形象，也未可知。这在 The Daily 的内容选择上有明显体现：一方面，关于移民、教育以及气候变化等严肃问题成为重要板块内容；另一方面，评论板块既有保守派的观点也同时刊登自由派的评论，既有专栏作家里翰·萨拉姆[①]，也有左倾评论家的见解。这显然与其定位存在矛盾，注定内容方面创新的搁浅。

（二）消费环节：付费模式不敌时代主流的免费模式，不能有效提升注意力

默多克在解释停刊原因时，认为这次尝试失利是因为商业模式难以维持，因为无法"快速找到规模足够大的阅读群体"。这种无纸化的发行，虽然收费并不高，但也并非物美价廉。根据其每年 3000 万美元的投入，需 42 万订户才能通过广告收入和订阅收入的模式实现收支平衡。为此，传媒经济学者多科特·肯一针见血指出：The Daily 不具备吸引力的一个原因是盈利模式的偏误，将传统媒体制作的内容数字化搬到网上，以付费阅读的方式取得发行收入和广告收入，这种模式在免费流行的大众时代，遭遇到很多压力，因为这是逆潮流而动，除非有非常稀缺的资源才可能成功。另一个吸引力不足的原因是，阅读软件的局限。只是局限在 iPad 上阅读，限制了阅读规模，虽然后来推出了安卓版阅读软件，但不敌《纽约时报》等推出的普遍适用于 HTC、黑莓等主流手机和平板并附赠纸质版的模式。可以这样评价这种尝试，是默多克扬短避长的一次错误选择，既舍弃了大众所熟悉的性、暴力和体育节目那样的看点带来的注意力经济，也未能高于

[①] 里翰·萨拉姆曾与他人合作出版了《大新党：共和党人如何赢得工人阶级并拯救美国梦》一书。

他试图超越的主流大报的新闻内容的吸引力,如《纽约时报》等的强大品牌影响力。①

(三)资源整合环节:未能发挥内容增值优势,盈利点不明确、竞争优势不足

胡泳认为,原创的失败在于没有发挥其优势内容资源的整合价值,不能认为只要是原创就能成功,而关键是要有独到的价值。The Daily虽然技术上有乔布斯苹果公司的先锋招牌,内容上有默多克新闻集团传媒巨头的底气,但是关键还是要适合市场的需求,还要有可以与对手竞争的增值模式。The Daily的创新终止进一步证明了这样一个道理,即使有技术和资金支持下的业务优势,但若未能有效整合资源,企业仍然不能提升竞争力。

默多克创新失利的根源,在于观念的束缚,他的互联网思维方式还有一定的局限性。与Facebook、Twitter相比,The Daily的不足之处也很明显,即没有与互联网建立更多的联系,只是硬件的简单相加,显然不能抵御免费加广告的模式对价值的分解和减损。尤其是搜索引擎和各类社交网站的业务不仅冲击了传统纸媒,也冲击着一些"伪新兴媒体"——观念上未能进阶的产品,The Daily即为一例。而且,The Daily并没有自己的网站,特别需要拥有iPad的订阅者之间传播,更需要网络使用者通过谷歌、RSS Feeds等摘要搜索软件链接或者搜索到的路径扩展"局外人"传播空间,致使IP增值能力受限。

第四节 新闻集团在数字化技术冲击下价值链结构缺陷

在这个数字技术掌控的世界里,互联网逻辑改变了人类需求满足的方式,价值链表现出新的品性。对此快速变化,默多克显得跟不上时代了,正如有人调侃的那样"奥特曼"了,业务转型有些力不从

---

① 《纽约时报》在网站内容收费上都已取得重大进展,如"付费墙",因其历史悠久的品牌价值而效应凸显。

心，整合理念存在一定的迷失，对报纸的感情之深体现在盈利点的探索上表现得非常突出。从第四章分析可知，默多克的确是报业奇才，他洞悉报纸制作、注意力经济的诀窍，也善于运用资本整合传统媒体上下游资源。然而，数字技术的发展对传统新闻业提出了诸多挑战。在渠道不再稀有的时代，仅仅以资本之力如法炮制并购的做法，将单向传播时代的内容价值复制到互动时代求解，企业命运便风雨飘摇了。数字技术的颠覆力，在传媒市场表现为供求关系的根本性变化，渠道不再稀缺而注意力愈加难以掌控，谁能离用户越近谁就能取得决定性胜利。

一 数字化技术对传统媒体盈利模式的颠覆

数字化背景下信息娱乐产品交换形式具有更多交互特性，传媒价值实现方式也随着渠道、平台的拓宽而发生变化。马歇尔·麦克卢汉早就断言："新媒体并不是对旧媒体的补充，它也不会让旧媒体得到安宁。它永远不会停止对旧媒体的压迫，直到它为旧媒体找到了新的形态和地位。"可以理解为，随着新技术的出现，旧的平衡自然要被破坏，新的平衡会在各种力量如资本、权力、技术的反复博弈下阶段性、暂时性出现。具有传统媒介优势的新闻集团遭遇了价值链重构的难题，是技术创新力不足难以适应市场需求挑战，其症结在于没有真正把握数字技术对媒体产业的根本影响，应对措施不力。为弄清这一问题，我们首先分析媒介生态变化对传媒产业的影响。

（一）媒体生态环境发生了巨大变化

由 IT（Information Technology）时代迈向 DT（Data Technology）时代进程中，在去中心化、个性化、体验式需求推动下，技术进一步主导媒体变革和媒体形态的演化，传媒新业态正在而且也将继续大量涌现。数字化技术所带来的最显著的变革首先是传输方式的改变，即互联网为全球提供了便捷、低廉、高速的传输渠道，动摇了传统媒体拥有的垄断地位。技术决定媒体渠道垄断，渠道垄断决定内容垄断。所以，传播方式改变的不只是渠道垄断，还有内容垄断以及相关联的专业优势垄断。

渠道的重要性被数字技术所稀释。在传统媒体印刷媒体、电子媒体时代，渠道为王的价值被展现得淋漓尽致。在今天所有的数字新媒体变局中间,渠道的作用依然很重要,控制了渠道流量,也就控制了最大的价值,但是渠道不再是稀缺也不再是单向的传输,不再是线性的链接。在有线、卫星以及数字压缩传输技术的不断演化中,电视节目向受众传输的渠道不断扩展,而且中间还出现了由各种各样的运营机构(如电信、移动)融合产生的各种各样的传输通道样式,如 PC 互联网的 IPTV、通过公网互联网方式传输的 OTT Smart TV。渠道不再只是一个无线发射系统,也不再只是一个有限网络,而是一个互联互通的网络,不仅打通双向信息传输通道,改变了传者和受众的传统关系,而且联通社会媒体、电商平台,成为一个巨大的网络平台,一切皆可流通,一切皆是媒体。

　　换句话说,数字化技术改变了媒介生态,渠道和平台的多元化,"受众本位"的经营理念得以更深入实行,不仅挑战规模经济模式,而且在需求主导市场结构中,传统的出版广电有线渠道优势不再,媒介产品供给过剩,供给的主动权受到追求注意力经济模式的挑战,编辑的议程设置、守门员的掌控功能弱化。有人甚至说"编辑已死",其实质是指掌控媒体的不再是编辑团队,而是受众的需求,受众价值实现途径、实现方式的再挖掘成为媒体价值兑现的核心关注点。默多克为买下聚友网举杯庆祝时曾说"要找到与我们这个时代所面临的巨变相类似的环境,那只有回到 500 年前的印刷机时代。那是诞生大众传媒的时代,它彻底摧毁了由国王和贵族统治的旧世界。如今,技术正在动摇由编辑、出版人和媒体精英建立起来的制度"。① 在当下激烈媒体竞争中,媒体价值表现为离客户越近价值就越大,与受众交互越便捷对媒体的渗透越广泛,平台经营成为价值实现的重中之重,平台的特色在数字推动的融合时代价值独大。自媒体平台大行其道,传统媒体一端生产的形式被解构,媒体即是人的延伸,体现为"人人都可生产内容";人也延伸了媒体,即"人人都是媒体"、人人都是"麦克风"。《连线》专栏作家安德森提出"创客运动"的工业化,即指数字制造和个人制造的合体,融汇了个人魅力和专业特色的新媒体平台,将会获得更

---

① 邹志渭:《默多克买下道琼斯》,《新快报》,http://teh.sina.com.cn/i/2007-08-06/09391658280.shtml。

多机会。与传统媒体比起来，互联网不仅仅是一个媒介，而是通过 IT 技术把媒介的内容生产功能、渠道的传输功能合二为一，而且能自身成为一个完整的产业链体系，不仅链接了传播、展示、渠道几个环节，更具有革命性的是促成产品和服务的线上、线下的交换价值，而且还通过互联网实现双向式交换，通过先培养孵化 IP，再与实体经济、虚拟经济多重链接，从而释放出巨大的增值效应，通过这种"互联网平台＋独有内容产品"商业模式，创新并经营新媒体价值链，再开发相关的游戏产品或者其他衍生品，不断实现效益最大化目标。

然而，很多人对于媒体融合的理解还是停留在较浅层次上，只是以单纯的旧木桶思维来"补短板"，表现在行动上则是只专注于修复工程，而没有以互联网为逻辑起点，从宏观层面上构建"互联网＋"平台，尽管工程很大，也很努力，但是成功概率微乎其微，美国的默多克家族、苏兹伯格家族、格雷厄姆家族三大传媒望族，在媒体转型实践中的搁浅就是活生生的典型例子。杰罗姆《美国传媒望族的新媒体之路启示录》中指出，美国这三大主流媒体同样曾面临四个问题：信仰缺失、技术缺乏、平台缺少、文化缺位。① 其中，平台缺少已经很难赶上 Facebook 等后起之秀，很难再占领新的市场空间。

（二）渠道增多影响了供求变化，改变了传媒价值实现的方式

在技术变革、技术融合②推动下，传媒产业转型进程加快，数字化生存、网络化生存新需求挑战传统媒体盈利模式，互动平台的搭建颠覆了市场供需，致使市场竞争格局面临重构。在网络全球化时代，注意力的获取方式已经发生了根本性的变革。可以说，以资金、技术以及政治公关强力推进电视媒体纸媒融合，也只是表面层次的业务融合，没有达到深层次的价值整合。而网络时代传媒环境发生了很大的变化，需要价值内外的融合，以内在价值引领外在价值的实现。默多克在这方面示显出了先天的局限性，以内容为基因的传统媒体组织的转型思路严重阻碍了传媒价值的深度融合。当然，这一困境不是默多

---

① 杰罗姆：《美国传媒望族的新媒体尝试为何也屡屡失败?》，《钛媒体》，http://www.tmtpost.com/1404567.html。

② 尼葛洛庞蒂三个圆圈。

克一个人遭遇的问题，而是一个全球都在求解的难题。

技术赋权、以速度占阵地的传媒变革既体现在对传统媒体的解构上，也体现在技术主导的新媒体形态的更新换代层面。媒体权力通过内容、渠道和平台实现，而这三种控制方式的不同特质决定着传媒企业战略行为的绩效，数字化技术环境下的新媒体平台的交互性改变了传统媒介的控制方式。传统媒体的生产方式、组织方式、传播方式以及消费方式正在被快速解构和重新建构。默多克敏感意识到技术变革对于企业竞争优势的决定性影响，在许多场合他总是有意无意引用科幻大作家克拉克预言所暗藏的玄机：技术是争取信息自由斗争的最终决定力量。[1] 新闻依赖的介质和发行渠道，广播电视所依赖的无线、有线和卫星传输方式，电影发行渠道中间的很多原来常规的方式……这些曾经支撑整个传媒产业发展起来的基础架构，正在面临被互联网解构的挑战。

（三）新媒介生态对价值传输链条的影响

在数字技术的推动下，新的媒介生态逐渐形成。自媒体对塑造新闻和信息的作用越来越大，博主或者微信主的主动性和互动性得到强化，甚至新闻来源中的社区草根报道，成为新闻生产链条上很重要的一环。如图 5-1 所示。

这样，相比之前价值链结构中的新闻产品的供给越来越丰富、多样，传播渠道的扩展改变了原有的缝隙竞争的市场结构，几乎达到理想化的、完全竞争的市场结构，广电产业的市场准入壁垒逐渐被跨越，垄断逐渐被打破。依托内容独特优势选择"渠道+内容"的媒介战略，成为企业竞争越来越普遍的选择。因为，拉斯韦尔"5W"所涉及的传者、受众以及广告需求都发生了明显的变化。

第一，传者的变化：传统媒体由信息提供者向问题求解者转型。[2] 童兵先生认为，在新媒体竞争环境中传统媒体由信息提供者角色变为

---

[1] 亚瑟·查理斯·克拉克，科幻作家，曾有八大准确预言，如视频通信方式和互联网的流行等。

[2] 童兵、樊亚平：《从信息提供者向问题求解者转型——转型时代传统媒体的角色转型》，《新闻记者》2014 年第 11 期。

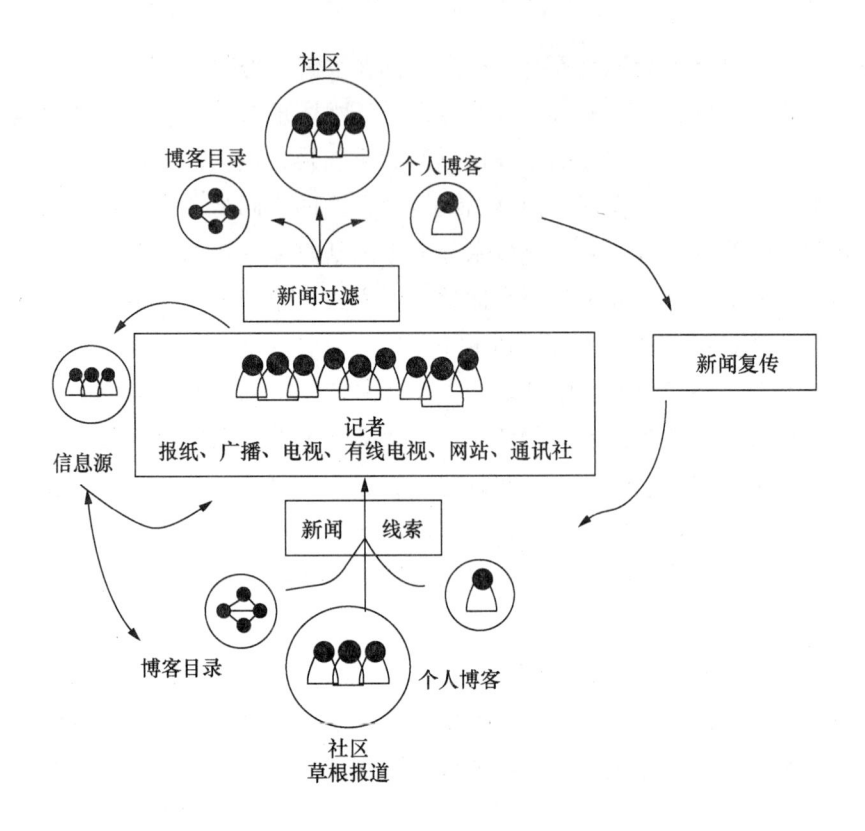

图 5-1 演进中的新媒体生态系统

资料来源：转引自张咏华《传媒巨轮如何转向：移动互联网时代的国际传媒》，南方日报出版社 2010 年版，第 27 页。

问题求解者，是重新认识并确定传统媒体优势的需要。因为，媒体与社会互相建构在数字化时代越来越明显。出现了大量竞争者，包括非专业竞争者，特别是手机广告销售者以声音、视频尤其是无线互联的方式，每时每刻都在传播，也随时反馈传播信息。数字化使普通民众成为新闻信息的重要来源之一，主要依靠采编人员来获取新闻信息的传统新闻媒体已变得"相对低效"。

第二，受众变化：由单纯接收者、消费者，转变为兼具有一定信息生产和反馈能力的传者。随着交互性对内容产品的影响，需求个性化日益彰显，定制化传媒产品随之出现并逐渐形成一定影响力。互联网状态下，大众的选择和行为方式是感性的，新媒体要为大众创造有艺术气质、个人情怀以及个性的、新潮的东西。同时，受众也可以自主制作、传播知识信息和娱乐内容。

第三，广告产品需求变化：替代品在数字技术的推动下涌现并达到终端消费者，需求替代弹性会继续增加，挑战传统媒体的盈利模式。伴随信息服务产业融合进程，报纸、广播电视等传统媒体的广告产品，因为传输渠道的丰富被快速分流，主要原因之一是新型的广告收费远远低于传统媒体的广告价格；融合时代出现的网络广告以其直接性、定向性和互动性，并在很多监测跟踪软件的协助下受到广告主的青睐，尤其是手机广告以其有效的定向到达性也获得了越来越多的追捧。

在传统媒体和数字新闻发布渠道资源整合中，产业价值链在不断重构。[1] 实践证明，照搬或者简单改造纸媒及广电媒体的运营经验，没有出路。传统渠道价值被技术颠覆，只是局限于卖内容、卖注意力的价值链太短了，时代要求数字化转型要以数字化思维去接近受众和广告商，是"互联网+"的融合而不是"+互联网"的简单组合。虽然默多克曾经说新媒体探索失利是因为管理失当，实际上还是因为MySpace没有跟上新媒体价值创新的步伐，2006年11月，MySpace曾击败雅虎成为单月互联网访问页次最高的网站，但是却被后来者Facebook超越[2]，是因为后者创新空间较大，构建了新的较为完善的平台型盈利模式。

（四）平台型盈利模式出现且逐渐成为主流

美国在线、雅虎以及后来的YouTube、Netflix、Facebook、Twitter、Groupon等互联网新闻聚合、集成平台的成功实践证明，以平台思维来更新对于媒体融合的认识至关重要。比如，2011年11月15日Facebook发布了它的消息平台Facebook Messages[3]，马克扎克伯格认为

---

[1] 高国营、陈旭东：《产业链重构——新闻网站与传统媒体整合的思考》，《新闻记者》2006年第12期。

[2] 2006年10月，HitWise统计公司的数据显示，YouTube占有互联网视频市场46%的份额，MySpace为23%，Google为11%，也就是曾经MySpace要远远大于Facebook的规模。

[3] 是一种把电子邮件功能与短信和即时消息中的快捷沟通方式结合在一起的技术。

它的社交平台可以其迅速的沟通替代方式，取代 Hot mail、Gmail 等传统信息传输方式。这一创新在当时引起了轰动，也引发了微软等技术公司的收购意向。2015 年 5 月，Facebook 发布了一项令人瞩目的功能 Instant Articles 和 Notify。同年，苹果也推出了新闻聚合应用功能 Apple News，Twitter 推出了新闻聚合功能"Moments"。可以看出，这几个互联网巨头都在尝试聚合知名的传统媒体内容和用户价值。这种"平台型商业模式"①的独特优势是，能够让平台上的利益相关者（用户和商家之间、用户和用户之间）形成一种"正反馈"机制，即各个利益相关方（包括不同利益相关关系、相同利益相关关系）不仅相互依存，利益正相关，而且还能够相互加强依附黏性，并通过互相影响以不同的需求价值融合扩大注意力范围，再出售注意力资源，获得差额盈余。这种平台的搭建降低了交易成本，控制了交易风险，实质还是以大平台实现规模经济的范式。在对比了 263 邮箱被 163 邮箱的替代原因之后，《怪异商业基因孵化的这些企业，比尔·盖茨和李嘉诚为何趋之若鹜地去投资？》作者指出，263 邮箱的失败是因为收费模式的开启导致客户流失和广告客户流失，破坏了不同类利益相关者之间的"正反馈性"关系；相反，163 邮箱的免费模式，正好借此时机建立了良好的利益者之间的正反馈关系，获得了影响价值。

这一平台型商业模式的核心问题，是要加强各利益相关者之间的"正反馈性"，否则就会被淘汰出局，也就是要改变过去的渠道控制思维，以全新的互联网视角来经营利益相关者的关系。学者喻国明认为，媒介融合是一次革命而不是简单的改良，是逻辑思维的革命，不是把优质内容搬到互联网上就万事大吉。从互联网的去中心化特点出发，构建互联互通、共享共治②的信息互换平台应是传统媒体、主流媒体机构转型的必然选择。应对渠道失灵，喻国明提出："'关系原则'是互联网渠道和维系的关键，传统媒体的互联网转型就不能仅仅

---

① 魏炜、林桂平、朱武祥：《怪异商业基因孵化的这些企业，比尔·盖茨和李嘉诚为何趋之若鹜地去投资？》，《长江商业评论》，http://view.inews.qq.com/a/20160107B03T2N00? refer = share_ recomnews。

② 2015 年 12 月 16—18 日，乌镇第二次互联网大会的主题：《互联互通、共享共治，共建网络空间命运共同体》。

简单地做'传媒+互联网'加法,而是要以关系思维去洞悉用户,进而抓住用户,构建一个全新有效的渠道体系,走出原有运作模式的窠臼。"① 这充分表明,应该以"关系原则"来构建新的价值实现的平台,即建立在关系法则基础上与互联网逻辑相吻合的传媒融合发展的主流模式——"平台型媒体"(Platisher)。

所谓"平台型媒体"不是靠自己的单打独斗做渠道和内容,而是通过打造一个拥有各种规则能平衡相关方利益的平台,使所有的内容和服务提供者的价值得以充分实现。这一概念的出台,首先来自乔纳森·格里克(Jonathan Glick)的创造,他在2014年发表的《平台型媒体的崛起》里杜撰了这个词,将"平台"(Platform)一词融合了"出版商"(Publisher)一词而成②,此后另一位研究者Digiday给出定义:"平台型媒体是指既拥有媒体的专业编辑权威性,又拥有面向用户平台所特有的开放性的数字内容实体。"③ 打造这样的开放平台需要熟谙互联网思维,需要有洞悉互联网的大智慧,需要发挥互联网整合市场资源、社会资源从而链接供需的构造性力量,从而获取价值也造福整个社会。在这个思路下,维基百科的模式值得一提。这是一个价值得以尽可能广泛分享的平台,这个网站本身既是生产者,也是应用者,这个基于共享共建原则构建的平台很好地打通了价值实现的路径。

虽然以上所说的平台并不是传统意义的新闻媒体,但作为一种信息聚合平台的新兴样态出现,因其巨大的替代功能对单纯的传媒运营模式产生了语法重造的冲击力。产生聚合的不仅是虚拟经济无形资产还联通了实体经济有形价值链条,也就是将受众的新闻信息、娱乐信息需求进一步与物质信息需求和情感偏好需求无缝链接,自然而然的结果是其竞争力因这个聚合平台而得以大幅度提升。当前,社交网站成功运营的实践已经证明平台型媒体强大的生态塑造力,不可小觑,若看不到或看不准这种力量,也就只能像新闻集团那样暂时或永远选

---

① 喻国明、弋利佳、梁霄:《破解"渠道失灵"的传媒困局:"关系法则"详解》,《现代传播》2015年第11期,第2页。
② 同上书,第1—4页。
③ 同上书,第4页。

择离场。

二 数字生态环境下新闻集团价值链结构缺陷的原因分析

数字技术拓宽了信息传播渠道、互动性增强，颠覆性地改变了信息市场的供求关系，价值创造的模式亦随之改变，产业价值链也必须做出相应调整。以报业和模拟电视为主业的新闻集团失去传统优势，数字化转型的道路面临着重新构建价值链的挑战。该集团转型存在的主要问题是，盈利模式模糊、未能有效打造核心价值链环节。

（一）失利的关键是未能有效赢得网络媒体受众的使用价值

在数字时代，内容产品的价值要转化为新媒体环境下的市场价值，需要传播理念和运营模式的变革，更应该明了传媒产品价值实现的机理。由以上分析可知，新闻集团价值链结构是在受众层出了问题。

李怀亮先生从价值产生的机理层面，在"人"与"物"互动的框架内探讨了新媒体的文化变革与发展动力机制问题，指出："新媒体主要在媒介生态格说局、文化传播形态和受众使用模式三个方面带来了变革。"从根本上说，"文化价值的变革是基础层面的价值转移，这也成为新媒体产业链运转的根本原动力。要使得这条产业链蓬勃发展就有赖于新媒体管理者对其进行优化，这不仅要在产业链整合方面迈出前进步伐，更要在产业链的各个环节上进行全面创新，这样才能使基础性资源高效率地转化为用户价值并产生更大的附加值。"[1] 也就是说，新媒体技术改变了媒介生态，在渠道多元和便利逐渐强化进程中受众拥有了越来越大的选择信息取向空间，对于价值的追求会越来越趋于理性化和个性化，追求的层次也会越来越高、越来越注重质量。喻国明教授认为，新媒体接触界面打造的优势在于能基本满足人们普遍需要的基础服务，是以人为本去构建与用户的连接平台。在这一点上，新闻集团的数字化转型存在很多缺陷，不是缺少注意力，也不是渠道阻滞，而是影响力的缺失所导致的价值传达不力的问题。数字化时代的竞争模式选择不会停留在默多克擅长的通过感官刺激获取注意力经济的初级阶段，注意力经济转化为影响力经济，将通过增强

---

[1] 李怀亮：《新媒体的文化价值变革与发展动力》，《当代电影》2008 年第 6 期。

与受众的接触时间和影响深度得以在很大程度上实现，人与人之间有价值的交流会越来越受欢迎，影响力价值突出的企业具有较大聚合能力，像 Facebook 设计出的平台型媒体架构则很容易获得融合力优势。而默多克看好的聚友网本是基于色情内容起家的网站，从出身看还是走的低俗化的路子，价值取向上先天不敌脸谱网的实名登录模式所带来的安全感和温馨情怀，也不具备脸谱网用户基本真实的信息对于广告主的重要价值优势，其被赶超也自然是在所难免，被淘汰出局也是或早或晚的结果。

（二）多路径探索理念下收购的资产之间相关性弱，价值整合、价值创造受限

新媒体转型理念混乱是其屡屡碰壁的主要原因。聚友网以 5.8 亿美元的高价购入却因巨额亏损而急于甩卖；与谷歌对抗三年有余，有"纸老虎"之称的默多克也不得不屈服于流量对于网络报纸的重要支撑力量，不得已取消部分搜索限制，付费墙策略失灵；与 iPad 合作先是热情拥抱乔布斯的高科技平台，以重金招兵买马新组采编班底，经营不足两年就因业绩惨淡而被迫宣布关闭，新闻集团深陷与新媒体平台合作尝试失利困境中难以突围。这一次次的挫败、一次次的割舍，使人不得不怀疑默多克"独狼式"个性在新媒体生态下的竞争力，学界也在研究默多克数字化出师不利的个案。与新闻集团困窘相反的事实，是《纽约时报》收费的成功尝试，提振了报界对数字化盈利增长点深入探索的信心，《卫报》等也宣布网报收费，加拿大报业网络版收费渐成潮流。显而易见，网报收费并非不能盈利。默多克集团为跟上数字化技术发展的进程，不仅从理念、内部机构设置等几个方面自我竞争，而且还积极寻找合作联盟的对象，或者收购或者以分成的方式实施合作竞争和边缘化竞争战略。这种探索也曾经给默多克新闻集团以及其他传媒企业提供了一定的借鉴，但是屡试屡败的结果使学界反思，仔细分析该集团的新媒体资产结构，发现突出问题是相关性弱，既没有与出版产业链有效对接，也没有自成一个集合型价值传输平台，价值链接不能顺畅对接，价值很难实现。其未来的突破，当综合分析数字化生态环境变化所引起的传播形态的变化，设计链接出版与新媒体集成平台的路径，继续考量其选择的竞争战略。

（三）观念还停留在传统媒体二元市场时代，忽视"转化率"创造的价值链模式

平台经营不同于渠道经营，不能复制多占渠道多卖新闻取得规模经济的价值链模式，需寻找符合自身特点的新运营模式。有人说，新媒体已经改变了传统产业"羊毛出在羊身上"的模式，而是"羊毛可以出在猪身上，可由牛来买单。"意思是说，投资点和收益点距离越来越远，不是过去的简简单单的二元市场买卖关系，而是网状多触点结构，虚拟价值的空间越来越大。数字媒体的盈利模式区别于传统媒体的是"'一种平台经济模式'，即依赖一种'多边经济'的商业逻辑取得综合收益，而不是'一手交钱一手交货'的传统一元经济模式。"① 比如，数字平台提供的点播付费、点击广告免费视听等相关触点与传统产业结合，会给内容所有者带来更多元的价值，这种模式也可以理解为是由规模经济模式向多样化经济转变的一种表现。多样化经济即"同一内容产品通过文化产业的不同行业分销渠道进行销售，以迅速递减的变动成本在多个市场使产品收入最大化"。② 所以，数字媒体经营者要改变传统的内容、资本、渠道取胜而忽略多元增值做法，改变简单转移内容价值到互联网的做法，根据平台特点整合资源链条，尽可能拓展增值空间，尽可能收获除内容、广告之外的延伸价值。The Daily 本是结合了新技术和独特传播内容而打造的极具创意的新闻传播创新样态，但是新闻内容所依附的 iPad 这个载体覆盖的受众面很窄，拥有 iPad 的用户数量有限本身就是一个限制，付费阅读也会限制一部分受众的到达率，难敌免费阅读模式的冲击③；而且这种模式无法实现互动性，故不能开发出更多的衍生产品和增值空间，无法对抗其他互动性强的新媒体的分流竞争。

迈克尔·波特强调，在信息时代的竞争应抓住变革的趋势与步伐进行布局。在渠道选择多元化的新媒体时代，转化率问题已成为超过

---

① 向勇：《数字文化产业的商业模式非传统经济模式》，《光明日报》，http://www.chinanews.com/cul/2014/02-20/5860835.shtml。
② 韩骏伟：《国际文化贸易》，中山大学出版社2009年版，第105页。
③ 张志安曾经预测未来纸媒的发展趋势，移动化阅读终端、便携式免费报纸、小型化新闻网站、视觉化知识产品。

"注意力"、"到达率"的关注焦点。赵曙光用转化率原理对互联网带来的变化进行了分析,"互联网公司逐步从早期的点击率、用户数的竞争转向提升转化率,构建有利于形成高转化率的生态系统,不仅仅影响用户的注意力,也致力于为用户提供产品线、支付、交易、物流、信用评价、客户服务等完整的链条。部分探索转型的传统媒体也开始借鉴互联网公司的经验,不再简单追求发行量、收视率和广告收入,而通过线下活动、特色超市、展览展会等形成了基于传统媒体平台的高转化率生态系统。"[①] 与新闻集团片面强调注意力而忽略"转化率"相比,Facebook、Twitter 和 Google 等具有创新特点且免费加广告的盈利模式就显得非常明晰了,也自然会带来了吸引力的价值。

---

① 赵曙光:《致命的转化率:一个理解媒体核心竞争力的关键概念》,载崔保国主编《中国传媒产业发展报告(2014)》,社会科学文献出版社 2014 年版,第 183 页。

第六章　中国传媒市场化改革与新闻集团价值链拓展困境

不同于在澳大利亚、英国、美国等国市场开拓的顺风顺水，进军中国新闻集团遇到了极其不同的传媒市场规制的约束。作为新兴市场之一的中国市场，因其独具的人口优势、旺盛的需求量以及巨大的市场想象空间，非常受国际传媒集团看重。几大境外传媒集团[①]，如 IDG、WPP、时代华纳、新闻集团、维亚康姆、迪士尼、康卡斯特、NBC 环球、清晰频道以及贝塔斯曼、索尼、软银、汤姆森、阿歇特、威旺迪、培生等集团企业，利用资金、技术、管理等方面的优势，纷纷设定在华价值目标、布局传媒市场。尤其是 2001 年 11 月中国加入世界贸易组织后，几大传媒巨头采取不同的方式和策略，前赴后继加快进入中国传媒市场的试探之旅，成败不同且前景亦不甚明朗。这种探索纠结于：渠道为王还是内容差异制胜？中国的传媒市场可在多大程度上被改变？为什么新闻集团逐渐退出中国市场之际还要多方试探？本章尝试从价值链结构的角度对以上问题进行解析。

第一节　外媒进入中国市场的方式

随着中国市场化推进加速和传媒经营权的不断放松，外媒发挥各自优势，积极寻找传媒价值在中国实现的突破口，除以内容产品形式外，还通过品牌合作、节目交流、技术方式进入中国传媒市场，形成八仙过海各展其能的态势。尽管中国政府在传媒产业的政策制定上对

[①] 简称外媒，因特殊国情，这里指中国大陆以外的区域。

外媒多有限制，但外媒突破各种门槛（书、报、刊的分销业务以及卫星频道落地）的尝试未曾停歇，30多年来与中国传媒企业呈现了复杂的竞合格局。"从儿童到成年人，从公益走向私益，从地方走向中央，从边缘走向中心，从不涉及政治制度和意识形态的金融、体育、股市等信息产品开始，占据尽可能多的市场份额，到逐渐逼近新闻传播核心业务，演绎着一幕又一幕境外媒体在中国的攻城略地以及中外媒体文化的博弈的情景剧。"① 这段论述形象地描述了外资传媒进入中国的路线图，这既是一个适应过程更是一个改造和被改造过程，也是中西不同的传媒经营理念在市场化改革阶段的激荡和磨合过程，表现为外资传媒主要通过资本运营、经营模式的创新、技术的渗透等方式，探讨价值实现的路径。基于长远利益从与中国建立良好的信任关系入手，大多数外媒选择了与中国政府、国内传媒企业业务合作的方式试探性进入，甚至还包括一些政治、经济上的代价。② 比如赞助演出活动③、设立奖学金（维亚康姆公司还在中国中央音乐学院设立了奖学金）等。通过一系列活动，在产业链关键环节得以布局，从而获得了除频道有限落地之外的一些经济收益。④ 基于所掌握的材料，本书总结了以下三种主要进入方式。

一　以品牌合作方式进入

中国文化教育领域尤其是青少年教育领域历来是外媒比较看重的市场，维亚康姆、迪士尼、培生等企业集团，利用各自的业务优势在中国延伸品牌价值。如被称为"内容卫道士"的维亚康姆，很早就凭借其强大的电视品牌与上海文广集团展开合作，制作儿童节目。2004年3月尼克国际儿童频道与中国电视台频道达成合作协议，展开全方

---

① 姜飞：《海外传媒在中国》，中国文联出版社2005年版，第243页。
② 维亚康姆提出："要想在中国立足，应该先替中国做些事情"。
③ 维亚康姆公司公关效果最好，如1999年9月赞助在美国举行的"中国文化周"的主题活动，并且雷石东担任顾问；2003年春节又独家赞助中国广播民族乐团访美的巡回演出。
④ "维亚康姆在中国的收益主要来自三个方面：第一是广告收入，这项收入在利润构成中占到80%—90%；第二是收视费，这项收入在整个利润里占10%；第三是特许经营费，利用既有的品牌派生其他的产品或进行合作，这笔收入占5%的比例。"——维亚康姆中国区总裁李亦非

位、大规模的合作，不仅为央视少儿频道提供90分钟的节目，还播放动画连续剧《猫狗》；之后又与上海文广深度合作成立首家中外合资媒体节目公司。迪士尼的品牌价值，最为突出的表现是在追求与"品牌乘数"相关的衍生产品价值，该集团通过在香港、上海建立迪士尼乐园，力争最大限度地实现电影、电视人物形象IP的授权价值。英国教育出版商和媒体公司——培生集团（Pearson），以品牌资源与中央电视台合办英语教育节目和旅游频道。

在图书杂志领域，以出版为核心业务的德国贝塔斯曼传媒集团以其著名品牌较早进入中国。1995年，贝塔斯曼就已经开始与上海新闻出版局合作，成立上海贝塔斯曼文化实业有限公司，开始涉足"图书邮购业务"。经过几年发展与品牌营销，2000年1月，贝塔斯曼和上海科学技术出版社合作出版《车迷》，旗下的古纳亚尔管理咨询有限公司负责协助编辑培训、提供内容和国际广告。《车迷》迅速在车友界产生极大影响，成为汽车爱好者的杂志首选。此外，与辽宁教育出版社合作对半分成，贝塔斯曼购得了包括路易斯·尼克逊的《伦敦》在内的"美国国家地理杂志"系列图书中文简体版权，由辽宁教育出版社负责印刷和出版发行环节。

二 以渠道、节目交流方式进入

为取得中国电视市场的落地权，外媒也可谓费尽周折，其中以渠道换渠道方式被许多企业尝试。最早进入的是华纳集团，20世纪80年代该集团就开始了与央视的合作，通过旗下CNN为CCTV提供国际新闻信息。新闻集团紧随其后，根据协议[1]，CCTV-9通过新闻集团旗下的FOX有线新闻网、Direct TV和B Sky B分别在美国、英国播出。STAR获得进入门槛的突破——2002年年初其全新频道可以通过有线系统向广东地区24小时播放娱乐、音乐和影视剧等综艺节目。2003年，CCTV-9在北美各大城市落地播出。2003年，维亚康姆的MTV成为被中国政府批准的可以在内地播出的电视频道——"MTV中国"。从那一年4月26日开始，该集团24小时播出的MTV音乐电

---

[1] 由STAR集团与中国中央电视台、中国国际电视总公司、广东有线电视网络公司签署。

第六章　中国传媒市场化改革与新闻集团价值链拓展困境　183

视频道，正式通过有线电视网进入广东省100万户家庭；而作为交换，维亚康姆公司帮助CCTV-9套落地美国的纽约、拉斯维加斯、底特律、华盛顿、洛杉矶等十大城市高档商业酒店，花费高达2000万元人民币。2003年年初，时代华纳与中央电视台达成协议，CCTV-1播出其提供的卡通节目，其语言频道CETV不包括新闻的竞赛、电影、体育内容可在中国南部播放，这也是获得在中国有线电视播出权的外资第一家，而交换条件是时代华纳在洛杉矶、纽约、休斯敦等地播放央视CCTV-9频道内容和24小时英语新闻。事实证明，这些业务并没有为华纳带来利润增长。①

　　节目交流。2002年12月19日，新闻集团与湖南广电集团签订合作意向，这一战略联盟是由全球最大的跨国传媒集团的全资子公司星空传媒集团与中国极具开拓和创新精神的地方广电集团——湖南广电集团合作，是在戴杰明和魏文彬的主持下进行的具有一定突破意义的联盟，为此双方制订了节目拍摄、世界性发行以及节目交流等方面资源整合的广泛合作计划。2003年，美国CNBC——全球最大的财经媒体，与上海文广达成节目交换协议。2004年索尼、时代华纳先后与中影集团签订合作协议。

　　三　以技术合作方式进入

　　改革开放之初，国际数据公司IDG进入中国，被特许与电子科技情报研究所合资合作出版《计算机世界报》，也就是现在具有影响力的计算机世界出版服务公司②，是得到国家破例准许成立的中外合资新闻出版公司，也是迄今为止中国新闻出版领域唯一一家中外合资新闻出版企业，是该公司以技术为跳板进入的方式，所谓"一百英镑技术"③的实践。以技术优势进入中国传媒市场的还有加拿大汤姆森集团、新闻集团等。汤姆森旗下的科技信息集团于1998年始在中国开展业务；2001年1月设立北京办事处并迅速发展；2005年12月1日

---

①《中国新闻周刊》：《时代华纳缘何出售华娱电视》，http://www.chinanews.com/n/2003-07-14/26/324100.html。

②《计算机世界报》创立于1980年，由电子科技情报研究所与IDG合资创办，工业和信息化部主管，是中国信息产业领域第一大专业媒体。

③ 姜飞：《海外传媒在中国》，中国文联出版社2005年版，第245页。

与中国信息产业部合作成立了信息产业部——汤姆森知识产权发展联合实验室。新闻集团的合资公司——天津金大陆公司自 1999 年开始，不仅为国内十几家电视台提供现场转播、频道包装等技术支持，还利用其一流的制作文化娱乐类电视片的技术优势，与国内 30 多个省级电视台合作播放节目。

除以上三种外，还有外围渗透、借力打力等进入方式。六大好莱坞影业公司陆续在中国设立办事处，以微信等新媒体进行广泛传播。兼并整合、投资控股、投资参股等资本运作，在进入和竞合中扮演着很重要的角色。贝塔斯曼集团发挥印刷业技术和管理优势，与上海包装集团和印刷集团签订合作意向书，以 50% 的投资控股的比例于 2002 年 1 月 21 日组建中国最大的印刷企业，并负责管理。哥伦比亚也一直关注着中国蓬勃发展的电影市场，投资了多部中国电影的制作业务，在 20 世纪 90 年代后期就尝试进入内地的电影放映市场，也曾表达了收购华谊兄弟公司的意向。

第二节　新闻集团进入中国市场的价值链结构

默多克早就看好中国市场，采用了以上所有已提到的方式，还有未提到的方式，然而进入之路却异常曲折复杂，可谓爱恨交加，爱这个巨大的市场，但是，找不到进入的路径着实让他恼火。默多克 30 年的"中国冒险"，从一个侧面反映了中国传媒市场化进程。本节以"三部曲"来概括这个探索的历程，进而分析进入策略，探寻失利的原因。

一　进入阶段："三部曲"

三部曲分别是：一是迂回前进，自 20 世纪 80 年代中期达成与中国的第一次合作；二是借势冒进，到 21 世纪初期迅速扩张；三是触碰底线，逐渐撤离且边撤边观望。

第一阶段（20 世纪 80 年代中期至 90 年代初期）：尝试接触，投石问路。默多克在 20 世纪七八十年代就对中国市场表现出浓厚的兴趣，1985 年首次访华即开始尝试与央视传媒机构接洽。他以参观者身份向 CCTV 无偿赠送了 50 多部影片,包括福克斯电影公司拍摄的《音乐之声》《巴顿将军》等有名作品。这些作品在央视每周末播出,引起很大反响。1986 年,试图以中国香港作为进军大陆的桥头堡而收购《南华早报》;同时进军中国台湾电视市场,1991 年 10 月 STAR TV 进入中国台湾电视市场落地服务,结束了中国台湾三大电视网(中视 CTV、华视 CTS、台视 TTV)寡头垄断的格局。这一阶段是在边缘试探尝试,如此布局的目的是寻找进入大陆的机会。

第二阶段(1993—2004 年年底):以星空卫视为平台,排兵布阵。1993 年,新闻集团收购星空卫视①63.6% 的股份,1995 年又购入其余部分,总共花费 8 亿美元。新闻集团将 STAR 作为亚洲媒体市场战略性投资重要平台,进一步延伸全球价值链,不仅打开了印度、日本市场,并努力在中国开拓业务。

主要活动有以下几项内容:

(1)设立办事机构。1994 年,新闻集团星空卫视公司作为首家境外传媒,被允许在上海成立代表处;紧接着于 1999 年 3 月设立北京代表处。

(2)设立合资公司。利用 1995 年天津举办 43 届世界乒乓球锦标赛的机会,新闻集团与天津广电局组建合资企业——天津金大陆公司,天津广播局占股本的 40%,新闻集团注资 2000 万美元占总股本的 60%。前者提供厂房和设备,后者提供拍摄、制作设备。公司的业务优势,是通过居于国内一流的电视设备和媒体技术,进行频道包装和节目制作。

1995 年,新闻集团与《人民日报》合资创办了北京笔电新人信息技术有限公司。

(3)设立技术公司、广告公司,寻找合作机会。新闻集团特别看好全球最大的中国数字化有线电视市场,在中国推行技术的本土化,默多克将子公司 NDS 集团②的加密技术用到中国市场,2001 年 5 月

---

① 由李泽楷创办。
② NDS 公司是世界领先的数字压缩和加密技术、互动电视技术、电视有条件接受系统的供应商。

10日，新闻集团成立 NDS 科技（北京）股份有限公司，是第一家获准的外资独资技术公司；很快到 2003 年该公司与央视达成了合作协议，其开发的数字有线电视接收系统通过最终验收测试，并向全国有线电视网络传送 CCTV 中央卫星电视传播中心的数字加密电视节目信号。这样，该公司成为独立供应商，可以向中国提供相关的前端、机顶盒、各种软件等系统的服务。另外，2004 年该集团又领风气之先，利用 CEPA① 的许可空间，获准成立中国境内首家外商独资的广告公司——星空传媒（中国）有限公司。

（4）投资参股中国互联网公司。新闻集团通过投资，不断扩展在华业务，1999 年向中国网易注资 4000 万美元；2001 年 2 月，默多克又与高盛集团组成投资集团，通过向中国网通注资 6000 万美元，获得网通部分股份。

（5）卫星电视落地业务。2001 年 9 月，星空卫视获中国广电总局批准，成为第一家落地广州的外资卫星电视频道；10 月 19 日，新闻集团持股 38% 的凤凰卫视中文台正式获准进入珠江三角洲地区有线网络；12 月 19 日，STAR 宣布其一个境外全新综艺频道获准进入广东地区有线电视网。截至 2001 年年底以前，有 200 多个境外电视频道竞争在中国的落地权，而获得有限落地的只有 27 个，其中星空集团就占据了 7 个。② 2002 年 3 月 28 日，星空卫视通过广东有线电视网正式开播，是首个被允许进入内地的境外频道。

回顾新闻集团在华业务情况时，默多克曾表示，中国媒体产业发展非常迅速，市场容量不断扩大，他很高兴看到新闻集团旗下的星空卫视、凤凰卫视等近年来表现出的强劲增长势头。"比如说像凤凰卫视，它已经进入很不错的盈利状况，这说明我们的认识和策略是正确的。"③

第三阶段（2005 年以后）：曲线上星触网，收缩在华电视业务，

---

① 《内地与香港关于建立更紧密经贸关系的安排》。
② 2002 年 1 月 21 日，STAR 集团宣布，将其获准在中国南方落地的新的综艺频道命名为"星空卫视"，同时将 STARs Groups Limited 的中文名称定为"星空传媒集团"。
③ 凤凰网：《新闻集团详细资料》，http://finance.ifeng.com/company/data/detail/2466.shtml。

进行战略调整。良好的发展势头却因 2005 年的"青海事件"急转，所谓"默多克"价值在中国走入困境，根本原因是触碰了管理层的监管红线。2004 年年底，新闻集团与青海卫视、共青团中央网络影视中心等几家单位组建合资公司，星空传媒制作了《星空舞状元》《校园封神榜》《桑兰2008》等节目相继播出，并通过青海卫视覆盖全国。但这一尝试只持续了 3 个月，即被广电总局紧急叫停。因为新闻集团星空传媒买断了该卫视 19 点半之后的时段并操作这一时段的节目和广告行为，严重违反中国关于电视管理规定。

也在这一年，星空传媒的一家代理机构遭到北京工商局查封，理由是该机构向终端用户提供卫星频道接收设备，这也违反了中国电视管理有关规定。

"青海卫视事件让默多克对中国的市场十分灰心，当时任星空中国 CEO 的戴杰明也因为这件事而被迫离开，由高群耀继任。"[1] 之所以出现这次冒进事件，是因为默多克在拓展中国电视业务时进行了大量投资，并不满足只在珠三角区域的有限落地。"默多克价值"意味着将通过青海卫视打开进入中国电视市场的通道。"青海事件"成为星空传媒在中国业务由盛转衰的转折点，又加上相关公司被查封所反映出来的不利信号，之后星空卫视前行脚步戛然而止。2005 年 11 月，默多克卖掉了所持中国网通的股份。同年年底，默多克公开承认在中国发展受挫。2006 年 6 月 8 日，默多克将旗下凤凰卫视 19.9% 的股权出售给中国移动[2]，对华战略收缩自此开始。之后，相继出售了星空卫视和凤凰卫视股份。

放弃电视业的同时，新闻集团还对新媒体、电影市场和院线进行

---

[1] 2002 年年初，通过有线系统，星空卫视向广东地区播放一个全新的 24 小时包括娱乐、音乐和影视剧的综艺频道。转引自盛乐、水中鱼《默多克家族全传：从小报馆持有人到世界传媒大亨》，华中科技大学出版社 2010 年版，第 219 页。

[2] 根据战略联盟协议，共同开发、推广和分销移动内容、产品、服务和新媒体应用。凤凰卫视将以较优惠的条件直接接入中国移动的网络以享受中国移动的用户资源，而中国移动也将优先获得凤凰卫视的新闻和部分节目资源。作为对中国移动 3G 战略重要补充，该交易将使中国移动向其用户提供更多服务和更丰富的媒体内容，同时也拓宽了凤凰卫视的新媒体内容直接面对中国移动用户渠道。

战略投资。其中，新闻集团将聚友网（MySpace）① 引入中国也以关闭告终。2007 年 4 月 27 日，MySpace② 高调进入中国，因定位于白领而非收购之前的"年轻人加音乐"模式，未获得预期收效，也由于水土不服和本土市场的激烈竞争，不久即被出售，于 2011 年 6 月 30 日以 3500 万美元的低价出售给在线媒体和广告公司 Specific Media。③ 在电影业，2011 年 6 月 24 日在中国公映由福克斯探照灯公司等出品、发行的影片《雪花秘扇》，并大力度宣传，默多克携邓文迪、高群耀、李冰冰还接受了央视《对话》节目的访谈。2012 年 5 月 14 日，新闻集团购买了博纳 19.9% 的股权，意在巩固在日益繁荣的中国电影市场的地位。④ 因为作为中国电影产业中唯一一个全产业链布局的领军企业博纳影业集团，以电影制作与发行为"龙头"业务，影院投资与管理则为博纳的核心行业提供了坚实的支撑。有人认为，这是新闻集团在电影领域的探索，之后的迹象表明，在电影行业的建树也不大。

二 进入策略："上层、迂回、弹性"

为博得中国市场进入空间，默多克可谓使出浑身解数，甚至改变自己的政治立场，如拒绝出版港督彭定康的自传、主动出版邓榕的书籍、到中央党校演讲、支持中国领导人访美等。策略的选择也显示了他的经营理念，在默多克眼里，书报、杂志、电影电视远远不是消遣品，"它们是一个民族参与世界范围内伟大思想交流的必经之路。"⑤ 不管是由边缘到核心的经营策略还是走上层路线、耐心公关的政府游说，都与其好奇、喜欢冒险和参与政治等特点相符。

---

① 中国有的译作"麦斯贝"。
② MySpace 大部分页面是全黑底色，色彩夸张，内容怪异，整体给人狂野、开放之感，与国内社区网站的精美、细致迥然不同。
③ 有人也赞赏默多克的决断力，因为新媒体的盈利模式很不稳定，尚不适宜进入。
④ 从博纳影业集团（Bona Film Group）创始人、董事长兼 CEO 于冬手中购得。2014 年 7 月博纳影业集团（纳斯达克上市代码 BONA）宣布，CEO 于冬将以每股 ADR 5.9 美元的价格出资回购美国新闻集团所持有的博纳影业 19.3% 的股权，同时复星集团将以每股 ADR 5.9 美元的价格，从 CEO 于冬手中购得博纳影业 13.3% 的股权。此次交易结束后，博纳影业集团第一大股东于冬将增持至 32.3%；复星集团将增持至 20.8%，成为博纳影业集团第二大股东；美国新闻集团将不再持有任何博纳影业的股份。
⑤ 杨士文：《美国新闻集团的业务架构及特点》，《中国广播电视学刊》2005 年第 12 期。

第六章　中国传媒市场化改革与新闻集团价值链拓展困境　189

(一) 走上层路线，争取政策空间

默多克深谙传媒政治经济学，利用自己对媒体的掌控力去影响国家规制环境。其传媒帝国虽几经挫折仍能屹立不倒，首功应归于默多克的政治谋略。《世界新闻报》联络着英国政界的许多名流，拉迪坎特·巴苏在被默多克聘为星空传媒集团（印度公司）CEO之前，曾经担任过印度国家广播电台台长和其他新闻部门要职。通过他们进行高层公关、不懈游说，默多克最终达到改写政策、左右市场的目的。

同其他外媒一样，新闻集团为讨好中国传媒管理层，也实施了一些利于中国的行为，以营造利于其发展的传媒生态环境，其中最重要的一点就是他针对中国市场的政策变革，寻找与中国政府的共同点，力求在长期的合作中建立良好的商业关系。《华尔街日报》指出，默多克步步为营，主动、正面地对接中国政策，逐渐赢得中国政府和地方政府的好感，拓展电视渠道和内容业务。他既不回避中国严格的进入规制，也不坐等机会出现而被动出击。通过与中国高层的牢固关系，1997年之后星空传媒一度受到优待。2002—2003年是星空传媒在中国发展的高峰时段，在中国成立的星空传媒的许多管理者与中国高层打交道特别讲究门道。2003年年末，默多克不但走上中央党校讲坛宣讲，还获得星空卫视落地权，以首家外媒身份进入广东有线电视网。

除通过澳大利亚大使馆在20世纪80年代至90年代初给央视提供福克斯大片资源以外，90年代，默多克频繁制造与中国高层碰面的机会，并大力资助中国文化事业海外发展，成为第一批海外影视发行商，叩开了中国市场的大门。1995年《人民日报》（网络版）创办，默多克出资400多万美元；他还通过每年访华并创造与中国领导人见面的机会，经常关注中国领导人出访英美活动，如出席女王宴会作陪、安排与美国主流媒体主管会面等；1995年和1999年，在大英博物馆举行的两次大型中国文物展都得到《泰晤士报》赞助；1996年10月，又出75万英镑资助《当代中国奥秘展》在英国举办；2000

年，默多克不畏风险和困难①，极为爽快地答应帮助北京申奥的国际宣传，即通过新闻集团媒体的报道较多地将北京在基础设施建设、环境改善等方面取得的成绩向世界推送。

购得星空之后，默多克立即停止在该频道播出 BBC 的节目，因为 BBC 曾经制作了批评共产主义中国人权的纪录片②，默多克这一举动被彭定康斥为"最下流的背叛"。1995 年，《我的父亲邓小平》的英文版由哈珀·科林斯策划出版，作者邓榕还被邀请到默多克私家牧场做客参观。1998 年，该出版社不顾有关编辑反对撤销出版末代港督彭定康的回忆录自传。③ 这次商业行为，被认为是讨好中国。因为默多克担心出版这本对领导人持批评态度的书，会影响其向中国扩展的商业计划。1998 年新闻集团还向中国受灾地区捐款 100 万美元。

默多克选择了通过"上层路线"的公关，在 2000 年之后小有成效，其传媒业务进入中国。在试图进入中国的过程中甚至不断揣摩、迎合中国领导层的心思④，新闻集团与中国政府的一次又一次博弈的过程，是其对中国政府的外资媒体政策进行的解读和应对的过程。

(二) 由边缘到核心突击的迂回策略

默多克为突破中国传媒市场的进入壁垒，大致沿着从香港报纸、卫视再到内地电视、电影的曲折路线迂回进行的探索。这一"曲线"特点在电视业务进入的过程中表现得很明显，先通过技术、网络、卫星电视搭建平台，再寻找内容的传输渠道以进入内地市场的电视网。

从地域看，早在 1993 年购入星空卫视之前，新闻集团购得香港《南华早报》试图以此作为进军中国传媒市场突破口，但始终局限在沿海一些边缘地区落地，进入不了中国内地市场；1999 年，新闻集团

---

① 当时，西方的奥委委员对中国的媒体没有信心。北京申奥工作中面临的关键问题是"如何让奥委会更全面真实地了解北京"。

② 这一决定得到了雷石东的赞许："他正在做他应该做的事，以解决他和中国政府之间的问题。"

③ 该书后来在美国出版，封面上贴了"默多克拒绝出版的书"的标签，增加了销售量。

④ 也有被调查"贿赂案"一说。2006—2012 年，美国证监会曾多次指控默多克的新闻集团在华行贿，尽管最后都不了了之，但默多克在中国高层以及影视相关部门多年间的游说却是不争的事实，而这些努力多半是为了拯救对于星空卫视那笔糟糕的收购。

旗下的卫星电视成立了占40%股份的合资公司①，将卫视的数码电视平台进入电信的互联网和互动电视服务；2000年，为开发中国台湾地区互动电视服务平台，旗下卫星电视与本地"和信超媒体"合资成立各占50%权益的公司，共同为100多万用户提供服务，并计划逐步普及至全台湾的有线电视网络；2005年新闻集团与青海卫视合作，试图以曲线方式在全中国落地，但很快被广电总局叫停，留下一堆无法处理的坏账。

从业务架构看，新闻集团虽然在中国电视进入内地的努力一再失算，但在电影、院线、互联网技术、付费电视技术等市场仍在寻求时机。自"青海事件"后，新闻集团逐渐调整进入中国的策略，一边退出电视市场，一边寻找在电影业制作和发行院线的价值空间。1998年年初，20世纪福克斯公司与派拉蒙合拍的《泰坦尼克号》在中国放映获得成功，新闻集团开始涉足较为宽松的中国电影放映环节②，收购博纳影业股权，看重的是该企业的价值链结构所蕴含的较大的国际国内市场空间，而远不仅与其近年大片引进有关。

院线一直是被资本看好的"现金奶牛"，新闻集团并购博纳的目的是通过合资的形式参股正在扩张的民营影视公司，因为博纳影业具有三个独特优势。首先，电影业产业链条完整，拥有制作、发行和院线放映三个业务板块，且实力强大；其次，作为一家在海外上市的民企，博纳受到的经营限制较少；最后，与产权相关的资本运营较为灵活。拥有博纳的股份后，新闻集团的电影业价值链可得以优化：可以绕开由中影、华夏两家国字号专营引进电影的政策局限，争取在中国电影发行、放映市场的上主动权和话语权。

（三）弹性策略

所谓弹性策略，是指在动态多变的环境中，企业为更高效地实现战略目标、提高自身竞争能力，适应不断变化的环境而制定的一组可供灵活选择的行动规则及方案。对一直以强硬进攻为特色的新闻集团

---

① 香港电信占60%的股份。公司后来停止运营。
② 2011年的中共十七届六中全会提出，"在国家许可范围内，引导社会资本以多种形式投资文化产业"，这时被理解为政策出现松动的一个政策信号。

来说，在中国特殊的环境下，不得不选择一些不同于英美的公关策略，全面思考、全盘着眼，意味着为快速响应变化而重新配置资源，根据环境的动态性强度而选择柔性强度，通过在战略控制上敏捷反应，创造出一条独特的成长之路。

在意识形态方面的冲突与补救。默多克素有"大嘴"之称，经常对中国传媒规制进行指责批评。但是，他也深知政府政策对传媒集团发展的极端重要性。"媒介不仅仅是传递政治信息和争论的渠道，同时也是对政府的法规和经济政策以及对自由言论和不同意见的态度直接下赌注的大玩家"。① 当把目标国市场作为重要的竞争战略目标时，默多克为获得政府支持在必要时会主动放弃某些"自由"。1993年9月，默多克刚刚获得STAR TV的控股权后，在伦敦的一次演讲中声称，STAR TV卫星电视及传真机等科技手段"是对威权政府的明确威胁"。② 这一言论之后，中国禁止中国民众私人拥有卫星接收设备，事实上是禁止新闻集团进入中国媒体市场，之后，默多克用了数年时间重塑与中国政府的友好关系。1997年，默多克致函中国领导人，表示他"惊闻"自己关于科技解放作用的言论被误认为是针对中国的。默多克的信函中写道："事实绝非如此。如果产生了任何误会，我为此道歉。我仍然坚定地相信中国，致力于中国经济的发展。"默多克在信中表示："我可以向您保证，我仍然是中国的好朋友，致力于中国在世界舞台上得到自己应有的地位。"他这种补救加上其他多种形式的公关，最终还是挤进了中国传媒市场。

其次，表现在跨文化管理方面的柔性。默多克曾说：如果你忘记了人们在他们自己的国家里想观看的基本上是地方节目、地方语言和地方文化，那你就大错特错了。③ 2003年10月，默多克利用在中央党校的演讲机会，谈到中国未来的发展远景。他说，中国具有成为"新的全球性媒体和娱乐中心的潜力"，他认为，中国比任何其他先行

---

① 李欣：《西方媒体集团跨国经营的柔性策略——以新闻集团为例》，《新闻记者》2004年第4期。

② ［美］保罗·拉莫尼卡：《揭秘默多克：传媒大亨默多克的商业传奇》，刘祥亚、王静译，石油工业出版社2009年版，第78页。

③ 同上。

的国家，更有可能成功地发展它的媒体产业。"中国不仅具有效仿美英个例的潜能，而且也有以美国和英国个例为基础进一步发展取得自己更大成功的潜能。"① 其演讲鼓动中国加大开放脚步，加快出版自由和全球化的步伐。另外，其第三任前妻华裔美籍人邓文迪，也曾作为形象大使，参与中国的公关。虽然电影制作的风险，外行人往往无法预估，但是仍因较长的价值链条颇受资本的青睐；《雪花秘扇》几乎是为中国定制的传媒产品，是出于市场方向的考虑，更是出于中国文化特色的考虑。

新闻集团进军中国内地电视市场由于青海卫视折戟而调整战略。其失利原因是默多克低估了中国复杂的监管环境和通常由地方电视台主导多数市场环境的特殊性。总结新闻集团进入中国市场的多路径探索过程，可看到不仅有投资购买星空、合办凤凰、青海冒险的渠道之战；还与湖南卫视、青海卫视进行节目内容的合作输出方面的尝试，技术方面的探索一直在进行，与中央电视台、人民网、天津金大陆公司的合作是主推其技术优势。另外，还试图将 NDS 技术带到四川省。他试图复制在西方国家传媒领域攻伐的经验，依赖资本大棒和某些政府资源突破传媒领域政策限制的做法，在中国无功而返。

探索多年屡屡碰壁后，默多克似乎顿悟了在中国的生存之道，即以合作方式且放弃控股权、甘做本土企业的配角坐收渔利，其中，与上海文广、博纳影业的合作就是走的这种道路。

三 案例分析：星空卫视和凤凰卫视

星空卫视和凤凰卫视是默多克比较看重的两颗棋子，在其亚洲布局中作用突出。选用这两个案例进行分析，目的是剖析新闻集团在中国市场开拓困境的真正原因。

（一）收购以及出售

（1）星空卫视（Star Xing Kong 或 Xing Kong TV，常见 STAR TV）。群星满天之含义，中文名称即为"卫星电视有限公司"（Satellite Television Asian Region Limited，STAR），是香港第一家也是唯一一家覆盖全亚洲的卫星电视网。1991 年，由李嘉诚之子李泽楷创立于香

---

① ［美］默多克：《文化产业的价值》，《学习时报》2003 年 10 月 20 日。

港，4月1日试播，8月26日以"卫星电视中文台"(STAR TV)频道之名开播。"卫星电视中文台"又简称"卫视中文台"，在很多国家和地区播出，如中国台湾、新加坡等。1993年、1995年两年，新闻集团分别购得63.6%和34.6%的股权，并以8.5亿美元全资收购星空卫视有限公司，STAR的中文名改为"星空传媒"，总部设在中国香港。2001年，默多克将新闻集团在西欧、亚洲和拉丁美洲的卫星平台和相关资产重组，整合为天空环球网络集团(Sky Global Networks)，开设了"星空卫视"等频道。2009年拆分为星空传媒（印度）和星空华文传媒两家独立公司，分别经营印度市场和中国市场。

在中国市场辛勤经营多年仍未见效益之后，新闻集团开始对业务进行大幅调整，2010年8月9日，新闻集团将星空传媒的主要资产、近半的股权，包括星空卫视普通话频道、星空国际频道、Channel[V]音乐频道以及757部星空华语电影片卖给CMC。据估测，三个电视频道和电影片的资产估值总计3亿美元。[①] 2012年6月28日，默多克宣布对新闻集团进行重组，星空传媒纳入分拆后新成立的21世纪福克斯集团业务框架内。

2013年12月，新闻集团将旗下星空卫视剩余的50%左右股份出售给华人文化产业投资基金（CMC）。时任上海文广董事长兼CMC董事长黎瑞刚和新闻集团詹姆斯对外宣称，此次资本并购是二者长期合作的一个重要基础。（股权关系见图6-1）[②] 之前，SMG也与星空卫视展开过电视节目制作上的合作，控股星空卫视之后成立的星空华文传媒公司输出了《舞林大会》《中国达人秀》等优秀节目。

（2）组建凤凰卫视。为打入中国电视业务市场，默多克以STAR TV为进军亚洲重要工具，逐步拓展星空卫视频道的市场空间。1996年3月31日凤凰卫视成立，星空卫视公司与刘长乐今日亚洲各控股45%。五年后凤凰卫视实现了运营平衡，成为默多克在中国最成功的投资之一。

[①] 林艾涛：《出售在华电视频道控股权默多克以退为进坐待新机》，《IT时代周刊》2010年第17期。

[②] 新京报网：《"中国好声音"资本运作揭秘》，http://www.bjnews.com.cn/finance/2014/04/14/312846.html。

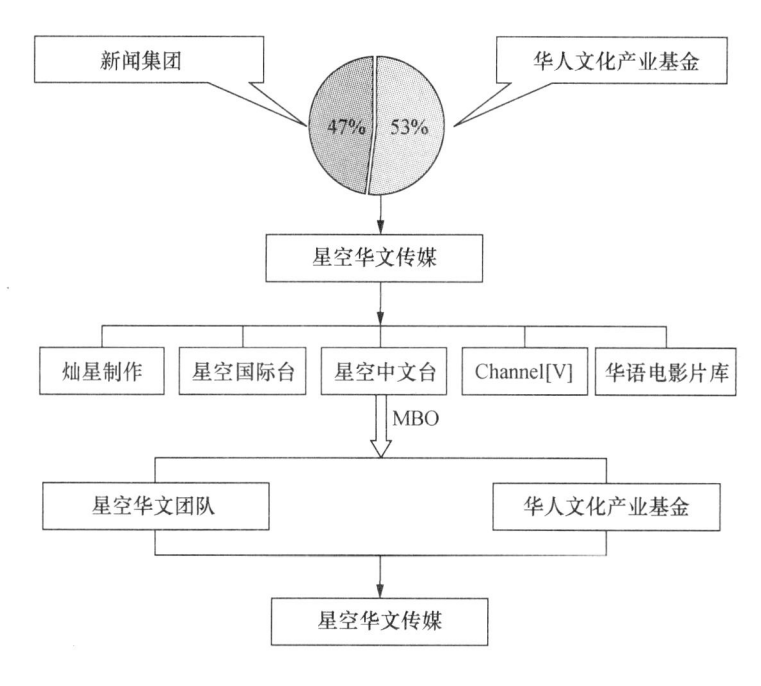

图 6-1　新闻集团与华人文化产业基金的股权关系

星空卫视、凤凰卫视逐渐增强的态势使默多克一度很有信心。但受青海冒险中途被叫停打击后，2006 年默多克将凤凰卫视 20% 的股权卖给了中国移动（香港）集团，到 2013 年 10 月出售其余 80% 的股份。

（二）价值探索及发展困境

（1）价值诉求的规划。自 20 世纪 90 年代初新闻集团落地中国香港、珠三角以来，默多克曾雄心勃勃规划新闻集团占领中国传媒市场的路线图。默多克在购买了星空十年后的 2003 年 10 月 8 日，受邀在中央党校作了一场题为《文化产业的价值》演讲，开创了国外传媒大亨首次在中国的高规格宣讲纪录。他强调了文化产业的重要性，之后重点描述了新闻集团将对中国传媒市场的推动作用，他说：书籍、报纸、电影、杂志和电视……对于任何一个在 21 世纪先进国家而言，一个强劲繁荣的传媒产业不仅仅是有利可图的，而是必不可少的。①

---

① ［美］默多克：《文化产业的价值》，《学习时报》2003 年 10 月 20 日。

首先，1993 年默多克以 5.25 亿美元的价格收购星空卫视后，成立星空传媒集团。实际上，默多克重金买下的并不只是 5 个不赚钱的频道，他看中的还有星空品牌的音乐、电影和体育频道，以及星空卫视相关的华语版 ESPN 和国家地理频道。更重要的是买下卫星传播亚洲一号转发器的租赁权。① 作为亚洲一号卫星的最大租户，星空卫视对转发器有优先取舍权②，这一资源也促成与刘长乐的合作投资建设凤凰卫视，因为当时适合刘长乐办电视台的卫星只有亚洲一号。

随着中国加入世界贸易组织，2002 年共有 4 家境外媒体③获准进入广东电视市场落地。其中，新闻集团是最为执着、付出最多、胆量最大、最可评说得失的一个典型。可以说，进入中国内地的传媒巨头中，在宽频和内容上都有建树的只有默多克控制的新闻集团。2002 年 4 月，卫星电视首席执行官、默多克第二个儿子詹姆斯在媒体介绍会上透露，卫星电视终于盈利了，其主要收入来源为付费电视和广告。卫星电视的业务涉及各类卫星、光缆及广播电视频道，新闻集团在各个频道持有数量不等的股份。2003 财年，星空传媒集团首次实现全年度运营盈利。

（2）困境原因：渠道限制了内容价值的实现。落地权难题，一直是新闻集团在中国拓展的"瓶颈"。初时，之所以耗资 8 亿美元的高价买下李泽楷只投资 1 亿美元创办的星空传媒，因为默多克单方面想当然认定李泽楷已就信号落地事宜与中国大陆达成了合作共识，而事实上等于买了个空壳，不仅没有落地的可能，而且收购完成后，之前的广告合约也面临结束。之后，尽管星空传媒的管理层多方游说中国政府相关部门，希望公司的"落地权"能够扩展到内地其他地区。在没有得到允许的情况下，默多克采取了擦边球的冒进方式——与青海卫视合作，以求曲线上星，但最终未能如愿，尤其是冒进被管理层叫停后，默多克开始慢慢失去耐心。

---

① 新闻集团拥有卫星传播亚洲一号转发器的租赁权，这也是刘长乐投建凤凰卫视的意愿之一，当时适合刘长乐办电视台的卫星只有亚洲一号。

② 从日后的运营状况看，此举并非成功之举。星空传媒迟迟无法打开局面，前五年半居然亏损了 5 亿英镑。默多克用了七八年的时间才使星空卫视的财务收支基本持平。

③ 星空卫视、凤凰卫视、时代华纳和 MTV。

一方面，渠道和内容的竞争优势无法发挥，经营惨淡，难以为继。近几年星空卫视的内容品质不仅无实质性提升，反而因为经济和环境因素的不利，人才逐渐流失，节目质量明显滑坡。一是从渠道看，由于星空卫视的有限落地、覆盖率止于一隅，收视率及经营状况都难以乐观，广告投放力不足，亏多盈少。2007年，其主要资产星空卫视普通话频道、星空国际频道、Channel［V］音乐频道的亏损额高达1亿元人民币。从内容角度看，星空卫视2002年获得政策优待，一些节目资源，如"榜中榜"可以在广东有限落地。却没有实现预期的价值提升的目的。而且其节目内容方面的创新便利了内地的其他媒体模仿，致使其差异化竞争优势逐渐丧失。其中，Channel［V］频道拥有版权的品牌活动——"榜中榜"在广东省有线电视播出后，翻版的"榜中榜"——各种音乐大赛在全国其他多家卫视开播。特别是《鲁豫有约》等访谈节目在凤凰卫视热播后，大陆市场迅速出现了几家类似的访谈节目。

另一方面，中国大陆传媒市场改革深入发展，出现了一批大型国内传媒企业，尤其是在2007年之后实力有所增强。默多克感到发展前景越来越黯淡，只好根据环境变化，及时调整战略。2009年8月，新闻集团宣布重组星空传媒：亚洲的电视业务被重组成三家分公司——星空传媒印度公司、星空传媒大中华公司及福克斯国际频道，福克斯国际频道管理星空传媒的所有英语电视频道。这一大规模的调整行为，被认为是将市场重点向印度转移的先声。之后逐渐放弃星空的控股权，表明默多克在逐步放弃中国市场。

第三节　产业价值链难以打通

默多克在中国拓展业务30多年，20多亿美元的投入在连连碰壁中多半损耗掉了。乔纳森·尼与布鲁斯·格林沃德所著《被诅咒的巨头：传媒大亨们为什么走上了穷途末路？》中，对新闻集团的诊断是：由于准备欠妥、思考欠佳，新闻集团在不同市场间复制成功经验的努力常常被证明是错误的。笔者并不完全赞同这一观点，但基本同意后者。在规模经济和范围经济、集成经济为特点的传媒行业,产业链的通畅至关重要,而关键链核的有无和强弱直接决定着价值实现的可能空间的有无和大小。新闻集团在中国媒介市场的探索,复制其在欧美市场经验,显然,与中国市场的规制特点无法结合。尤其是在市场化改革进程中,传媒产权管理还处在比较严格的阶段,资本自由运营有很难跨越的渠道门槛。

一 中国传媒规制对传媒价值实现的影响

默多克在中国市场需要获得哪些力量才能推动发展呢,换句话说,要弄清楚哪些市场因素阻碍了新闻集团在中国传媒产业价值链的完善。经比较分析可发现,在诸多政策规制背后,市场与政府之间的博弈左右着传媒企业价值空间。

(一) 从表面上看,中国对外媒进入和产权的限制

李亦非[①]将"在全球市场上如狼似虎"的国际大传媒集团形容为"中国市场上沉默的羔羊",因为中国对外媒的限制非常多,且政策时常调整。这些限制包括如下几个方面:一是资本进入的限制,包括所有权的限制、资本运作方式的限制;二是市场覆盖的限制,包括落地区域的限制和市场占有率的限制;三是内容标准的限制,涉及意识形态、文化传统、民族习俗等。这是政策门槛,不仅限制了渠道,也对内容设定了标准。

(1) 市场覆盖和资本进入限制放松进程缓慢。中国在国际新自由主义思潮的推动下,也在逐渐开放传媒市场,但与日本、印度相比较这个过程比较缓慢。21 世纪以来,在面临入世、新的传播技术出现、市场化趋势和人民群众精神需求变化等诸多挑战的背景下,对外资传媒进入的规制逐渐放松。

2001 年 8 月 20 日出台的《关于深化新闻出版广播影视业改革的若干意见》(以下简称"17 号文"),是中央宣传部、国家广电总局、新闻出版总署在新形势下,针对传媒业所发布的重要导向性政策文

---

① 第一个登上《财富》杂志封面的中国女性李亦非,曾任维亚康姆 MTV 音乐电视频道的中国区总裁(有人称之为"买办"阶层代表),直接促成了维亚康姆与中央电视台联合举办了 CCTV - MTV 音乐盛典,策划并促成了 MTV 24 小时音乐频道在广东的落地和播出。

件,希望通过放松管制促进国内媒体提高自身实力,从而在不断激烈的世界舆论斗争和竞争中占据主动。"17号文"提出:"选择管理规范、技术先进、资信可靠、对我国友好的国外知名媒体集团进行合作,引进国外先进技术、管理经验和优秀作品。"目的是通过与境外媒体合作提高国内传媒业的技术、管理和经营水平。可以理解为,为打造与国外传媒集团在某些领域和地域相抗衡的国内传媒集团而希望借助西方的技术,这种鼓励以合作引进外媒的方式,也显示了一种"拿来为我所用"的态度。

从《外资进入传媒领域的开放进程表》(见表6-1)我们可以看出,非时政新闻类传媒市场在有步骤但有限地放开。

表6-1　　　　　　外资进入中国传媒领域的开放进程

开放时间	承诺开放的内容
到2002年年底	期刊首先向外资开放,每年进口大片增至20部,允许外资投资中国影院,投资制作及销售录音、录影带等视听产品,并拥有最高49%的股权,开放互联网服务的全部领域
到2003年年底	图文电视、视频点播等增值服务外资可达50%
到2004年年底	进口电影数目增加至50部,传呼服务外资达到50%,分阶段取消在流通服务上的一切限制
到2005年年底	传呼服务中,外资可达到51%

与此同时,逐渐放宽外资进入传媒集团。首先允许试点式吸收外资。2002年,《新闻出版总署关于贯彻落实〈关于深化新闻出版广播影视业改革的若干意见〉的实施细则》出台,认同"各类资本"都可以参与传媒经营,打破了传媒领域只允许"国有资本"进入的限制,拓宽了传媒投融资渠道。2003年5月1日,《外商投资图书、报纸、期刊分销企业管理办法》正式颁布实施,我国出版物分销市场正式向世界贸易组织成员开放。其中首先开放的是零售企业,外商设立零售企业的注册资本为500万元,批发企业为3000万元;2004年12月将向外资开放批发市场。2004年6月15日,广电总局颁布《境外电视节目引进、播出管理规定》(第42号令):"经批准引进的其他

境外电视节目，应当重新包装、编辑，不得直接作为栏目在固定时段播出。节目中不得出现境外频道台标或相关文字的画面。"紧接着，规定了入股的范围。2004年11月28日，国家广电总局颁布《中外合资、合作广播电视节目制作经营企业管理暂行规定》（第44号令）①指出，外资媒体公司可以入股中国国内广播电视节目（新闻相关专题、专栏节目除外）制作经营企业，中方持股不得少于51%。这是第一次正式从制度上真正确立了境外资本在中国电视制作领域的合法地位，由此可见，对外资有了进一步开放。

另外，还有某些方面的限制。2005年2月25日，国家广电总局发出了《关于实施〈中外合资、合作广播电视节目制作经营企业管理暂行规定〉有关事宜的通知》，规定外资只能在中国通过合作、合资等方式开办一家影视制作公司。7月12日，更有针对性的文件《广播影视系统地方外事工作管理规定》出台，规定地方广播影视节目制作经营机构的涉外活动应服从上一级广播影视行政部门统一管理；明确要求各地方广电机构不得向境外机构出租广播电视频道（率），而且也不得与境外机构合资、合作经营广播电视频道（率），不得合资、合作开办固定栏目和广播电视直播节目。② 2005年8月5日，文化部等五部委联合制定《关于文化领域引进外资的若干意见》，规定了外资进入中国文化传媒业的领域、入股的条件及要求。

（2）在进入门槛和产权的限制下，无法实现内容价值和延伸价值。《中国的冒险》作者认为，默多克被中国政府轻松地牵着鼻子走，因为默多克急切地占领中国庞大市场的野心昭然若揭，很容易失去理智和被人利用。在"窃听丑闻"后，一位加拿大记者甚至调侃说，英国政府实在应该向中国政府学一学怎么对付默多克的新闻王国。因为进入门槛和产权的限制一直很严格，说到底，限制产权也就是话语掌控权问题。

中国政府加入世界贸易组织时曾明确表示，传播业暂不全面对外

---

① 2009年2月6日，以国家广播电影电视总局和中华人民共和国商务部第59号令废止。
② 李映红：《解读政策有误 外资媒体惨败中国》，《搜狐IT》，http://it.sohu.com/20050805/n240227137.shtml。

开放，加入世界贸易组织承诺既不涉及广播电视领域，也不涉及新闻出版行业的出版制作和经营管理领域。其中，报业和电视业都暂不对外国开放。理由是因为传播业属于服务贸易范围，是否开放以及开放的程度暂时可由成员国本身决定。可以看出，中国传媒体制更多地限制了渠道拓宽，尤其是媒介所有权管控非常严格。中国市场是特殊的，改革进程好像也很难把握，但是，有一点是一以贯之的，那就是对党报、党刊等相关的公共领域传播的严格管制。亚洲协会美中关系中心主任、中国问题观察专家奥维尔·斯科勒说，传媒行业是中国打算留到最后一批才会放手的自留地。所以说，在这种完全垄断的电视市场上，外媒不可能扩大市场占有规模。

另外，默多克放弃中国市场价值链继续构建也与其高龄的无奈以及家族继承权的安排不无关系，默多克将庞杂的中国电视业务终止，也是精简产业链条，保证盈利能力较强环节获得足够多的盈利空间，为其子女顺利进入管理层打造良好基础。

（二）实质上，是价值取向对市场化程度的决定作用

西方主流媒体对默多克的批评主要集中在他对新闻专业主义的违背，除指责他对商业利益无底线追求之外，还对他竟屈就示好中国政府的做法，有颇多非议，批评他为开拓中国市场不惜模糊处理意识形态和价值观的问题。

为打开中国市场大门，默多克指出，亚洲地区政府应该顺应全球化趋势，向西方学习，加大开放步伐，为媒体提供足够的空间和自由。默多克通过《文化产业的价值》的演讲，曲折但是鲜明地表达自由市场观念。在批评了英美等国的管制的同时，他呼吁中国管理层放松所有权的严格管理，"让开放的市场发挥其潜能并不意味着权力的丧失。恰恰相反，当党和政府从拥有和管理媒体产业到监督它的发展和成长，领导层和百姓都会受益匪浅的。……在这个过程中，出版自由将发挥至关重要的作用。"[1] 据说，这次演讲稿的修改时间达一年之久，经过了很多人润色很长时间修改而成，因为意识形态的问题也是

---

[1] ［美］保罗·拉莫尼卡：《揭秘默多克：传媒大亨默多克的商业传奇》，刘祥亚、王静译，石油工业出版社2009年版，第83页。

他们首先谨慎对待的问题。

　　中国管理层一直强调传媒产品的社会属性，即使在认可传媒二重性前提下，也通过各种行政手段对传媒市场进行规制，在这种进入规制严格限制下，中国传媒市场实际上是在垄断经营。虽然在市场压力尤其是外向型经济的压力下，特别是加入世界贸易组织后，逐渐向外资开放了一部分可经营的传媒行业，但是并不包括报纸电视新闻业。首先，不容许私人拥有电视台。《广播电视管理条例》（1997年）明确对进入广播电台、电视台的资格实行了严格限定。规定电台、电视台由政府部门设立。其次，限制外资进入新闻传媒业。2001年中办发布的"17号文"中就明确指出："新闻传媒由国家主办经营，不吸收外资和私人资本。"2002年3月11日，国家计委、国家经贸委、外经贸部在重新发布的《外商投资产业指导目录》中，明确规定部分上市公司的国有股、法人股限制或不能向外商转让，其中明确禁止外商投资文化艺术及广播电影电视业。最后，进一步明确禁止外资参与频率频道经营。2004年7月，国家广电总局明确①频道频率资源属于国家专有资源不得出售、承包、租赁……外资不得参与频道频率的公司化经营。

　　可以看出，国家对新闻传媒仍实行严格的行业准入和资金进入许可制度。可以说，准入问题关乎传播渠道，也是意识形态问题；市场的开放程度不够，不仅是经济问题，更是价值取向和管理特色的问题。传媒业因其特殊的意识形态属性，在许多国家都不敢放松控制。比如苏联，管制放开后的结果是迅速向资本主义制度演变。

　　新闻集团试图突破或绕过制度约束，其诱致性制度变迁的创新实践在西方国家屡屡成功，既体现为媒介价值的扩张，也体现为与意识形态的碰撞。以资本控制新闻，以新闻绑架政治，取得垄断优势，发挥媒体权力达到极致的做法，是默多克的经营诀窍。不管低调还是明目张胆，默多克的商业扩张的目的之一是尽可能多积累媒体权势获取他的政治话语权，进而得到商业利益——或者特殊政策或者税收优惠。而这一手段在澳大利亚、英国、美国的自由市场环境下都获得了

---

① 2004年4月，国家广电总局在上海召开全国广播影视局长座谈会。会议要求广电系统内的文化体制改革试点单位率先实行"三分开"和"三分离"。

极大的成功，在那种市场环境下，默多克肆无忌惮地使用各种技术"专利"诱饵、富可敌国的资本实力，为他的财产获得特殊的政府支持，而不必像其他传媒业主那样采用常规的竞选捐款和游说。因为，许多西方传媒大公司也同样通过营造一个友好的政治环境，以最大限度地减少规制障碍。"媒介政治体现在媒体对其雇佣的评论员和脱口秀主持人的选择中；有力地践行于传媒公司极力游说的法律、法规中；也反映它们及它们上次支付给政党和政治候选人的政治献金中。"[1]《新媒体垄断》作者认为，媒体权力就是政治权利，他谈到世界巨型传媒集团时，一针见血指出"它们服务于大众的责任，同时最大限度地保障公司的利益、缴纳最少的市州和联邦税金。""它们具有媒介威力并能用之来倡导它们背后的商业世界所推崇的价值观。它们是商业利益的一部分。"[2]

出高价开路、以资本绑架政治的方法，在中国严格的产权限制和高进入门槛限制下，新闻集团无计可施。因为不能左右规制方向、无法改写市场环境，盈利无从谈起，归根结底还是追求的价值取向不同。布鲁斯·多佛 2008 年出版了《鲁伯特如何丢了一大笔财富，赚来了一个夫人》一书，因作者曾在新闻集团工作，讲述默多克在秀水街买领带的故事也很真实。这个故事一定程度上反映了默多克的经验策略，在西方国家高价并购的成功实践，他想当然地认为可以凭借资本优势买到他想买的所有东西。他在中国的投资项目叫价过高，表现了他迅速打开中国市场以传播其商业自由的价值理念的渴望。显然，这在中国终究不能成功。因为，从价值追求的角度分析，中国传媒业的发展始终以舆论宣传为第一位不动摇，强调社会价值，不同于西方更重视经济价值和国际竞争力的做法。

二　传媒产业价值链结构缺陷使新闻集团的价值创造优势难以发挥

在中国，一边是庞大的中国媒体产业发展非常迅速，市场空间不

---

[1] ［美］巴格·迪基安：《新媒体垄断》，邓建国等译，清华大学出版社 2013 年版。第 91 页。

[2] 同上。

断扩大，外资不肯舍弃；另一边却是外媒遭遇无法超越又无力改变的政策壁垒。法律和政策限制是国际传媒集团拓展国际市场遇到的第一道"门槛"①，而且是投资中国市场面临的最大的挑战。政策壁垒阻断了新闻集团价值链的建构，渠道层面出了问题，不能使差异化的内容优势在市场变现，犹如被扼住了喉咙致使气息不畅，这种格局不改变则发行价值无法实现（见图6-2）。

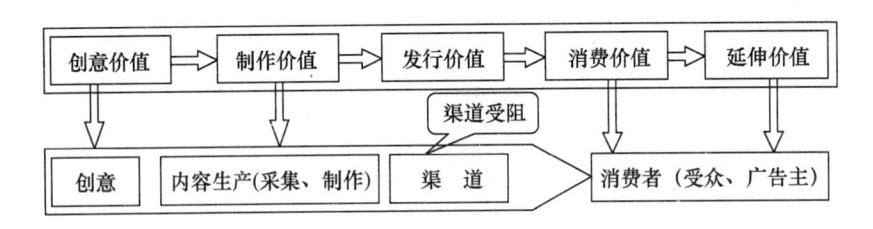

图6-2 新闻集团在中国市场的传媒价值链

在中国，对于传媒意识形态属性强调比较突出，管控也非常严格。报社和广播电视台不允许私人开办，更不允许外资染指。在加入世界贸易组织推动下的些许例外也只允许一些境外频道有限落地，如在珠三角地区、三星级及以上宾馆和国际社区。为曲线进入，新闻集团虽然在策略方面做了不少调整，比如采取本土化的策略、边缘策略等，看似非常努力，实际上犯了一个大忌——触碰了管理红线，既不能得到渠道也失去了独特的内容竞争优势。迈克尔·波特专门谈到跨地域竞争战略的选择，他认为，公司应该以一致的定位渗透国际市场，要发挥公司独特的战略性优势，如果根据各国的机会来修正公司的竞争定位，成功的机会不大。"除非这些公司在本质上有所不同，除非能将它们予以重新定位，整合于母公司的战略之下。少了一致的定位，企业将缺少实质性竞争优势，而且无法累积声誉；此外，跨国的整合活动努力也会因此事倍功半，以受挫告终。"②

---

① 张咏华提到了"三道门槛"：（1）法律和政策挑战；（2）经济挑战；（3）文化挑战。参见张咏华《传媒巨轮如何转向：移动互联网时代的国际传媒》，南方日报出版社2010年版，第80—86页。

② [美]迈克尔·波特：《竞争论》，中信出版社2012年版，第263页。

国外传媒在中国传媒业，遇到的挑战具有一定普遍性。维亚康姆公司在中国区的一个代表总结了三点：一是由于政策的不可预测性所导致的不安全感；二是由于政策的执行未经公众监督所导致的透明度缺乏；三是知识版权的保护水平低下。① 另外，从跨文化传播的角度考察新闻集团等国际传媒集团国际化的过程，也看出一些文化接受和输出的问题。俄国著名文化史学家洛特曼（Lotman）把国外媒体适应输入地文化的过程分为五个阶段：第一，由于好奇心的作用，本土受众对国外媒体产生某些好感，多关注一些；第二，本土媒体生产者通过模仿打造出更加成熟、更加适合本土化的内容；第三，国外媒体开始制作本土化内容；第四，本土文化已经完全融入国外媒体的制作理念；第五，本土媒体开始输出文化，并开始走上媒体产品的全球化扩张之路。② 可以看出，这个国际化市场开拓的过程是漫长的，是双方文化相互交融的过程，冒进的做法常常失败。新闻集团相比迪士尼和维亚康姆的慢慢试探、磨合的做法，显得激进和冒险；而且挑战的是中国管理层最核心的禁忌——传播渠道的控制规制。所以，其受挫也在情理之中。

青海卫视受挫让默多克重新审视他始终无法跨越的政策壁垒和无法把控的政治博弈。借用一句古诗来形容这条路极为准确：渠道之难，难于上青天。因而，新闻集团逐渐收缩在华业务的动向，很多人认为默多克完全放弃了中国市场。本书认为，这只是新闻集团规避风险的战略行为，默多克会在继续探寻进入的新时机和适宜方式。2014年4月17日，分拆后，"新"的新闻集团总裁罗伯特·汤姆森访华并拜会中国领导人，明确表示将为增进彼此了解及合作而努力。这次高规格的会见，有理由使人们相信新闻集团依然在寻求入华的传媒价值空间。可以预见，随着经营权和所有权的改革以及逐步对传媒产权规制的放松，外资传媒集团会在电视内容产品制作、电影业、互联网技术等方面找到较大的合作和投资空间。

---

① 张咏华：《传媒巨轮如何转向：移动互联网时代的国际传媒》，南方日报出版社2010年版，第83页。

② 同上书，第81页。

第七章　新闻集团价值链构建得失及对我国传媒业的启示

2013年6月28日新闻集团分拆①事件是该集团30年来最大规模的产业结构调整，自此以后，一个全媒体帝国的辉煌不再以全产业链的形态延续，这种结构变化引发了整个新闻业和产业领域的震动，并引起了学界的深思。默多克曾以独狼式的勇气和超常谋略率领新闻集团通过资本运作、从澳大利亚到英国和美国，一路征战一路凯歌高奏，如愿实现了业务领域的拓展和跨国资产整合的宏大布局。当然，当他将经济运营模式和以资本实力及技术控制的经验复制到数字媒体领域和中国大陆时，却遭遇始料不及的挑战，又一次面临转型和重构价值链的难题。从当前世界传媒行业发展环境考察，默多克的困局并非个案，不断变化的媒介生态对以纸媒和广电为主营的传统传媒集团的竞争路径选择提出新要求，不同的市场环境下的竞争也要调整价值获得策略。本书以价值链为分析工具，来辨析影响价值实现的多种力量，总结新闻集团拓展价值链的经验和教训，尝试为增强我国传媒竞

---

① 2013年6月28日，拆分为两家独立的上市公司运营。新的新闻集团和21世纪福克斯集团，出版和娱乐业务分离，并且新的新闻集团对其不再有所有者权益。新的新闻集团主要是由现有的出版业务组成：道琼斯通讯社、《华尔街日报》、书籍出版商柯林—哈珀斯及澳洲版《泰晤士报》、澳大利亚和英国的部分报纸，另外还有澳大利亚付费电视台、数字不动产和众多教育集团，Foxtel和澳洲福克斯体育台则重组成澳洲新闻集团，归为新的新闻集团旗下的子公司等；21世纪福克斯公司由有线电视、电影和卫星转播业务组成：21世纪福克斯电影，福克斯广播，21世纪福克斯电视，福克斯体育、国际、新闻频道，福克斯商业网、国家地理等资产和星空传媒（一家泛亚洲付费频道运营商），以及意大利天空卫视、德国天空卫视54.5%的股权和英国天空广播公司39.14%的股份。新的新闻集团首席执行官罗伯特·詹姆斯·汤姆森；21世纪福克斯公司总裁和首席运营官蔡司·凯里。

现在，默多克长子拉克伦（Lachlan）已经成为新闻集团和21世纪福克斯的新任非执行董事长，二子詹姆斯（James）升任21世纪福克斯联合首席运营官。

争力提供镜鉴。

第一节　新闻集团价值链构建经验

从以上第三章至第六章的分析可知，默多克不断完善新闻集团价值链结构的探索，体现了他的经营思想。对此，张辉锋进行了深入的研究，总结了默多克构建价值链的经验，认为"渠道为王、资本开路"是其重要策略。沃尔夫在《一个人的帝国——默多克的隐秘世界》里也如此评价默多克："像鹰一样的敏锐，像变色龙一样的务实"。沃尔夫通过大量调查和近距离采访得出的结论是：办报"制造争端、煽风点火"与借助资本"疯狂并购"，才真正造就了默多克的传奇。默多克有突出的专业精神，首先，表现为秉持吸引注意力的"受众本位"理念，默多克尤其注重年轻人的兴趣转向。关于停止《太阳报》"三版女郎"的原因，他在推特（Twitter）上表示这个"时尚"的传统已经过时，"半裸女郎该穿上衣服了。"《太阳报》发言人表示："报纸在不断进行着改进，我们仍然致力于倾听读者的需求。"[1] 其次，是"创新精神"。默多克将传统媒体做到极致，更多的是依赖技术发展带来的"分水岭"变化[2]，他不停投资新技术，不断改造传统媒体，探索新媒体，优化价值链。

一　业务布局不断拓展、价值链不断升级

新闻集团根据时代特征和市场状况，不断调整集团的经营管理策略，通过内生式增长和外延式并购不断拓展业务格局。默多克善于管理价值链，在技术的推动下，根据市场需求和产品生命周期的特点，不断以核心价值链拓展利润空间，打通新闻与娱乐所带来的产业价值空间。对此，喻国明先生总结了如下两次升级。

---

[1] 人民网伦敦 2014 年 9 月 10 日电，http://world.people.com.cn/n/2014/0910/c1002-25636539.html。

[2] 根据以下材料整理：CCTV2（20110626）：《对话默多克邓文迪夫妇》，http://video.sina.com.cn/p/ent/v/2013-06-14/095362546413.html。

表 7－1　　　　　　　　新闻集团的产业价值链升级情况①

	产业	标志性事件	产业收入	外部情况	有利因素	转机
第一个升级点	电视	1984 年，收购福克斯公司	报纸	1. 独立电视台、有线电视台和卫星电视合开始崛起。 2. ABC、NBC、CBS 三大电视问题遇到了前所未有的困境，收视率下降	1. 优秀的经营人才，如迪勒。 2. 20 世纪福克斯影片公司提供新片子和文献片。如在 1988 年好莱坞的剧作家罢工，其他电视网不得不旧戏重演。但福克斯电视网有自己制作的节目和电影。 3. 采用低成本、新模式的节目，使节目有特色。 4. 1988 年，20 世纪福克斯影片公司开始盈利	1990 年
	电影	1985 年，收购 20 世纪福克斯公司 50% 的股份	报纸	1. 20 世纪 80 年代中期，娱乐已经是美国产业中的第二大出口行业。 2. 电视、广播台伴随着有线电视革命在美国大量出现，电影厂处于卖方市场。 3. 20 世纪福克斯公司处于亏本状态，是好莱坞最不景气的电影厂之一	1. 默多克已经在美国报界站稳脚跟。 2. 默多克希望在美国发展电视业，需要确保得到稳定的节目来源。 3. 20 世纪福克斯公司有一个巨大的电影档案馆，可以为默多克正在伦敦建立的一个天际广播公司的有线电视提供巨大的片源。 4. 一直对电影业感兴趣，1980 年和合伙人建立一家电影公司	1988 年

---

① 喻国明：《传媒竞争力——产业价值链演变案例与模式》，华夏出版社 2005 年版，第 96 页。

续表

产业		标志性事件	产业收入	外部情况	有利因素	转机
第二个升级点	新媒体	1998年，天空广播公司建立了英国第一个数字电视台；1999年推出互动电视；1999年建立电子伙伴公司	电视报纸杂志电影	1. 1983年，默多克开始涉足卫星电视，在整个80年代，卫星电视的投资严重亏损。 2. 忽视了有线电视业务的拓展，到80年代末，有线电视经营者确立了垄断地位，默多克失去了这方面的商机	1. 20世纪90年代中期后，在发达国家，互动电视的消费市场已经成熟。 2. 默多克拥有新闻集团30%的表决权股票，可以按照自己的主张作长线投资。 3. 新闻集团拥有自己的内容提供能力	

第一次升级是从报纸扩张到电子业务，主要是电影和电视业；第二次升级是扩张到社交网站、数字报纸、视频网站等新媒体领域。通过这两次升级，新闻集团价值链逐渐内展外延，由报纸独大到逐渐让位于电子媒介继而又被网络媒介所包抄，不得已一次次转型，每一次向外延伸，都会扩大传媒生态结构，都意味着新的市场机遇和产品的出现。如电视业务的开辟，便是价值链结构调整的需要。20世纪60年代末，在拥有澳大利亚主要报纸壮大实力后，默多克便开始在本土的阿德莱德、悉尼和墨尔本等地购买广播、电视业股份；70年代默多克进军英国同时开拓报纸和电视业务；70年代末期进军美国报纸业，到80年代对电视业大规模投资；90年代在欧亚美卫星电视领域形成了霸主地位。

从新闻集团的进程可看出如下特点：第一，其发展历程紧紧围绕"内容制作+传播渠道"主线布局，即沿着新闻信息价值挖掘的路线，一直向前铺设各种传播渠道，开发 The Daily 新媒体阅读终端便是一例。第二，借助资本的力量，以原有业务的技术、内容和资本为基础，一环环推进业务对接架构，推进价值链升级。1968年秋，资产已达 500 万美元的默多克到英国开拓报纸和电视业务；到美国成立福克斯电视公司后，大规模投资电视。第三，技术优势。新闻集团重视新技术开发和利用，以印刷技术、电子技术、数字技术、加密技术或者开拓新市场，或者与传统媒体紧密结合，以形成全方位、多媒体互相支持、相互借力的传播体系。

这种升级的过程是不断完善价值链的探索历程。按照价值链理论，打通内容制作和传播渠道之间的各种阻碍，就可使价值链不断升级完善。从理论来看，这种做法没有任何问题，这不仅是新闻集团的选择也是其他传媒组织经常实践的宝典。从新闻集团 50 多年的发展史看，采用技术和资本之力完善价值链结构的战略，成就了其不断强大的跨国竞争实力，也一定程度上兑现了该企业的承诺：我们的目标就是为我们的股东创造更多的价值。①

二 创新驱动的差异化策略，成就渠道和内容环节的竞争力

在西方，资本和渠道及内容优势的获得在传媒业并不难，价值链结构的差异化策略的实施却很少有人超过默多克。默多克非常重视新闻集团核心价值链的打造，以创新驱动内容差异、渠道垄断以及技术先锋和政治公关的实现，来取得某一环节、某一层次的战略优势。差异化战略对于新闻集团来说意义非凡，甚至可以说是其制胜法宝，即通过实施差异化战略夺得先机，力推传媒产品和服务价值最快最大化实现。笔者认为，新闻集团传媒经济价值实现的经验，关键是顺应了自由市场环境，以资本、技术及政府公关所获取的媒介操控力、政治操控力、经济操控力，将差异化战略贯通价值实现的链条，特别是渠道和内容两个关键环节。

（一）渠道差异化：操控占有尽可能多的渠道以确保信息传播价值实现

渠道控制力，是默多克独特的盈利模式在美国等市场自由环境下得以实现的强有力保障，如果渠道门槛过高，则技术和资金的力量很难发挥出来，便会如泥牛入海一样——无计可施。渠道价值包括跨媒体通道和地域通道。通过跨媒体渠道，在报纸、电视到网络和电子终

---

① 2012 年新闻集团年报中这样表述：Our aim is to unlock more value for our stockholders。

端领域，新闻集团都占有很大的市场份额；通过跨地域渠道，在集团经营领域涵盖了多种媒体种类情况下，为取得规模效益，传媒集团不是仅仅局限在有限的本地市场。其中，对于《太阳报》《泰晤士报》《华尔街日报》等鼎鼎大名的传统媒体的收购，便是默多克以寡头经营方式控制渠道实现区域扩张的鲜活写照。

在美国争取渠道不遗余力。1976年年底，默多克购得历史悠久且极具影响力的《纽约邮报》，这份一直标榜真实记录世界上每日生活的报刊，是默多克打入美国新闻界的关键一步。但在1988年，因在同一市场上同时拥有一份报纸和一家电视台，在美国政府的重压下，默多克被迫出售这家通俗报纸。1994年，默多克为再次收购已经濒临倒闭的《纽约邮报》，设法说服FCC改变规制，使新闻集团同时拥有《纽约邮报》、纽约电视台和福克斯下属的WNYW电视台。《纽约邮报》失而复得，是默多克对美国传媒规制的胜利，他迫使政府留出政策间隙允许新闻集团同时拥有该区域的报纸和电视台。

占有和控制渠道为价值链一体化资源整合提供支持和保障。集团拥有很多媒体后，媒体之间便可以互相促销。适宜的价值链结构能促使价值增值实现，报刊、出版社、广播影视资源共享：报社有深刻的、严谨的报道内容；视听媒介给人直观的、感性的信息；出版社将视听和报刊媒介里的精粹内容进行汇集加工整理出版。如电影公司的著名演员可以出现在同一集团下的电视网络或者杂志封面上，还可以策划一些出版传记、专访以及真人秀娱乐节目。这样，不仅"一鸡多吃"，而且还扩大了宣传推介范围和频率，形成资源合力。

为取得渠道优势，默多克不仅以媒体影响力换来政府庇佑，更善于借助其强大的资金实力和技术实力实施控制。从资本运作能力看，默多克为拓展他的传媒帝国，密切关注市场变化，即使家人团聚度假的时候，也忙于与公司部门经理人讨论一个又一个兼并计划和资金运营安排；从技术优势的把控来看，默多克始终坚持快人一步。1964年冬天，为使《澳大利亚人报》保证每天将报纸发行到澳大利亚每个省的首府，默多克创建了外号为"米老鼠航空队"的运输队，并常常亲力亲为将报纸的字模开车送到机场以空运到墨尔本和悉尼的印刷厂。后来，颇费周折收购的以色列DNS公司，是为了英国的电视付费业务而兼并的技术公司,又将它引入其他国家,包括中国市场。

(二) 内容差异,独特新闻创新理念驱动信息经济价值实现

媒体占有对于默多克的价值在于构建完整的产业价值链图景,从而取得在某些关键环节的绝对控制权;默多克的成功还在于设法掌控差异化的信息和娱乐内容,并能提供差异化发行服务。在内容取得和内容呈现上,默多克超越传统与表象,不断地创出新意,独特的注意力经营思想是其取胜的诀窍。默多克不仅具有超强的市场洞察力,而且有超人的冒险精神和行动力,他总能迅速抓住市场时机并掌控市场,他曾强调:"从根本上说,最成功的商业行为本身就是一种投机,你必须学会在机会出现的时候迅速采取行动。"[1] 这种创新精神也体现在内容选择和发布方式的创新。这对默多克来说,打破常规经营也是一种差异化手段。

(1) 内容不断创新,源于默多克对报纸深沉的热爱。受他父亲基思·默多克的影响,默多克自童年就对办报产生了浓厚的兴趣,少时就曾在报社实习;后来,他到牛津大学伍斯特学院接受大学教育,在伦敦《每日快报》实习过一段时间;在伦敦,默多克被著名报人亚瑟·布里格斯引入了新闻行业,早就为报业经营打下了良好的业务基础。默多克继承家族报纸后,短短十余年,通过整合资产,吞并对手,一跃成为澳洲报业巨头,并创办了澳大利亚第一家全国性报纸《澳大利亚人报》。一系列资本运营后,默多克成为当今世界最大的英文报纸出版商,发行 170 多种报纸。默多克从接受《新闻报》开始就执着于出新,全身心投入。一是坚持独特的经营方针,他不顾董事会其他成员和编辑的反对,按照自己的意见特立独行;二是直接插手报纸生产,力争每一环节都要别有新意,从拟定标题、版式设计、改版、排版到印刷,甚至经常弄得满手油污,默多克也毫不在意。《福布斯》专栏作家詹姆士·布雷迪认为,默多克是一名真正的报人,因为他能熟练运用大标题、不同的字体编辑报纸,还时刻准确地掌握报纸交易信息,并且很善于与工会谈条件。同时他特别注意读者的接受

---

[1] [美]保罗·拉莫尼卡:《揭秘默多克——传媒大亨默多克的商业传奇》,刘祥亚、王静译,石油工业出版社 2009 年版。

程度,即使是创新也总小心翼翼。比如,为推出"三版女郎"① 这一策略,在试探读者和广告商反应后,才决定连续刊出。因其办报成功并屡屡"拯救"面临关闭的报纸走出困境,曾被称为报界的"白衣骑士"。

(2)运营理念创新,表现为制造有轰动吸引力的内容以实现注意力经济。在默多克的取舍中,相较于办报专业主义理念,盈利永远占第一位,他打着"大众化"旗帜,运用"小报化"策略攻占英美报业市场无往而不胜。因为他善于改造严肃新闻为通俗新闻、庸俗新闻甚至低俗新闻,适应了大众社会猎奇寻异的心理需求,耸人听闻的报道是取得注意力的主要抓手。默多克自诩为"报人",崇尚流行新闻学,其办报理念是读者需求第一位:"读者喜欢什么,我们就报道什么。"他不止一次强调新闻集团的优势是提供最好的信息,2011年财报中他进一步明确经营目的:我们公司将帮助我们的客户获得他们发展进步的知识和做出政治选择的信息。

(3)传播内容的独特:性、丑闻、体育节目、选举信息等。默多克特别注重创意研发,关键是"制造"出独特的能吸引读者的新闻内容。"要提高报纸的销量,就要降低报纸的格调"——默多克所奉行的金科玉律使暴力和性成为旗下报纸提高发行量的不二法门。为了打败对手《每日镜报》,《太阳报》首先刊登穿着比基尼和蕾丝内衣的女性照片,很快升级为在第三版推出裸胸女照,直接挑战英伦道德底线,刺激读者神经。对此,英伦卫道士们一方面对其大加呵斥,另一方面又对受众因为看"三版女郎"而购买《太阳报》而无可奈何。此举虽然为默多克带来了无数的唾沫,但是收获了大量钞票。为迎合大众,他也能设计出如"皇后吃鼠"等诸多惊悚的标题。1982年,《纽约邮报》头条刊发了"裸胸酒吧惊现无头女尸"报道,这条通俗惊悚新闻轰动一时,迅速成为大众流行文化的一个重要组成部分。② 一些名人绯闻、丑闻往往成为新闻集团关注的重点,比如在默多克干

---

① 推出该栏目使该报大受欢迎,几年后发行量高达400万份,利润在60%—70%。
② [美]保罗·拉莫尼卡:《揭秘默多克——传媒大亨默多克的商业传奇》,刘祥亚、王静译,北京石油工业出版社2009年版,第17页。

涉下，刊载了花费 2.3 万英镑买到的关于约翰·普罗富莫这位前英国大臣的绯闻。① 1998 年《华盛顿邮报》报道克林顿绯闻后引起轰动，默多克立即宣称购买莱温斯基的"故事"，出价 300 万美元。默多克这种通俗化的理念迎合了大众社会的需求，使他在自由市场获得丰厚的经济回报。可以说，在市场经济环境下媒体终归也是一种商业行为，默多克更像是报业投机者。

体育赛事转播也已经成为默多克新闻集团产业链主要的增值节点，他看重热门体育赛事的转播权，是公司电视战略中的重要一环。他持有或参股 20 家地区性体育节目频道，曾经一度拥有洛杉矶道奇队、纽约尼克斯队和其他几个团队的股份。这样，他既是买方也是卖方，可以对转播定价，从而使付费订阅成为其主要收入来源。"世界杯"之后他宣布斥资 10.2 亿美元收购曼联队。新闻集团于 2012 年 11 月收购体育频道 Yes Network 49% 的股权，看中的便是 Yes Network 主要转播职业棒球大联盟纽约洋基队和布鲁克林篮网篮球队的系列比赛。

默多克推行的内容差异化始终被模仿，但似乎还没有被超越。CNN 创始人泰德·特纳曾把默多克比作"撒旦、希特勒、人渣、新闻界的耻辱、败类"，但不可否认的是，不管人们对其庸俗化、媚俗化灵活多变的政治立场进行怎样围攻，默多克已经改变了新闻行业、好莱坞，乃至整个媒体世界，不少曾经鞭挞过他的竞争者，很多成了他的模仿者。谁也很难否认默多克在推进传媒业的差异化策略，包括内容、传播渠道、消费和整合②四个方面获得的巨大经济价值。

第二节　新闻集团分拆与跨国价值链构建面临的难题及警示

新闻集团的全球化拓展不仅在技术转型时受挫，在中国因触碰规

---

① 重金买自莉斯汀·基勒对绯闻所描述的细节。
② 《娱乐营销革命》中，李伯曼和埃斯盖特提出娱乐业营销"4C 理论"：Content、Conduit、Consumption 和 Convergence。

制红线而被迫离场；又因窃听丑闻被强制拆分，新闻集团进入价值链不完整的"后默多克时代"。当前，该集团面临着重构价值体系的新问题，这个问题也促使研究者对其片面强调注意力经济造成的危害进行深层次思考。

一 分拆——价值链结构被迫调整

对于默多克拆分新闻集团的真正目的，各界议论纷纭。英国《卫报》认为，分拆是默多克精心设计的"毒丸计划"，是为防止其家族对新闻集团控股权受到威胁；也有人认为，这次分拆是在该集团遭遇一系列丑闻之后的"断臂"行为，不仅是规避丑闻带来的负面影响，还因为集团旗下有线电视和娱乐产业的盈利为印刷媒体及报纸业的多年亏损勉强形成的一个缓冲，早已不堪重负，因此剥离低迷业务，分拆也是一种对价值链的优化。

以上说法有一定的道理，但没有抓住关键。有人从默多克价值整合的经营理念视角进行分析，认为分拆可使新闻和娱乐业务互相帮助又避免负面影响。分拆一年前，新闻集团最大的法人股东——持有1.8%的新闻集团股份的景顺投资公司，曾敦促默多克尽快出售所有报纸业务，要求新闻集团跟上时代的趋势，因为传统报纸业务逐渐会被数字化淘汰。如 Davenport & Co. 分析师迈克尔·莫里斯认为："分拆之后组建的两个新公司即21世纪福克斯公司和新的'新闻集团'，其资产都具有吸引力，对于新的新闻集团来说，投资者的目光将聚焦于它能否有机会提升出版业务的业绩状况。"默多克也正是基于此将分拆目的解释为："解放两家公司的真实价值及各自独特的资产优势，使投资者受益于各自独立的发展策略及更集中有效的部门管理。"分拆后的两个新公司的定位不同，其中21世纪福克斯侧重于创造独特的创意价值，"这个全新且强大的商标就像我们21世纪福克斯的名字一样，反映了21世纪丰富的创意和世界观，以及我们对未来的憧憬"。[1] 而对于以出版为主业的"新"新闻集团，首席执行官罗伯特·詹姆斯·汤姆森公开承诺新公司将"努力培养一种新兴企业的动

---

[1] Sweney, Mark, News Corp's head of demerged newspaper arm may take home £ 2.5m, *The Guardian*, 2012 - 12 - 21.

力,尽管我们的企业已经是全球最著名的多媒体及信息服务公司",并强调"新"新闻集团会围绕公司的性质和业务展开新的商业模式。

新闻集团多年前就开始酝酿分拆计划,但一直遭到默多克的反对。不过,随着报业的持续低迷他也慢慢转变观念。由于利润率低于娱乐业务,出版公司的规模远远小于娱乐公司。后者目前为新闻集团贡献了75%的收入和90%的利润,导致投资者一直对报纸业务不满,而"窃听门"以及以后出现的恶劣影响[①],则更加剧了股东的不满情绪。据估计,出版业务的价值约为30亿美元,娱乐业务则超过500亿美元。分拆后,投资者从娱乐公司获得1美元收益所付出的成本将高于现有架构下付出的成本。

综上,我们认为,新闻集团的分拆最看重的还是资源的整合。当然,分拆的价值实现与否还需要实践的检验,但是从新闻集团的经营实践漫长的历程中,从产业价值链结构的角度对其进行综合分析,可以总结出该集团经营得失的基本规律。

二 发展面临的难题

"窃听丑闻"被形容为"一粒老鼠屎坏了一锅汤",很多人认为,这是导致新闻集团分拆的主要原因。本书认为,这个事件充其量可视为分拆的导火索。实际上,新闻集团面临着许多集团企业都要解决的一些棘手问题,如家族企业的继任问题、经营理念的局限性、管理体制创新问题、企业生产周期问题、传统媒体转型问题,尤其是数字技术背景下与产业价值重构相关的核心盈利点打造等问题。在诸多问题中,笔者从影响传媒市场环境与企业价值链结构的角度,选取新闻理念悖论和数字技术下转型困境两个方面进行分析,前者是对居于上游的创意价值的追问,认为价值理念和思维方式的局限是问题的关键,而价值理念的形成受来自政府层面和消费层面两个维度影响,并进行自发或者自觉矫正;后者讨论的是对居于下游的消费价值变迁的剖析和判断,因为思维层面的革新来自数字技术排山倒海、横扫一切之势

[①] 2011年7月4日,英国《卫报》头条报道:新闻集团旗下的《世界新闻报》2002年非法窃听失踪少女电话,侵犯了隐私权并干扰警方破案。2011年7月18日,报道丑闻记者肖恩·霍尔身亡。

的强大颠覆力量冲击，而不是简单的改良就能奏效（在第五章已论，此处略）。从产业价值链看，新闻集团价值获得困境，主要来自上游创意生产环节盈利理念的局限——新闻传媒是注意力经济。为了赢得注意力价值，新闻集团采用了不同的方法形成差异化，其中低俗化传播是默多克极为看好的一种方法。他凭借在墨尔本和布里斯班两市购买的以性和犯罪为招牌的周刊《真相》，将低俗化手法从澳大利亚成功复制到英美两国，西方主流媒体把他称作"黄色新闻大王""色情挖掘者""他贪婪地收购有关犯罪和裸女的报纸、杂志。'麻风病人强奸未婚女子，产下畸形宝宝'这样在悉尼兜售的故事，以后还会出现在伦敦和得克萨斯州的圣·安东尼奥。"[1] 可以说，他通过惊悚、性和暴力、软新闻获得了巨大的经济利润，传递了信娱化新闻观和迎合受众论，也让他自食其果，不仅频遭非议，而且官司缠身，陷入困境。

（一）注意力经济获得的主要方式

"小报化和信娱化"被认为是默多克新闻产品经营成功的利器，也是引起非议较为集中的特征。在内容风格选择上，默多克深谙传媒政治经济学精髓，以娱乐的方式争夺受众注意力，最大限度地发挥对报纸的掌控能力，从而获得政治影响力。

"小报化"本意Tabloid，这个词是"药片"的拷贝，最早发端于英国，后来流行到美国甚至俄罗斯等很多国家。原意是小开本报纸，后来是指通俗、关注琐事以感性报道为倾向的报纸，吸引读者的方法无外乎采用图像化、大照片、印刷艳丽的视觉手法和大标题加上煽情的笔调。不同于追求普遍意义和政治威望的大报那样以报道探讨严肃的政治、经济、社会议题获得广告而生存，小报主要依靠发行收入，为销售更多的报纸，实现发行收入的最大化，总是大幅报道丑闻、体育、娱乐和消费资讯等刺激感官的内容。《每日镜报》在1903年创刊，成为世界上第一份小报。之后，出现了许多小报。为引发轰动性的注意，小报化外在版面形式上主要是对视觉化的强调，以及在大版

---

[1] ［美］哈罗德·埃文斯：《底线：默多克与〈泰晤士报〉之争背后的新闻自由》，黄轩译，上海财经大学出版社2013年版，第190页。

面报纸上运用小报栏等；内容方面，新闻和娱乐、公共事务和私人生活的界限模糊，表现为对个人隐私和"软性"报道的强调，煽情、揭隐私、猎奇是其主要卖点。

一般来说，小报化往往被视为格调低下的"代名词"，虽然《太阳报》刊登半裸女郎照片招致许多女权运动者的批评和反对，但仍不失为增加销售量的一种选择。从以上分析可知，默多克经营理念是：为把控信息消费，以营造注意力，即一切为了吸引受众关注而为，甚至迎合低级趣味、猎奇心理。这种理念与19世纪末期黄色新闻浪潮中的煽情主义新闻如出一辙，同是采用猎奇、惊悚、故弄玄虚的独家报道来激发大众购买欲望，竟成了屡试屡中的商业法宝。1969年，默多克创办《太阳报》，推出的"三版女郎"显示了激进的小报化办报理念①；2003年11月26日，具有218年悠久历史的严肃大报《泰晤士报》篇幅缩小了一半，虽然总编汤姆逊强调只是版面变化，大报的价值观不变，但是读者依然认定为它在向小报迈进，有更加通俗化的趋势。然而，《泰晤士报》称，默多克同意《太阳报》第三版将不再刊登半裸女郎照片，因这种方式已经过时，网络媒介提供色情内容力度之大使纸质读物的优势日渐黯淡。

"信娱化"（Infortainment）一词，由Information前半部和Entertainment的后半部组成。指在传统的新闻叙事风格里，掺加进娱乐化表现手段的新型"新闻"，即娱乐至上理念，以娱乐的方式推送各种信息。② 媒介的娱乐功能，在社会学家赖特的《大众传播的社会学观点》中首次被强调。小报化的报道风格也是信娱化的表现，而"娱乐时代"与电视媒介相伴而来，电视既不像口语媒介时代那样反复吟咏提炼思想；也不像印刷媒介那样注重逻辑思维和哲学思辨的思想"阐释"；影视带来更多的是娱乐化。影视业、电视网等的娱乐内容，在新闻集团价值链中的意义很突出。电视剧的社会功能即"提供娱乐"，"一切都可用娱乐的方式进行销售"是美国电视剧营销的指导思想。

---

① 1979年《大英百科全书年鉴》如此概括这种办报风格：默多克惯用而高度成功的做法是以软性色情新闻与体育新闻代替硬新闻。
② 俞天颖：《论广播电视的"信息娱乐化"倾向》，《新闻战线》2007年第11期。

对于注意力获得与小报化和信娱化关系，约翰·拉特里奇从生物学角度进行研究认为，受众大脑对与自身安全密切相关的信息具有灵敏的反应，乐于接收带有危险预示的信息，而对于平静单调的、与自己无关的信息并不乐于关注。他将此研究结果运用于传媒业的研究，以福克斯等几大有线电视网对美国电视观众收视选择为例，说明观众对于电视频道和节目的选择决定于大脑对信息的反应度和关注程度，电视节目的传播者应该选择对观众具有较强刺激的节目内容来播出，而放弃平实的普通节目内容。英国著名报人北岩勋爵也深谙此道，他曾说读者永远渴望琐碎肤浅能看得懂的报道；不仅英国大众对小报极端热爱，就连一些绅士也经常被发现在偷偷阅读小报，往往是手里拿着夹着《太阳报》的某份大报。可以说，小报化放弃了格调，在追求市场的过程中，越往下滑越能迅速获得经济利润。正如美国娱乐界大亨米切尔·沃尔夫的《娱乐经济：传媒力量优化生活》所指出的那样，"消费者不管买什么，都要在其中寻求娱乐"，新闻内容产品也不例外。当戴安娜王妃感情生活变故引起大众的关注，《星期日泰晤士报》不失时机策划出版了《戴安娜的真实生活》；2007年4月，《太阳报》还报出消息称威廉王子与凯特分手。以上报道不一定是真实的，但抓住了名人的私生活而获得广泛关注。这样，在信娱化的价值理念下，名人的情感生活也被娱乐化处理，而并非人道主义的关怀。

（二）得失两重天

小报思想和信娱化运作理念给默多克带来巨额注意力经济价值，小报一直支撑着亏损的大报，如澳大利亚悉尼以"惊闻"出名的《镜报》是《澳大利亚人报》的资金来源。2004年，《泰晤士报》改版为小报，发行量提升，并且他通过小报化改革，将20世纪60年代的英国报业从负债累累的泥潭中拯救出来，《太阳报》以及被英国上流社会引以为自豪的《泰晤士报》莫不如此。默多克将对开大报《太阳报》改为小报后，很快转亏为盈。到1978年，《太阳报》不但取代了《每日镜报》在销量上的领先地位，而且这一年6月突破了发行量400万份的大关。……曾经，仅《太阳报》一家的发行量就超过了《每日电讯报》《金融时报》《卫报》《独立报》和《泰晤士报》

五家全国性大报的总和。①

但是，从长远利益来说，小报化和信娱化的社会价值缺失不仅使新闻集团经济受损、名誉受损、默多克几近牢狱之灾，而且使其他相关联业务受损严重，阻碍了更高层次的布局和影响力价值的实现。

《世界新闻报》在默多克主导下被打造成"名人刽子手"，该报窃听众多王室、社会名流电话，对隐私权的侵犯，也惹了不少官司。在收购英国《泰晤士报》和道琼斯公司时，因卖方担心新闻独立性的问题使默多克支出了更多精力和机会筹码。

为消除"窃听丑闻"负面影响，新闻集团付出了惨重的经济代价。首先是相关调查、赔偿费用。据报道，截至2012年年底，花费近3亿美元；其次是股市价值的损失，因为受"丑闻"牵连，在美国挂牌的新闻集团股票价格跌幅达到17%，在澳大利亚也下跌了15%，市值累计减少150亿美元。

更为严重的是，"窃听门"案件曝光对新闻集团的价值结构形成了致命性冲击。2011年7月7日，有着168年历史、收入巨大的《世界新闻报》被迫关闭；10日，停刊；13日，放弃了收购英国天空电视台剩余的近61%股份的规划；其媒体版图在新管理规则下进行强制性拆分。这无疑削弱了新闻集团在英国一系列媒体的多种权力。

只强调注意力经济而忽略与社会价值密切的影响力经济，是新闻集团的短板。注意力经济更多的是可以通过挖掘相对浅层次的人类感性需求，而不同于关注精神层面追求的影响力经济。按照马斯洛的需求层次理论，注意力还只是停留在感官层次的刺激。从墨尔本的乡下少年到世界传媒大亨，默多克经营60年深谙注意力的力量，始终将提高"注意力"理念贯彻于运营发展。但对于影响力的打造并没有独特优势，或者说并不关注新闻产品"所指"②的价值诉求。其窃听丑闻的持续发酵和社会各阶层的态度，使他不得不放弃

---

① 侯宇静：《英国报纸的小报化趋势》，《新闻战线》2005年第3期。
② 瑞士语言学家索绪尔提出任何语言符号是由"能指"和"所指"构成的观点，前者指语言的感性层的声音形象，后者指语言所反映事物的抽象概念。

英国部分报纸和电视市场。忽视社会价值并且以经济之力频频触碰新闻专业主义的底线，这也是他近些年来屡屡失利的根本原因。新媒体时代，大众、精英分野明显，需求各异，更加呼唤高大上影响力媒体而非低俗小报。

在美国传媒，与迪士尼公司"创造快乐"核心理念相较，新闻集团的信娱化显得过于粗鄙。迪士尼公司从1928年推出《威利汽船》以来已经历了近90年的发展，但是，迪士尼一直强调"共享、故事、乐观、尊重"的品牌核心价值理念。[1] 注重影响力打造，注重社会价值，通过讲故事的方式，传达希望、乐观精神，从较高的尊重和自我实现层次进行产品设计和创新铸造品牌，从而得以延伸其品牌价值。

从另一个角度看信娱化现象，也并非只是默多克单方面的供给问题。从社会需求角度说，大众化时代的注意力经济的特点充分展露出来，《太阳报》等发行量就佐证了社会对爆炸性新闻的需求[2]，而大众又站在道德的高岗之上对如默多克那样的新闻产品生产者进行指责。这种冲突正反映了大众化时代媒体的当下困境，一方面，为市场竞争不得不满足某些低俗化的需求、不得不面对甚至适应诸多的潜规则；另一方面，还要遵守必要的社会原则和道德底线。

如何使注意力和新闻道德达到一种平衡，即自由与规制底线的平衡点、新闻专业主义与新闻自由的平衡点。社会需要优秀文化引领还是追随大众各种层次需求而推送信息，这是文化传播价值的追问，也是力争弄清的终极哲理拷问，这也是贯穿全文的线索，在下文还将继续展开深入探讨。

---

[1] 共享（Community）：对于家庭，迪士尼一直创造积极和包容态度，迪士尼创造的娱乐可以被各代人共享。故事（Storytelling）：每一件迪士尼产品都会讲一个故事，永恒的故事总是给人们带来欢乐和启发。乐观（Optimism）：迪士尼娱乐体验总是向人们宣传希望、渴望和乐观坚定的决心。尊重（Decency）：迪士尼尊重我们大家每一个人，迪士尼的乐趣是基于我们自己的体验，并不取笑他人。

[2] 《泰晤士报》前总编、伦敦城市大学教授乔治·布鲁克曾说："英国经历了长时间的政治和文化自由，在传统上人们习惯了喧闹、好斗、固执己见的新闻。羞辱政治家并不是犯罪。人们反对性行为的不规矩，却又喜欢阅读它们。"

三 警示：片面强调传媒的经济价值而忽视社会责任终将陷入困境

《世界新闻报》的停刊，引发了对新闻集团无底线制造新闻的做法以及西方新闻界道德滑坡的多种讨论，多数人认为，这是西方新闻界社会责任回归的一个拐点。小报化、信娱化实质上是庸俗新闻学价值观的体现，不仅是对新闻专业主义价值的违背，更是自由市场调节方式下的一种传媒价值深层次的扭曲。其根源在于对经济价值的片面追求，缺乏社会价值的明确目标，导致了对新闻集团三方面的危害。

（一）不仅是经济价值的损失，更危及新闻集团在政界的权势地位

《世界新闻报》窃听案影响的不仅是可计算的有形资产，其损失的无形资产更是难以估量，这也是默多克最不愿意看到的，最不能接受的，如同多米诺骨牌般瞬间倾倒一大片。2011年6月16—17日，英国七大报纸刊登默多克的道歉信；17日，默多克极其信赖的新闻国际首席执行官布鲁克斯辞职并被捕；19日，默多克在英国下议院接受新闻与文化委员会集体质询，他说"这是我这辈子最卑微的一天"。在这个意义上可以将默多克在接受庭审时的"最卑微"之叹，理解为他非常在意自己在公众眼里的形象，也可理解为他无法面对"被质询"的角色。有研究者甚至认为该丑闻的放大、发酵，也是默多克意在收购英国天空广播公司的举动引起了英国各阶层对其垄断很可能导致一元化抗议的反应，因为他对英国政治和公共生活影响力已经太大。2010年当选的英国工党领导人埃德·米利班德，要求修订媒体所有权法规，强烈呼吁拆分新闻集团，打破默多克等传媒大亨在英国媒体的权力高度集中并滥用的格局。同时，美国司法部也准备对新闻集团发出传票，许多人断定司法的介入意味着耄耋之年的默多克或遭牢狱之灾。①

（二）对新闻专业主义的挑战，对新闻道德的背离

传媒业必须强调新闻道德责任，因其产品既包括经济价值，也包含社会影响，满足的是消费者精神文化需求，所以传媒企业要更加注

---

① 他本人并没有受到法律的制裁。

重对人的关注与满足，深刻认识人的本质，在正确文化价值观引导下从事传媒产品和服务的生产经营活动。同时，从公共利益角度考虑，大众传媒的首要功能是传播经济、政治等重要信息，监督或守望环境，具有"第四权力"的身份属性，不应为追求经济价值而忽略了社会责任，成为媚俗的公器。

但是，新闻集团却对此极为漠视，新闻报道具有很强的主观性，并不在意客观中立和平衡，获取信息、制造信息、发布信息违背新闻专业主义，其内容低俗、过度娱乐化和刻意取悦受众的行为带来了一系列社会问题，默多克因此被称作新闻专业主义的杀手。新闻集团遭到的抵制，不只窃听丑闻事件所暴露的对隐私权的践踏，真正让默多克传媒帝国走向坍塌的则是他对新闻职业道德的一贯藐视，对新闻专业主义的无视。2002年，曾任上海东方传媒集团（以下简称SMG）董事长黎瑞刚到福克斯新闻网Fox News实习，他亲身经历了一次新闻编辑会，被强烈震撼。在关于中国某一事件报道的讨论中，该网新闻总监带着偏见傲慢地拒绝了黎瑞刚以一个中国人的视角所提出的对某一将要见诸报端的中国事件的见解，那位新闻总监公然叫嚣"今天这个世界美国媒体说了算"。这件事，不仅强烈地刺激了这个特别看重"中国声音"新闻人的民族自尊，也强有力地证明了新闻集团的新闻主观性、不顾忌新闻专业主义的一贯态度。

新闻集团漠视新闻专业主义的另一个表现是信娱化，这在一定程度上影响了西方新闻发展的方向，自20世纪80年代起，西方媒体的软新闻数量激增。为适应娱乐化的大潮，挽救被淘汰的命运，报纸媒体也将娱乐、休闲作为首要功能。美国新闻工作者协会和新闻服务局的研究发现，美国1977—1997年的主要报纸，包括比较严肃的报纸，头版的硬新闻下降到不及1/3，而对丑闻、生活类、怪异类的报道比例都有不同程度的上升。"根据美国哈佛大学托马斯·帕特森教授的报告，到2001年时，美国非公共议题新闻从1980年的35%剧增到50%；追求轰动效应的新闻从25%增加到40%；以关怀人文为视角的新闻，从不到11%增加到26%；以灾难和犯罪为主题的新闻也从

8%增加到15%，总之，新闻正在变得越来越'软'。"① 这种现象在中国也不能避免，由新闻集团股份的凤凰卫视的"说新闻"，开中国媒体"信娱化"先河。

更为严重的是，新闻集团的信娱化以及漠视新闻专业主义做法，越来越深广地渗透到各种媒体，尤其是新媒体在新闻报道中特别重视能引起注意力的内容，而忽视新闻的社会价值。面对数字化的"当下冲击"，美国传媒学者道格拉斯·洛西科夫也在探问："为什么满眼尽是最具轰动效应的负面消息？……现在唯有令人异常震惊的消息才能吸引住观众？"② 在中国，报道郭美美炫富的媒体和篇幅多于对自然灾害的关注；连篇累牍地追踪关注某女歌手的去世，而对几乎同时段逝世的张万年将军建立功勋的报道却一带而过。

对于这种信娱化的恶果，尼尔·波兹曼在20世纪的断言依然振聋发聩。在《娱乐至死》一书中，他发出的警示："现实社会的一切公众话语日渐以娱乐的方式出现，并成为一种文化精神。我们的政治、宗教、新闻、体育、教育和商业都心甘情愿地成为娱乐的附庸，而且毫无怨言，甚至无声无息，其结果是我们成了一个娱乐至死的物种。"③ 这段话，在今天依然具有深刻的警示价值。

（三）在新自由主义思潮的冲击下新闻媒体道德理性的缺失

由于默多克对商业利益无止境的追求，有人把他描绘成"商业软体动物"，"残忍、好斗、肆无忌惮"的形象，这在一定意义上说，新闻媒体是他用来与政客交换的筹码，而且只要盈利，无所谓选择哪一种政治立场，他掌控媒体和媒体的报道倾向的目的就是赚钱，就是控制别人。正如哈贝马斯和布迪厄早年评判的那样，媒介在市场和经济体制的关系上失去了"自治性"，而自治性的丧失致使市场失范、混乱。源于经济理性与公共理性的天生两极悖论，在新自由主义思潮下，随同垄断的加剧而不断加深。

---

① 俞天颖：《论广播电视的"信息娱乐化"倾向》，《新闻战线》2007年第11期。

② [美] 道格拉斯·洛西科夫：《当下的冲击：当数字化时代来临一切突然发生》，孙浩、赵晖译，中信出版社2013年版。

③ [美] 尼尔·波兹曼：《娱乐至死》，章艳译，广西师范大学出版社2004年版，第4页。

在《道德情操论》中,斯密先是从人与人之间关系的微妙和不确定性特点出发提出这样一个观点,维系和处理人与人之间关系的最佳经济运行方式是市场,并力主自由市场观念;但是,到《国富论》出版时,斯密就注意到了市场经济的弊端,他批判了人的贪欲和垄断的利益诉求,并上升到政府统治理念层面,他指出如果政府只照顾"卑鄙的贪欲,只发挥商人和制造者的垄断精神,那'它'就不能实现,这些人既不是也不应该成为人类的统治者。"这里说的"它"是指符合全体人民的最大利益的"天然自由"制度。显然,这是斯密最为担心的问题,而这种担心在传媒领域,竟被不幸言中。

在新闻传媒业,无限的自由带来的危害远不止此,而是影响整个社会生活的运行状态。窃听丑闻实际上是西方新闻界过度市场化的竞争恶果,其丑闻发酵只是社会反对新自由主义传媒理念的一个案例,一个缩影。窃听事件和新闻集团分拆看似意外,实质上正是他为商业利益而不顾大众利益的必然。默氏以其新闻理念和产业实践推动了新自由主义发展,随意制造、夸大、渲染新闻事实,操控新闻成为牟取商业利益的工具,左右着市场供需,在"矛盾—平衡—矛盾"的不断博弈中,不可避免地与这一思潮共同面临着自有逻辑的困顿。显然,超越了一定底线的新闻自由,不仅使新闻集团名声受损、诉讼缠身,最直接后果是阻碍了其产业布局,经济效益受到更大冲击,而且引起社会对于新闻道德底线的疑惑,甚至分不清低俗与通俗,忽视道德资本的经济价值。

这也为传媒市场化改革敲响了警钟,企业社会责任意识、价值理念的混乱是当前出现的假新闻、花边新闻、软新闻甚至有偿新闻、新闻敲诈、网络谣言等失范问题的深层次原因。英国可持续性发展研究权威约翰·埃尔金顿"三条底线"的观点[1]认为,公司行为不仅要考虑经济底线,还应考虑社会底线。王小锡在其《论道德资本》一文中明确提出"道德资本"概念,强调道德的经济价值,并指出道德是而

---

[1] John Elkington, *Cannibals With Forks: The Triple Bottom Line of 21st Century Business*, New Society Publishers, 1 September, 1998.

且必然会是投入生产过程的重要资本。①"道德资本"概念已得到学术界和经济领域中越来越多的认同。葛晨虹则认为,要发挥"道德理性"对市场这只"看不见的手"的价值导向作用。在新闻传播领域,更需要恪守"三条底线"和"道德资本"原则。

面对功利论和道义论的矛盾问题,中国伦理学会周中之则认为,在实践的基础上,要超越功利论和道义论的对立,把道德的理想性和现实性统一起来。在操作层面上,建立在功利基础上的道德学说才更贴近现实,有广泛群众基础。在信仰层面上,要倡导超越功利的精神生活,引导人们走向高尚。对于传媒企业来说,德国贝塔斯曼集团前任总裁莱茵哈德·默恩在其《企业家的社会责任》②一书中倡导企业文化,第一条就首先指出企业目标应该有益于社会,凡是有生命力的长寿企业都是责任企业。在中国,与改革开放相伴的市场经济的自发性规律,使道德价值受到挑战。传媒业担负着为社会创造先进价值体系的责任,这是当前传媒竞争力提升过程中必须注意的问题。

第三节 中国传媒企业价值链构建路径选择

同新闻集团一样,中国传统传媒业和娱乐业都在困境中寻求转型路径,不仅要面对数字化的颠覆,也要面对企业成长周期导致的价值体系重构问题。不同的是,以国有传媒集团为重要力量的中国传媒市场主体经济实力较弱,传媒市场化起步较晚,市场机制尚不健全。从1978年党的十一届三中全会召开开始,我国开展了改革开放和建设特色社会主义的新探索;1984年,党的十二届三中全会提出发展有计划的商品经济;1992年,党的十四大提出发展社会主义市场经济。中国传媒业也随着经济改革的逐步深化,经过了30多年的市场化探索,现代企业制度初步建立,但传媒产业价值链结构的不完善影响了竞争力的提升。

---

① 王小锡:《论道德资本》,《江苏社会科学》2000年第3期。
② [美]莱茵哈德·默恩:《企业家的社会责任》,沈锡良译,中信出版社2005年版。

一 中国国有传媒经营权改革探索历程及成效分析

新中国成立以前中国经济是私有制经济，市场机制对于传播媒介起着一定调节作用。新中国成立以后曾对传媒市场机制问题进行了探索，在思想和政策上都明确了传播媒介的经济属性，但是市场经营方针并没有得到实质性贯彻执行，而且还把报纸、电影等传播媒介更大程度视为一种"教育工具"，淡化了其经济属性。20世纪70年代末到90年代初，关于传媒经济属性的问题在学界展开了热烈的讨论，其中周鸿铎教授对传媒商品性进行了较早研究，具有一定代表性：1979年，《中国报业向何处去?》提出"报业经济"；1984年，提出"广播电视经济"概念；1990年《广播电视经济学》和1997年《传媒经济》的出版，把马克思主义政治经济学引进新闻领域展开研究，将研究推向深入。传媒的经济属性逐渐得到认可，为改革提供了理论支持，推动了传媒改革的步伐。

（一）中国国有传媒市场化改革：探索解放生产力的方式

从体制角度看，"中国传媒业的单一事业体制、事业性质企业化管理、事业和企业性质分类的三个体制阶段，致使传媒经济也相应经历了三个发展阶段"。[①] 这一改革是探索特色市场化的过程，没有参考模本，进程较慢。本书从市场主体身份逐渐明确的视角切入，对这一进程总结归纳为以下六个阶段。很明显，这是一个逐渐完善现代传媒市场体系与现代企业制度，逐步与国际市场接轨的过程，更是中国特色社会主义体制探索的主要内容。

（1）传媒组织经营权分离出来，尝试企业化管理。"两分开"是指新闻单位经营权分离后，仍是事业属性，但可以尝试企业化管理，其表现是报社、电视台可以成立营销部和广告部，展开市场化运作层面的探索。

1978年，《人民日报》等8家媒体首先获批实行"事业单位，企业化管理"，开始了对新闻媒体实行企业化管理和经营的探索。1979年年初恢复广告经营，是市场化改革进程的一个重要标志；同年1月4日，《天津日报》在石坚的带领下率先恢复了商业广告，刊登"蓝

---

① 王雪野：《传媒新要素与传媒经济新发展》，《光明日报》2014年4月12日第10版。

天牙膏"广告,迈出了党报市场化经营的关键一步;1月28日正逢大年初一,《解放日报》刊发两条补酒的通栏广告;同日,上海电视台播出中国第一条电视广告(参桂补酒)。与此同时,《文汇报》在1月14日为广告的合法性辩护发表了《为广告正名》一文,从理论层面推进了一步。紧接着,3月15日该报刊发"文化大革命"后第一条外商广告。特别是在财政部重申并在全国新闻媒体中推广"事业单位,企业化管理"(同年4月)和中宣部明确肯定了报刊恢复广告的做法(同年5月4日)之后,20世纪80年代出现了办报热潮,同时报纸自办发行等现象也随之出现。

(2)经营业务从传媒组织剥离出来并组建公司。20世纪80年代初,"四级办台"热潮兴起,经营业务剥离出来组建公司,并开始尝试吸纳社会资本开展运营。1983年,第11次全国广播电视工作会议召开,提出媒介应"以新闻改革为突破口,开展多种经营""四级办广播电视"的建设方针;同时,允许电视台经营业务与宣传业务相分离,将频道的经营部分剥离出来组建公司。

以1992年6月中共中央国务院发布《关于加快发展第三产业的决定》为标志,中国广播电视业从事业向产业改革有了政策保障,转变加速。这一阶段"事业单位,企业管理,资本运作,成本核算"被提上了媒介改革的推进议程。1994年5月,上海东方明珠股份有限公司挂牌上市,标志中国电视产业的经营在内容、广告和节目之外又添上了"资本运营"一项。

20世纪90年代中期,传媒业已经进入"采编和经营两个轮子一起转"的发展新阶段。但是,部分剥离还不是充分的转制之路,节目和广告能否真正分开、采编权和经营权能否真正分开等新问题仍困扰着传媒业,探索做大做强传媒组织的道路面临着新挑战。

(3)传媒组织集团化改革,做大事业实体(1996—2002年)。1996年1月15日,广州日报报业集团成立,首家传媒集团率先试点经营[1],标志着国有传媒集团化改革启航,传媒业企业化经营管理走

---

[1] 1996年5月29日,广州日报报业集团正式挂牌运行。思路是:"以报为本,依托集团,优势互补,多元发展"。

向了规模化阶段，媒介产业开始出现。这是中国传媒业发展史上的重大突破，改革力图在政府、市场以及传媒、受众之间取得政治经济利益的均衡。之后是广电的集团化试点，然后是逐步推行。2000年12月27日，第一个省级广播电影电视集团"湖南广播影视集团"成立①，提出"六分开"原则②；之后，北京、上海、广东等省市的广电业相继重组。2001年12月6日，中国最大的新闻传媒集团——中国广播影视集团正式挂牌成立。到2002年，政府基本完成了对报业集团的组建并进一步推动出版集团化、广电集团化。2004年12月21—22日，宣布停止审批事业性质的广电集团，至此，历时5年的广电集团化改革政策终止，这一政府改革，共组建了40多家报业集团、10家出版集团、5家发行集团、20多家广电、影视五类传媒集团。

但是，集团化是为了应对世界贸易组织的挑战，仓促上阵以行政捏合方式产生。主要存在四个方面的问题：媒介集团大多还没有建立现代企业制度；媒介属性边界还没有打破；通过市场竞争进行媒介资源优化配置的机制还没有形成；媒介的市场退出机制也尚未出现等，还需进一步深化传媒体制改革。

（4）传媒组织转企改制，探索引进非国有资本、股份制改革和融资上市路径。随着传媒改革不断深入，传统制度逐渐显露出诸多弊端，严重阻碍了集团化发展。21世纪以来，传媒改革思路更加清晰，转制创新，鼓励市场主体做大更要做强，资本运营风生水起。对传媒产业的改革实行分类管理，允许非时政类报刊和新闻出版转制改企。在国有控股前提下，引进多元投资主体，探索现代企业制度的建立。

可以说，2001年是传媒改革的破冰之年，17号文的出台，进一步明确了国有企业资金可进入报业集团的经营部门，可以进入广告、印刷、发行环节，但是不能控股也不能参与管理。一定程度显示了管理层深化传媒业改革、培育传媒航母的决心。

整体转制，是国家加强对传媒产业分层和分类管理采取的方式，

---

① 2010年4月注销，同年6月成立湖南广播电视台；2015年4月16日成立湖南广播影视集团有限公司。

② "政事政企分开""宣传经营逐步分开""制作播出分开（新闻、广告除外）""创作制作与制作生产分开""经营性国有资产与非经营性国有资产分开""有线的网台分开"。

是指在原属事业单位性质的传媒集团，将内部产业经营性资产与产业经营性子报（刊）或频道（率），全部划归集团（股份）有限公司，并整体转制为企业法人。中国保险报业股份有限公司作为试点单位，首先实现了从采编到经营的整体转制，成为一家真正的股份制媒体，一家以市场化和产业化为导向的新闻机构。

2003年，文化体制改革进一步深入，目的是通过自上而下的体制机制创新，做大、做强出版传媒市场主体，增强文化传播实力。同年9月，《出版物市场管理规定》修订后正式颁布实施，出版物分销市场资本整合迅速启动：全国文化体制改革试点单位新华发行集团总公司也在京挂牌，之后数家国有资本组建；闽台书城成为这一新规后第一家获批的合资分销企业；文德广运成为第一家获得总批发权的民营资本企业；《中国证券报》报社和《电脑报》报社两家非时政类报社被列为整体转制为企业的试点单位，成为真正的市场主体。12月31日，国务院颁发《文化体制改革试点中支持文化产业发展的规定（试行）》（105号）和《文化体制改革试点中经营性文化事业单位转制为企业的规定》两个重要文件[①]，旨在推动传媒业面向市场，建立一套适应社会主义市场经济的管理体制和运行机制，充分发挥市场在资源配置中的基础性作用。由此可看出，逐渐松动的政策使传媒业的改革向纵深发展，迈出了具有可操作性的关键一步。文化体制改革政策明确了公益性文化事业和经营性文化产业的区分，与之相配套的报刊管办分离，行政权力退出报刊经营。

2004年11月，文化部《关于鼓励、支持和引导非公有制经济发展文化产业的意见》放宽了非公有制经济进入部分传媒业的条件：演出业、影视业、音像业、文化娱乐业、文化旅游业、网络文化业、图书报刊业、文物和艺术品业以及艺术培训业等行业，在已逐步放宽准

---

① 文件指出："党报、党刊、电台、电视台等重要新闻传媒经营部分剥离转制为企业，在确保国家绝对控股的前提下，允许吸收社会资本；国有发行集团、转制为企业的科技类报刊和出版单位，在原国有投资主体控股的前提下，允许吸收国内其他社会资本投资；广播电视传输网络公司在广电系统国有资本控股的前提下，经批准可吸收国有资本和民营资本。鼓励、支持、引导社会资本以股份制、民营等形式，兴办影视制作、放映、演艺、娱乐、发行、会展、中介服务等文化企业，并享受同国有文化企业同等待遇。"

入的基础上，将进一步降低门槛，鼓励支持非公有制经济以独资、合资、合作、联营、参股、特许经营等多种方式进入。

2005年8月8日，国务院发布《关于非公有资本进入文化产业的若干决定》，对非公有制资本进入传媒业作出更明确的规定。尤其是2008年，新闻出版总署逐步推出新闻出版体制改革路线图，逐步在出版发行领域和新闻领域中分别建立现代企业制度和法人治理结构。2012年2月，《关于加快出版传媒集团改革发展的指导意见》出台，鼓励出版传媒集团兼并重组新闻出版领域以外的其他国有企业，实现跨行业发展。至2012年年底，新闻出版业已完成了全行业改革，经营性图书、音像出版单位转企改制基本完成，组建了100多家新闻出版集团。整体转制确立了传媒集团独立的市场竞争主体地位，为产权制度变革、法人治理结构建立以及资本运营奠定了基础。因为，只有进行股份制改造、公司制改革，最终建立现代企业制度，才能全面提升竞争力。

（5）探索传媒组织股改上市的路径。当传媒单位转制已经出现突破性进展后，就迫切需要明确传媒与资本的关系，以充分利用资本的价值，在跨媒体、跨区域经营等方面寻求突破。2002年，《上市公司行业分类指引》颁布，将出版、声像、广播电影电视、艺术、信息传播业五类归为新增列的"传播与文化产业"类，这意味着传媒企业上市融资已经基本得到政策支持。2004年12月22日，北青传媒股份有限公司在香港联交所正式挂牌上市，成为内地传媒企业海外首发上市的"第一股"。以《北京青年报》为主要广告媒介的北青传媒IPO成功，虽然此次上市并未涉及《北京青年报》的采编业务，但意义依然非同寻常，为媒体特别是纸媒运用资本力量开了先河。

这一阶段，非公有资本进入传媒领域也获得一定突破，在非时政类传媒领域放松了融资和资本运营的限制。鼓励和支持非公有资本进入广告、电影、电视剧制作、发行以及广播影视技术开发运用、电影院和电影院线、农村电影放映、书报刊分销、音像制品分销、包装装潢印刷品等文化传媒领域。资本的流动性增强，势必会打破更多进入门槛。

（6）推动传媒组织跨地区（行业、所有制）兼并重组融资，做大做强。2013年5月，时代出版传媒股份有限公司旗下全资子公司北京时代华文书局有限公司成立，成为首家获得批准进行出版业跨地区发展的中国出版机构。此后，陕西西北人教玉成文化传媒有限公司、新华联合发行有限公司相继成立，国内出版业跨地域重组方兴未艾。党的十八大以来，政府管理层鼓励传媒集团竞争力的提升；三中全会提出："鼓励非公有制文化企业发展，降低社会资本进入门槛，允许参与对外出版、网络出版，允许以控股形式参与国有影视制作机构、文艺院团改制经营。"2013年11月15日发布的《中共中央关于全面深化改革若干重大问题的决定》，明确要求推动文化企业跨地区、跨行业、跨所有制兼并重组，并随后落实了财政等方面的支持措施。

中南出版传媒集团年报显示，2013年，该集团加大跨行业、跨媒介、跨区域发展步伐，优化产业结构，业绩大幅提升。一是介入电视节目制作和广告运营，与湖南教育电视台合资成立湖南教育电视传媒有限公司，拓展电视媒介领域；二是跨区域资本运作，通过增资控股民主与建设出版社，战略投资1.04亿元受让拟上市公司北洋出版传媒股份有限公司4000万股。

江西出版集团加大资本运作力度，通过并购重组，2013年4月率先组建投资公司——华章天地传媒投资有限公司，从资本市场融资高达13亿元。通过跨媒体、跨地区、跨行业、跨所有制、跨国界合作，该集团实现低成本扩张、增强集团综合实力。旗下21世纪出版社与麦克米伦出版集团合作，共同投资成立麦克米伦世纪咨询服务有限公司（北京），把世界优秀儿童书籍奉献给中国的读者；江西美术出版社与北京东方博古公司成立北京江右翰墨文化艺术有限公司，探索出版与艺术品交融以实现艺术品经营产业化的新路；江西新华印刷集团重组合资立华彩印（昆山）有限公司，调整优化印刷产业布局和产品结构；中国出版集团与江西蓝海物流科技有限公司合作在北京建设新华联合物流中心，打造全国最大的发行中盘；新华发行集团与湖北电影总公司合作，谋划在南昌市红谷滩"文化城"建设全省规模最大的电影城等项目。

2013年文化传媒领域并购加剧，2014年的并购如火如荼，并购事件涉及领域更广，热点领域也由游戏动漫转移到影视传媒领域，不仅跨界融合，还超过了2013年数据。在2014年文化传媒VC/PE融资全部93起案例中，影视音乐细分领域以37起相关融资案例排名首位，占全部融资案例数量的39.78%；文化传媒与广告制作和代理两个领域分别发生了20起和15起相关融资案例，分别位列第二、第三名。影视音乐这一细分领域是机构的重点关注对象，融资数量和金额稳居榜首。① 据不完全统计，截至2016年1月1日，仅文化传媒行业的并购事件就超过160起，公开透露的并购总金额将近1500亿元，同比增长50%。②

2014年，传媒单位"转企改制"进一步深化，改革范围更广、主体更多元、力度更大、措施更深。新媒体力量凸显，这一年是"传媒业全面深化改革元年"，也被称作"新媒体融合元年"，反映了国家对传媒发展的重视，国有媒体改革的方向进一步明确。8月18日，《中共中央关于推进传统媒体和新兴媒体融合发展的指导意见》发布，重点要求推动传统媒体和新兴媒体融合，建成几家拥有强大实力和传播力、公信力、影响力的新型传媒集团。这是第一次将强大实力与传播力、公信力、影响力放在一起并以首位的顺序提出，表明了"强大实力"的内涵不是注意力，而是基于公信力的"影响力"，进一步表明国家领导层塑造传媒业导向的思路，明确了传媒改革的目标诉求。

从以上变革历程可以看出，我国传媒业在国际竞争和技术推动下，正经历着深刻转型，市场主体和行政管理主体之间反复博弈，传媒制度也呈现出诱致性和强制性交相渗透的演化特点，最优选择是制度变革的理性诉求核心。

(二) 对改革成效评价及期待

我国市场化改革通过体制创新、机制转换，达到面向市场、增强活力目标。"自1978年以来，中国传媒业经历了多种经营、集团化运营、资本进入以及文化体制改革的渐进过程，这一过程的制度决策者是政府，

---

① 满彬：《2015年文化传媒并购活跃，上市企业迎新高》，《数据》，http://fund.cnfol.com/simujijin/20160115/22117587.shtml。
② 《娱乐资本论》：《文化传媒并购总金额近1500亿元》，Mtime时光网，2016年1月6日，http://toutiao.com/i6236491519994364418/。

并且形成了市场竞争与行政垄断并存的多元制度。"① 归根结底，所有产业形态的演化本质上都是基于人的欲望而外化为市场需求和供给体系，表现在产业内部则是新旧媒体之间利益格局的重新划分。传媒产业化，既是传媒市场逐渐发展、活力不断被激发的过程，也是企业规模逐渐变大、资本结构趋于多元化不断深化、赋权体系不断平衡的必然结果。

经过30多年的探索，中国已经出现了一批具有一定规模的传媒集团，完成了股份制改造的企业争相上市融资，初步建立了现代企业制度；文化整体实力和国际竞争力有所提升。2012年，中国传媒业总产值为7703.51亿元，同时中国电影票房市场一跃成为全球第二；2013年，中国传媒业总产值达到8902.40亿元，其中，新闻出版发行服务企业资产总额6067亿元，实现营业总收入2313.2亿元，分别占27%和21.6%；广播电视电影服务企业资产总额1822.4亿元，实现营业总收入750.8亿元，分别占8.1%和7%。② 2014年中国传媒产业总值首次突破万亿元大关，高达11361.8亿元人民币，同比增长15.8%。③ 从这一组数据可以看出三个特点：一是新闻出版发行服务企业规模和产出已经具有了明显的优势。2014年电视剧和图书年产量居全球第一，电影产量居第三，全年电影票房达296亿元，同比增长36.15%，国产影片票房占54%。2015年2月，中国国内票房第一次超过美国，中国市场成为全球电影市场的新引擎。二是互联网与移动增值市场的份额不但一举超过传统媒体市场份额总和，领先优势高达10.2%，差距还有继续扩大的趋势。④ 三是随着互联网的融合发展，商业模式创新发展势头明显。传媒产业的外延不断扩大，新兴业态不断涌现，产业价值链不断拓展。内容版权产业与广告、游戏、商务、金融、数据服务等行业融合深度和广度不断加强。

---

① 龚彦方：《在结构性市场转型与传媒的特殊性之间——评近年来中国传媒业制度变迁》，《青年记者》2014年第22期。

② 2014年12月中央文化企业国有资产监督管理办公室《国有文化企业发展报告（2014）》。

③ 根据清华大学传媒经济与管理研究中心的统计测算数据，http://media.people.com.cn/n/2015/0706/c397325 - 27260690.html。

④ 根据清华大学传媒经济与管理研究中心的统计测算数据，http://media.people.com.cn/n/2015/0706/c397325 - 27260690.html。

在逐渐放松经营权的改革过程中，分类管理的思路越来越明晰，不同类别媒体的发展空间差异越来越大。同时，中国政府有关媒介规制的标志性文件也很多（1979—2008年出台的政策文件），参见表7-2[1]，但是效果不尽如人意；突出的问题是限制过于频繁，过于碎片化。1978—2014年，广电管理部门的禁限令很多。且政出多门，缺乏法律约束力，往往朝令夕改，急需法制改革以完善传媒管理的法律法规体系。

表7-2　　　1979—2008年中国政府有关媒介规制政策文件

时间	发文部门	发文名称	主要内容
1983年	广播电视部	关于广播电视工作的汇报提纲（中共中央37号）	确定了"四级办台"的事业建设体制
1996年12月14日	中共中央办公厅、国务院办公厅	关于加强新闻出版广播电视业管理的通知（37号）	按照"控制总量、调整结构、提高质量、增进效益"的原则，治理散漫，促进新闻出版和广播电视业从扩大规模数量为主向提高质量效益为主转变
1999年9月17日	信息产业部、国家广播电视总局	关于加强广播电视有线网络建设管理的意见（国办82号）	提出了"四级变两级"的广播电视改革体制，同时提出组建广电集团
2001年8月	中共中央宣传部、国家广播电视总局、新闻出版总署	关于深化新闻出版广播影视业改革的若干意见（中办17号）	提出文化体制改革要以发展为主题，以结构调整为主线，以集团化建设为重点和突破口，着重在宏观管理体制、微观运行机制、政策法律体系、市场环境、开放格局5个方面积极进行探索创新，以进一步壮大实力、增强活力、提高竞争力。第一次明确要求推进集团化建设，实行跨媒体、跨地区经营，把集团做大做强

---

[1] 喻国明、苏林森：《中国媒介规制的发展、问题与未来方向》，《现代传播》2010年第1期。

续表

时间	发文部门	发文名称	主要内容
2003年7月10日	中共中央宣传部、文化部、国家广播电视总局、新闻出版总署	关于文化体制改革试点的意见（中办21号）	将媒介业按资源、属性的不同分为公益性事业和经营性产业两类
2005年12月23日	中共中央、国务院	中共中央、国务院关于文化体制改革的若干意见（中发〔2005〕14号）	强调区别对待、分类指导。公益性文化事业要增加投入、改善服务，经营性文化产业要创新体制、壮大实力
2009年9月26日	国务院常务会议	文化产业振兴规划	强调传统媒体与数字媒体的交替，文化产业跨行并做大做强、吸引社会资本以及建立文化产业投资基金

当前，《中华人民共和国电影产业促进法（草案）》是适应电影产业的发展需求，为促进电影产业健康发展而提请审议的"中国电影第一法"，其作用主要体现在产业层面，对于电影产业长期发展具有积极意义。但是这毕竟只是针对电影产业一个领域的国家扶持方略，还不能从根本上解决传媒业整体竞争力提升的迫切问题。现在各界都在呼唤文化产业促进法等大法的出台，在这一点上，我们应学习韩国、日本加大法制层面对文化传媒业的支持力度，营造完善的市场发展的法制环境。

二 阻碍传媒价值链结构完善因素

由以上改革政策出台的历程可看出这样的改革路线图：传媒业在不断适应国际市场变化，主动进行制度探索，逐步解放了部分生产力要素，由经营权分离改革到将经营业务组建公司，由集团化、股份制改造到上市融资，在传媒组织获得经营权、股权、融资权后就可借助金融市场实现规模效益。通过改革虽然取得了一些成效，但是，同国际先进国家相比较，产值差距还很大，真正具有实力的大型跨国传媒集团还很少，大部分国有传媒集团市场化运作还处于起步摸索阶段，市场占有率、行业集中度都不高，进一步提升市场话语权严重受限。从价值获得的角度分析，主要原因还在于管理体制与市场机制的龃龉，表现为传媒市场主体以国有企业为主，产权流动受限，渠道垄断管理失灵，资本运作、并购缺乏理性，三网融合艰难等问题，致使价值链构建完善优化受阻。

(一) 国有传媒集团创新处于初级阶段，创意价值转化能力较弱

当今全球化时代，跨国传媒集团打破了地域限制，在全世界范围延伸产业链，价值链上的企业从设计、产品开发、生产制造、营销、交货、消费、售后服务、最后循环利用等环节开展各种增值活动。在这个链条中，各国企业在各自的政治体制、产业环境、经济阶段、技术水平环境下所处的位置不同，决定了价值获得的多寡。全球价值链几近固化，西方发达国家以产业链为工具进行经济掠夺。以美国和英国为代表的西方传媒集团占据了价值含量高的创意设计产业链上游。而中国传媒市场主体粗放发展30多年，还未及精耕细作，虽然也有一些企业在精细化上开始着力，但拥有强大竞争力的传媒公司还不多。表现为：第一，"条块分割"的管理体制约束较多，经营权受限制，阻断了产业价值链的有效连接；第二，产业链不通畅，价值增量受限；盈利模式单一，主要以发行收入和广告收入为主；第三，价值链环节居于中下游，创意层增值极为有限；第四，传统媒体急于转型，资本运作频繁，但盈利能力还不明显；第五，广播电视类上市公司的资本主体仍是国家资金，多数是依托行业政策保护形成垄断竞争力；第六，"传媒概念股"中传媒业务并非企业的核心活动，且经营规模小。

(二) 产权改革进展缓慢，资本运营和价值实现受阻

目前，尚未建立起全国统一的国有文化资产监督管理机制，出资人缺位、越位和错位并存的现象，给媒介发展带来很多问题。传媒市场主体产权不明确致使管理者、市场主体获得感不强，积极性较低，核心盈利模式模糊。当改革进入深水区，产权归属和产权流动成为一个不可回避的攻坚重点。

皮卡德曾说："中国传媒业和国外传媒业最大的差别在于所有权

结构。""由于历史的原因,中国传媒业一直是国家所有或政府所有,产权没有进入市场。加入世界贸易组织后,中国的广告市场和出版分销等在一点点地开放,一步步地走向市场,但产权关系还是带有政府色彩。"① 在市场经济下,产权主体性是资本流动的基本条件,主体性不健全的资本缺乏生存和发展的基本动力。媒介产权主体缺失,就使代理人不仅拥有经营管理权,而且还实际拥有使用权、处置权、剩余索取权等支配权,成为媒介产权的实际拥有者。这样的制度设计,不仅会导致内部人控制、机会主义、国有资产流失等一系列问题,而且还会削弱集团竞争力,导致规模不经济、价值链管理混乱等问题。在市场经济体系中,建立企业制度的根本是产权和治理结构问题。建立健全现代产权制度,也是党的十六届三中全会《决定》提出的一项重要改革任务。

(三) 传统媒体数字化转型遭遇体制"瓶颈",产业价值链优化受制约

技术变革作为第一生产力,对传媒领域的冲击表现得尤为突出,传统媒体在衰落,而新的内容形式、价值形态、新兴业态不断涌现。传统媒体受新技术的影响表现在多个方面,尤其是对内容传输方式以及渠道的革命性冲击,影响内容产品需求、广告产品需求、渠道等多方面的市场,价值实现的方式随之发生了相应的变化,价值链面临着转型和再一次重构。新技术的影响主要表现在以下四点:制作成本降低;频道资源不再稀缺;价值补偿方式多元化;版权保护更加困难。应对新媒体变化,同默多克新闻集团一样,中国传统传媒业也别无选择地直面数字媒体带来的价值生产结构性的挑战。现阶段,特别是移动互联网的布局,对新闻、影视传媒等传统行业的颠覆越来越明显,利润下滑,市场空间越来越有限。这些力量,不仅在全方位地改写内容产业,而且从根本上改变着许多内容生产和发行的方式。

破解传统媒体转型困境,与新技术融合发展是必然选择,又要破解体制机制方面的障碍。前国家新闻出版总署党组书记、署长柳斌杰

---

① [美] 罗伯特·皮卡德:《明晰产权——中国传媒业的逻辑起点》,传媒经济学论坛,2004 年 3 月 1 日, http://web.cenet.org.cn/web/medianomics/index.php3?file=detail.php3&nowdir=&id=77118。

认为，媒体融合关键在于改革，如果体制改革不到位，融合就很困难。"如部门所有、国资民资准入不同、媒体性质不同、财政支持不同等一些突出问题，只有深化改革才能解决"。因媒体由新闻出版广电总局、文化部、工信部等分业管理，各部门掌握的尺度不一致；三网由不同部门管辖，管理模式上发生冲突；国务院又有9个条例分别规范各类传播行为。这样，媒体由多部门所有的现实，制造了某些冲突和矛盾的事实。事实证明，这种体制机制的障碍阻碍了我国传媒集团做优做强。

小结：规制、技术和资本三个要素决定了传媒产业发展的现在和未来。在这三种力量中，发挥技术和资本这两大客观生产要素的正能量，以完善的、合理的、优良的规制体系约束技术和资本的负面影响，充分发挥资本和技术在价值链完善的推动力，实现双效合一，既是当前破解传媒市场化改革困境的必由之路，也是传媒产业价值追求的终极目的。

三　提升中国传媒业竞争力路径选择原则和建议

提升我国传媒集团实力的任务紧迫，国有传媒业转企改制完成后，将按照市场经济规律进行投资和运营，优化价值链结构无疑既是最优选择也是必然选择。诚然，"在政治模型、市场经济模型和公共领域模型等不同的语境中"[①]，市场特点以及企业动力产生和价值实现的机制迥异，中国传媒企业发展路径与英美环境下的新闻集团发展得失不能简单通约，不能一切按照美英等发达国家那种只以商业利益为衡量标准而忽视社会效应的发展模式；而应认真学习其产业链整合的经验，总结传媒业独特价值理论以指导传媒企业健康发展。换言之，既不能照单全收西方自由市场理论，也不能将市场化起决定性作用只是停留在"摸着石头过河"阶段，而应在特色市场理论建设上，不仅在制度层面也要在观念和理念层面进行创新。新闻集团在不同市场的探索本身就是一个有价值的样本，默多克传媒价值观念偏误造成的运营失利对完善我国传媒规制具有一定的警示意义，其跨国并购和资本

---

① 戴元初：《大融合时代的传媒规制变革：行动逻辑、欧美经验与中国进路》，人民日报出版社2014年版，第56页。

运营的经验对当下中国传媒竞争力的提升和媒介环境的完善有一定的启示价值，尤其是在这些竞争行为背后所蕴含的市场规制理念，具有哲学层面的价值意义。构建什么样的传媒价值链，满足哪个层面的需求，这是超越了单纯的经济价值追求的社会价值问题，也是我国传媒集团在追求经济竞争力的同时特别强调重视的首要问题。只有首先从理念上厘清价值内涵，善于管理传播渠道和传播内容，培育公平竞争、协调发展的市场环境，才能使市场主体更好地选择适宜的价值提升路径。

（一）提升中国传媒业竞争力路径选择原则

价值观和社会制度互为保障，为避免政策规制的制定被利益集团俘获，需要辨明新自由主义思潮对传媒市场结构和传媒价值理念的影响。现在问题不是要不要规制，而是如何规制才能既实现资源最有效配置而又不被资本或者技术权力绑架的选择问题。不管是信息自由交换、自由市场的提倡者还是市场逻辑的解剖者，并非完全否定计划规制的必要性，反对的不是规制本身。我国市场化改革的趋势是通过简政放权破除那些束缚市场主体积极性的陈旧规制，在坚持社会效益第一位的前提下，自上而下不断深入进行改革创新，推进产业融合以完善产业价值链结构。基于以上认识，本书认为，提升我国传媒竞争力，价值原则和创新原则是需要遵循的最主要的两大原则。

（1）价值择取原则。人类社会对终极的幸福的追求，包含着对传媒产业价值本质的叩问。有效利用传播媒介满足传媒市场需求和人类需求，首先要在理念和原则上弄清基本的市场需求和供给的逻辑，才能廓清主次顺序，避免逻辑混乱。[1] 公共利益理论认为，社会各层利益最大化特别需要政府规制，但规制的同时，也需要避免利益被俘。[2] 即使在倡导自由市场的英美等国，政府也总是被利益集团俘获。制定合理的规章制度，要从人类价值最大化出发，而不只是强调经济价值一个方面。要遵循价值平衡的原则，强调社会价值首位并防止新自由

---

[1] 喻国明：《传媒竞争力——产业价值链演变案例与模式》，华夏出版社2005年版。
[2] 俘获理论是指政府进行干预反而为特定利益集团所"俘获"，促进了生产者或工会的经济利益。

主义市场观的误导和扭曲。

遵循价值平衡的原则,以合理规制平衡三方价值诉求。传媒价值主要体现在公众价值、商业价值和政府价值三个方面,需分类管理、区别对待,如图7-1所示。从政府、传媒企业和公众不同的价值诉求、社会结构出发,传媒规制应考虑如何平衡三者的价值诉求。在新闻信息生产、流通和消费的过程中,"政府、公众、传媒有不同的利益诉求:政府想把自己的决策加以推广,以获得民众更多的支持;公众想从新闻中得到更多的真实信息,并通过传媒表达自己的意见和观点,同时知晓政府的主张和决策,用以决定自己的取舍和办法;传媒想通过新闻的生产和推广,得到一定的社会效益和经济效益,如果它又具有机关媒介的性质,那它还必须得到机关的首肯和回报"。[①] 商业机构通过传媒了解掌握国家政策、行业发展、需求变化,以决定企业竞争战略。传媒通过满足或者引导以上需求实现自身的发展,而各种所有权显性或隐性地影响着需求和供给的逻辑,不宜互相混淆,商业逻辑不等同于政治逻辑。在不同的理念下,政府、公众、商业传媒机构三者之间的关系有很大的差异。不管是新自由主义思潮还是其他思潮都是在考量这三者之间关系的前提下布局,制度变革会影响三种利益诉求之间的平衡格局。

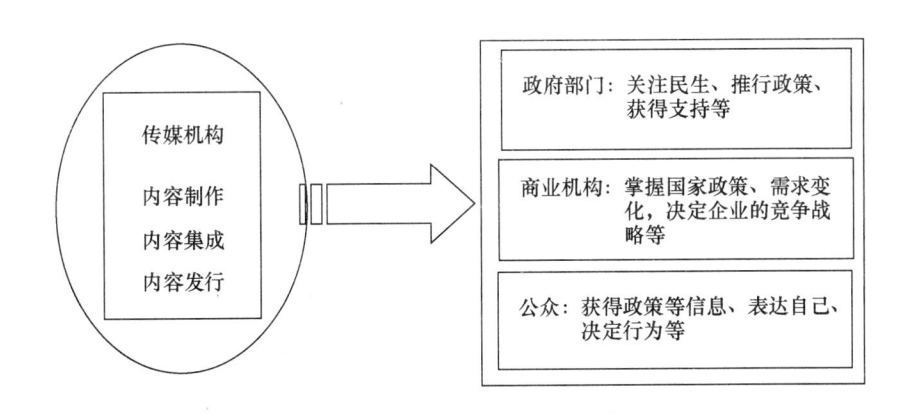

图7-1 传媒机构平衡不同价值需求

① 童兵:《传媒社会责任的履行与违背》,《新闻与写作》2014年第8期。

平衡并非平分秋色，也不是照搬其他国家模式，而应综合考虑发展环境和未来的长远趋势，从需求平衡的角度出发，最关键的是要合理规制，该放权的交给市场，该引导的应规制有方、分类管理，确保正确合理地处理三者之间可能出现的利益冲突，把履行传媒责任落到实处。在国家、公共性和商业性之间找到一种平衡，是传媒产业价值实现的应有诉求；妥善处理媒体社会责任与经济价值，完善规制模式，这本身也离不开人类终极价值哲学的追问，即新闻伦理层面的思考。需要注意以下两点：

第一，强调社会价值的前提地位，尊重市场规律，尊重市场自身逻辑。市场化改革的环境下，之所以强调传媒业社会价值的意义，是因为西方传媒发展带来的负面影响和默多克新闻集团分拆的警示，以及我国改革过程中出现的诸多新闻伦理道德混淆问题，都在提醒传媒经营者不能掉进经济价值的泥淖里无力自拔。

那么，在保障个人自由的同时如何才能维护作为人存在本质的社会性？解决这样一组矛盾，需要尊重市场规律，更需要探索传媒产业发展自身逻辑和本质规律。市场化诉求就是解放被束缚的生产力要素的自由流动，市场经济是法治经济也是"道德经济"[1]，传媒市场化的改革是一个完善赋权制度探索的过程。基于传媒产品的准公共品属性和商品属性，改革要确保舆论导向，即在确保基本政治立场、编辑方针的前提下，积极推进市场化。但是，市场起决定作用的深化改革，"不应当被理解成为毫无止境的市场主义，市场的'决定性作用'必须限定在经济领域"[2]。解决政府和市场之间的平衡机制问题，中共十八大三中全会要求，政府要在法制、监管、产业政策和社会政策上发挥不可替代的作用。

对于传媒业来说，提供什么产品和服务关系到意识形态的价值取向问题，因此，政府规制就需要针对社会发展阶段和发展重点，科学合理安排供给的文化产品和服务的内容、层次和进度，丰富信息容

---

[1] 《李克强与文史馆员谈文论道》，光明日报网，http://www.gov.cn/xinwen/2015-04/08/content_2843604.htm。

[2] 郑永年、钱继伟：《一个自由放任改革时代的终结？》，《文化纵横》2014年第4期。

量,提高社会价值,并拓宽信息流通的渠道,要充分体现出政府引导、领导和指导的宗旨和高度,要体现出先进生产力的发展方向,充分发挥传媒产品激发正能量、促进社会和谐的红利作用,以提升公众价值判断力。《关于推动国有文化企业把社会效益放在首位、实现社会效益和经济效益相统一的指导意见》于2015年9月出台,强调"社会效益"的首位价值,注重道德力量调节,突出文化产品作用于人的精神的无形力量,为传媒产业的发展确定了方向,对传媒集团的竞争路径选择具有长远的指导意义。

第二,要警惕新自由主义市场价值观的误导,自觉抵制其负面影响。按照商业逻辑,企业价值实现的必要条件是为别人创造财富和幸福,从而推动社会进步。跨国商业资本掌握着西方主流媒体的所有权,从而能够创造出有利于自身发展的政治环境。同样,在这个创造财富的过程中,一旦有资本进入中国,难保传媒价值不被绑架。西方意见市场理论的发展与新闻自由的进程中,有两个极端的平衡运动博弈主体,一是政治集权的管制,二是资本背后经济集权所依凭的政治金融势力,全球性超级传媒王国的出现,标志着史无前例的传播资源集中和信息价值垄断,从而"击碎了名义上的市场竞争带来多元文化和民主政治的许诺"。[①]

新自由主义思潮表现出来的问题不只是垄断加剧导致的福利的丧失,还有价值取向的混淆。《美国第一宪法修正案》是美国社会价值观的基石,这一社会价值观对传媒规制具有重要影响,"在美国社会的相关价值观中,最基本的,也是最主要的概念是'公共利益',其他包括观点的自由市场、多样性、公平、竞争等"。[②] 在此前提下,美国传媒规制理念基础是保护言论以及出版的自由,是以自由主义为基本理念,"自由主义理论根植于资本主义自由市场经济,以米尔顿和洛克的政治经济学说为依据。……可以说,自由主义理论最大限度地保证了媒体运作的独立性,然而在政治和经济上的独立也导致了媒体

[①] 王维佳:《传播治理的市场化困境——从媒体融合政策谈起》,《新闻记者》2015年第1期。

[②] 陈昌凤:《美国传媒规制体系》,清华大学出版社2013年版,第3页。

权力的膨胀和资本的垄断。……过度追求利润致使美国媒体自由泛滥"。① 报纸、电台等为私人业主所有,他们自担风险以媒体运营追求商业价值,不必过多顾忌社会公意的影响,一切为获取注意力价值,甚至以垄断的方式运营媒体而不惜损伤社会大众的信息知情权和价值判断的能力。

自由是有限度的,因为市场的竞争理性和人的行为理性都有一定实现条件。19世纪后半期英国自由主义和功利主义的代表穆勒的《论自由》中指出,"防止加害于他人是限制个人自由的唯一合法理由"。这一"伤害原则"理论,却也被许多自由主义者在多种场合引用,以批评自由竞争带来的各种伤害现象。这从另一角度也支持如下论断:充分的自由竞争并没有缩小市场失灵的范围。

我国传媒所有权规制在逐渐放宽,但是,在关于宣传主阵地的领域丝毫不曾放松,也不会放松。"核心价值观是文化软实力的灵魂、文化软实力建设的重点。这是决定文化性质和方向的最深层次要素"。② 习近平主席强调:"在推进文化体制改革、繁荣发展文化事业和文化产业的过程中,要把握好意识形态属性和产业属性、社会效益和经济效益的关系,始终坚持社会主义先进文化前进方向,始终把社会效益放在首位。无论改什么、怎么改,导向不能改,阵地不能丢。""无形的文化产品,作用于人的精神,能激发正能量,形成社会和谐的红利。"③ 经济学家厉以宁指出,"双效统一"就是强调社会效益、注重道德力量调节的具体表现,这是十八大以来文化改革发展的突出亮点,回答了文化企业怎样能活得好、行得正、走得远,怎样弘扬中国精神、传播中国价值、凝聚中国力量这一历史和时代课题。④ 这需要政府主动进行规制体系创新,管理方式创新、经营权创新。在市场化改革进程中,因片面注意经济价值引致的违背新闻伦理道德的事件

---

① 同上书,第8页。
② 《这三年,习近平实践文化强国的三个思路》,央广网,http://politics.gmw.cn/2016-01/05/content_18370561.htm。
③ 央广网:《这三年,习近平实践文化强国的三个思路》,http://politics.gmw.cn/2016-01/05/content_18370561.htm。
④ 同上。

时有发生。比如，对MH370航班失联现场报道时的过分煽情，以及恶意炒作娱乐明星隐私等事件频发。对新闻和媒介伦理的强烈关注和争议，启示媒体应恪守一定的底线，追求传播社会价值的充分实现。

（2）创新原则：数字化互联网思维颠覆下的传统媒体价值创新原则。创新，往往含有理想化色彩，是指在现有的知识积累和物质支持所组成的特定环境中，为满足一定需求，改进或创造新的事物、方法、路径、管理制度等。创新机制根源于人类高效、便捷的追求本质，主要包括制度创新、技术创新、股权结构、模式创新等。

第一，制度创新，以法制创新和体制机制的创新，完善价值实现的市场环境。制度创新是指通过创设新的制度体系，更有效激励人们行为，实现社会的持续发展和变革，并以制度化的方式激励创新活动并固化创新活动的价值。传媒产业的社会属性和经济属性的特殊性，其制度的创新是特色社会主义制度创新的重要组成部分，在探索市场化过程中，两分开、四级办、集团化和股份制改革都是很有特色的创新。中国特色社会主义市场经济理论，本身就是一个创新，它应在超越了资本主义、社会主义名称纠结的层面上，创造性地融合泾渭分明的社会制度。其创新的主要目的在于，赋予了市场经济新的内涵，对传媒业来说，体现在对公共领域与国家意志的有机结合，站在社会价值创造的高点上，以良性制度约束市场因素的失灵。但是我们也必须要认识到，理想不能超越社会发展规律，信念也不能忽视当下现实问题，比如法制建设、现代企业制度完善。① 当前，三网融合、股权改革是改革纵深化的要求和表现。工信部发布了《关于向民间资本开放宽带接入市场的通告》，这是鼓励民间资本进入宽带市场的创新之举。自2015年3月1日起，民资可用自有品牌以三种模式为用户提供宽带上网服务的试点方案，首批在太原、沈阳、上海、长沙、广州等16座城市开展。

第二，技术创新。以信息技术为中介，以卫星、电缆、计算机技术等为传输手段的数字化，引发的不只是生活方式改变，还有传播理

---

① 喻国明、戴元初：《传媒规制的应然与实然——以美国1996年电信法为标本的解读》，《新闻与写作》2008年第3期，第23页。

念的技术恐慌；技术颠覆的也不仅仅是传播的互动结构，而是整个社会体系，是整个的价值体系。技术以其便捷、高效的巨大需求推动力，使价值得以不断拓展时空连接维度，价值链结构亦需随之调整。传媒领域的价值再造趋势已经不可阻当，因为互联网技术颠覆了传统信息传播方式和渠道，传媒产业规模与结构已经超出以前的架构，急需重构信息内容框架，重塑话语权。传统新闻、出版、广电等产业在数字技术的推动下，媒介融合势在必行，产业革命不仅表现在传媒内部的深度融合，与关联产业的联系也在加深、加快。故此，传媒企业需要不断调整思路，以合理利用和整合资源来应对这一重大挑战。

第三，资本运营模式创新：金融资本力量下的调适和图变原则。中国要推动世界传播格局的变革与发展，必然要借助资本的力量与媒体资源进行有效嫁接，这是未来发展的方向。建立完善的传媒产业和资本市场的关系，是传媒市场经济的内在要求，也是体制改革进入企业化阶段后必须解决的问题。当前，如何利用资本市场、开辟安全长效融资渠道以壮大主业、拓展相关业务，推进传媒企业竞争力快速提升，特别需要市场主体地位的确立。继股份制改革试点之后，推出传媒特殊股权制改革①，是又一次具有突破性意义的创新。特别是从产业金融时代进入全球金融资本主义新时代，金融工具不断创新，我国传媒业融资面临着许多新挑战。向松祚认为，"自1971年布雷顿森林体系崩溃以来的40多年，全球经济体系的内在结构终于从量变实现突变。以全球性货币金融市场、全球流动性金融资产、全球范围内虚拟经济与真实经济相背离为显著特征的全球金融资本主义，已经成为支配整个人类社会的经济体系。"②虚拟经济支配实体经济是金融资本主义的主要特征，虚拟经济下全球化资本的流动加快。

私有产权的激励作用，是在以市场为调节一切相关因素的前提下实现的，若前提不同，则激励效果定会有异。美国是最早实行传媒商业化经营的国家，私有传媒占主导地位，产权的私有化促使资本的可

---

① 党的十八届三中全会提出。
② 向松祚：《新资本论——全球金融资本主义的兴起、危机和救赎》，中信出版社2015年版，第256页。

流动性增强。从默多克新闻集团等西方传媒大鳄的快速扩张路径来看，私有化和商业化经济环境下产权的自由流动，成就了西方传媒产业产品和服务的增值。然而，中国国有垄断传媒企业和民营企业处于不同的门槛位置，如何才能公平竞争，确实需要探索产权的制度安排与资本杠杆的价值创造机制。对于中国传媒业来说，资本力量是一把"双刃剑"，特别要注意利用资本增强竞争实力的前提是防止国际金融资本的侵蚀。[1] 在参与全球资本并购、合作过程中，需要积极探讨适宜的融资机制，创新是必须选择的原则和路径。

第四，价值实现模式创新。传统媒体价值链重构寻求转型之径，必须走媒介融合之路。数字技术使各种信息得到了整合，媒介一体化的趋势日趋明显。"在技术结构上，几大产业专用的封闭性技术平台，基于IP网络发展成为通用的开放性技术平台，而IP网络的核心设计理念是承载网络与高层应用分离，网络协议采用层级结构，几大产业因而共同建构在层级技术结构的基础之上"。[2]也就是说，数字技术对传媒带来的影响是，未来产品全渠道分发，内容全介质传播。

三网融合是当前政府急于推进的工作，2014年8月18日通过《关于推动传统媒体和新兴媒体融合发展的指导意见》，旨在打造一个媒体融合的大平台，是要把资源、内容、技术、平台、渠道统一到一个共同体里获益，这有赖于电信网、广播电视网、互联网三网融合推进。企业的价值建设，也需随着技术的进步而创新价值实现理念，改变单向传播思路和控制理念，以互联互通思路推出差异化产品，服务接近消费受众，顺应新需求特点甚至引领需求。

(二) 提升中国传媒产业竞争力的路径选择

我国传媒市场化改革是为了完善文化市场体系，完善传媒现代企业制度，创新行政管理机制，创新产权流动机制。根据以上对新闻集团实践得失的分析，可借鉴其完善的传媒产业价值链经验有两个要点：以差异化的理念争取内容和渠道的优势、打通传播渠道；扩大内容增值空间、以资本运作和技术创新持续优化价值链结构。根据以上

---

[1] 可参见郎咸平"沟渠"比喻。
[2] 肖赞军：《媒介融合引致的四类规制问题》，《当代传播》2014年第3期。

价值原则和创新原则，又要吸取价值错位的教训，参照郭全中"一个中心、四个基本点"① 思路，可以考虑从传媒制度、组织、技术、资本运营、盈利模式几方面进行路径探索：创新制度安排、改革体制机制以打破市场要素流动的某些壁垒；组织创新以推进集团化进程，完善现代传媒企业制度；市场主体在不断变化的媒介生态下选准适宜的传媒集团发展路径，构建适宜的产业价值链结构。

第一，创新制度安排，改革体制机制，以合理规制破除市场要素流动的壁垒。制度经济学者从制度、技术、产业组织、市场绩效相互依赖、共同演进角度考察，认为政策不仅仅是用来纠正市场失灵和解决竞争纠纷的工具，更是塑造传媒市场未来环境的基础因素。在市场化进程中，我国传媒规制呈现出总体上不断放松的过程，传媒竞争力得以提升。但"这个过程中也出现了媒介规制的机构设置不合理、媒介规制不透明、媒介规制缺乏常规化、媒介寻租现象严重等弊端。为促进媒介产业的进一步发展壮大，需要对我国现行的媒介规制进行全面深刻的改革。"② 规制重点是如何引导的问题，只是"叫停"那样的围堵也解决不了根本问题。政府在传媒业市场中起的作用，应该是创造有效竞争的环境，在法律、制度、政策方面进行顶层设计；而不是越位管理，更不能既当运动员又当裁判员。首先，政府必须为各阶层行为设计一个法制框架。其次，政府可以完善产业政策来提高企业竞争力。最后，监管是国家治理体系中不可或缺的一环。

（1）以法律形式进一步明晰媒体权利和责任。传媒业健康发展的前提和基础是现代传媒市场体系，首要任务是完善法制建设。党的十八届四中全会要求"适应对外开放不断深化，完善涉外法律法规体系，促进构建开放型经济新体制"。我们当下应该思考的是，怎样的基本制度框架才能与传媒改革相适应。既发挥政府监管职能，又要防止市场失灵；既要顺应全球化的要求而兑现加入世界贸易组织承诺，

---

① 所谓"一个中心四个基本点"，其中中心是指用户，四个基本点是指观念、体制、技术和资本。出自郭全中《媒体转型的一个中心四个基本点》，《现代传播》2015年第12期。

② 喻国明、苏林森：《中国媒介规制的发展、问题与未来方向》，《现代传播》2010年第1期。

又要制定一套法制化制度，防止金融资本的侵蚀。为此，急需顶层设计，因地因时制宜，特别是根据技术发展和全球化趋势完善制度体系。

美国法律体系是在《美国第一宪法修正案》的统摄下，各部门法和各州法组成的法律体系。《美国第一宪法修正案》保护言论和出版的自由，限制政府对新闻传播业的干涉。以前，美国没有新闻法，只有《1934年通信法》和《1996年电信法》。美国为促进其传媒产业全球竞争力的提升，自20世纪70年代起以立法的形式加强版权保护，《版权法》《跨世纪数字版权法》《电子盗版禁止法》等一系列法规的出台，使好莱坞各大制片公司消除后顾之忧，创作激情不断迸发，涌现出大量深受国内外观众欢迎的优秀作品。但是，联邦电信委员会将立法权和行政、监督功能集于一身，从而导致以上所述新闻集团得到"特许"以及其他更多的政策被产业利益俘获现象的发生，形成了诱致性政策的变迁。

柳斌杰认为，新闻传播也要走向法制轨道，否则，底线不清、边界不明则媒体不好把握。关于新闻传播的条文规定，在我国存在于《宪法》《刑法》《民法》《国家安全法》《保密法》《广告法》等30多部法律中。虽然多个管理条例基本符合宪法原则，但是，政出多门的条块管理，又朝令夕改，体制内的新闻媒体如同被绑着双手和双脚、无法施展自身的传播优势，竞争力难以提高。为此喻国明提出制定一部横跨各类媒介规制的大法："我国媒介技术、媒介管理、媒介规制还处于探索阶段，技术融合导致不同媒介间的界限日益模糊，制定非常详细完备的媒介法律体系的条件还不够成熟，于是尽快制定一部横跨不同媒介的媒介规制的'根本大法'已成必要，在根本大法的框架下，可以逐步完善各媒介规制的子法律，最终形成一个比较完备的媒介规制法律体系。"[①]

中国的"依宪治国"，强调了宪法的根本作用，为传媒根本大法的制定奠定了坚实基础。新闻立法迫在眉睫，《新闻法》应该体现出

---

① 喻国明、苏林森：《中国媒介规制的发展、问题与未来方向》，《现代传播》2010年第1期。

特色制度的探索内容，应该区分新闻传播公共服务和产业市场领域的职能，也应该对市场监管明确范围，以长效机制，特别是法律来代替部门朝令夕改、松紧失范的红头文件效力。

首先，以法律形式明确传媒公共服务的职责，而不只是停留在通知、意见等行政管理层面。以法律形式区分公共区域和市场职能，约束技术和资本对公共价值的冲击。

其次，以法律的形式明确产权边界、优化股权结构，为产权流动提供法规支持。建立资本时代良好的信息传播的市场环境，产权问题首当其冲。在市场改革进程中，民营企业发展形成了混合所有制结构，资本运营的前提需要明确产权。这就急需从产权和经营权层面进行顶层设计，既要防范资本对新闻的颐指气使又要防范资本对于体制的绑架。换句话说，探索产权制度模式需确保社会制度的特色。

诺斯、科斯的产权理论都认为私有产权的保护就是保护了自由市场的竞争。国内经济学者向松祚甚至认为保障私有产权的重要性怎么强调也不会过分，在此基础上，他提出完善法治确保公平竞争的观点，"理论上说，私有产权、市场竞争和法律秩序是'三位一体'，没有法治秩序，私有产权就无法得到保障，公平的市场竞争就谈不上"。[①]

"特殊管理股"试点制度是国家层面对产权界定的一种有益探索。2013年《中共中央关于全面深化改革若干重大问题的决定》提出了"特殊管理股"；2014年《文化体制改革中经营性文化事业单位转制为企业的规定》和《进一步支持文化企业发展的规定》明确了对"按规定转制后的重要国有传媒企业"探索实行特殊管理股制度。

特殊管理股指具有特殊投票权的股票可能是"一股多票"，甚至同时具有"一票否决权"。特殊管理股作为一种新的股权结构开始进入我国出版传媒业，标志着转制后的国有传媒企业的股权结构可能会发生重大变化，可能由目前的国有股"一股独占"或者"一股独大"转变为多元化、分散式的股权结构，进而对我国的国有传媒企业改革

---

① 向松祚：《新资本论——全球金融资本主义的兴起、危机和救赎》，中信出版社2015年版，第256页。

产生深远影响，其影响和意义都值得我们深入研究和探讨。① "特殊管理股制度"的提出，是政府参与市场的一种制度创新。同西方的金股制度、双重股权制度相比较，需要突出自己特色。

这一概念的提出为深化产权改革吹响了冲锋号和集结令。当特殊股权改革试点结束之后，就应以法律的形式确定传媒产权的边界。这也正是学界对于传媒产权制度的探索的应有之义。我国学界对于产权制度的问题和出路的探讨一直在进行，主要有以下议题：产权改革、产权边界（昝廷全、习艳群②，2012）；产权流动（佟雪娜、李怀亮，2014）；对于特殊股的探索有郭全中（2010）、李朱（2013）、金雪涛（2013）等。

（2）以制度形式完善专门管理机构设置。各国都尽可能设立专门传媒业务管理机构，以提高管理效率和规范市场行为。如前所述，美国和英国都设置了专门的传媒管理机构。美国 FCC 是直接对国会负责的独立政府机构。为确保与生命财产有关的无线电和电线通信产品的安全性，在 1934 年根据《通讯法》成立。③ 在 2003 年 12 月 9 日，英国成立了新的通讯办公室"OFCOM"，统一管理电信及广电行业，这一简化机构④的举措是为了带来更高效的监管。

我国继十个城市"大部制"试点⑤探索后，2013 年 3 月国家新闻出版广电总局成立，各省级新闻出版广电局相继成立，有的地市也在推行文化局、新闻出版广电局和旅游局合并的举措。大部制主要的目的是通过建立统一、精简、高效的媒介产业管理机构，统筹规划新闻出版广播电影电视事业产业发展。国家新闻出版广电总局管理业务遍

---

① 郭全中：《特殊管理股制度对国有传媒企业的重要影响》，《中国经济网》2013 年 11 月 27 日，http://www.ce.cn/culture/gd/201311/27/t20131127_1813597.shtml。

② 习艳群：《我国传媒产权制度变革过程中的制度边界现象分析》，《中国传媒大学学报》（自然科学版）2013 年第 2 期。

③ 美国政府根据 1934 年国会通过的《通信法》设立的联邦通信委员会，负责常规的州际、国际通信、电视机、电线、卫星、电缆等方面的工作。涉及美国 50 多个州、哥伦比亚以及美国所属地区。

④ 接替"Oftel（电信管制局）、ITC（独立电视委员会）、RA（广播管制局）、BSC（广播标准委员会）和 RCA（无线通信管制局）"五家机构的职能。

⑤ 北京、上海、杭州、南京等数十个城市等作为文化体制改革综合试点城市，文化、广电和新闻出版局等部门都较早实行"三局合一"的"大部制"。

及全媒体产业链，这有利于传媒业务的融合发展和价值共享的实现，避免了新闻出版和广播电视在版权、贸易等方面的互相掣肘。这是管理机构改革迈出的一大步，是自1982年以来我国新闻管理机构的一次重大变化，为真正落实到实践中的跨行业资源整合，提供了管理机构制度保障。

（3）监督机制的完善。当前，我国政府监管主要问题，是政出多门和多级监督管理以及对公私主体监管标准不一。如监管机构受地方政府管辖，受地方和部门利益影响很大，独立性不强甚至没有独立性，监管投入也不够充分。尤其是随着市场化的深入，多元市场主体的特征越来越明显，市场化的特点决定了监管需要向加强事中、事后监管转变，要大幅取消事前行政审批事项和程序以加强投资力量，促进保护、监督检查等制度。可以说，在混合所有的市场结构中使监管机构独立、监管力度增强，确实是中国法制化和市场体系完善共同演进所面临的一个最为严峻的挑战。

协商民主理论的提出为进行管理监督提供了一个新思路。这一理论是20世纪80年代到90年代欧美学术界关注的新领域，在约翰·罗尔斯、尤尔根·哈贝马斯、安东尼·吉登斯等推动下，讨论和研究的一种新的民主形式，强调在多元社会里决策和立法要通过普通公民的参与达成共识，这一观点得到了越来越多的认可。协商民主源于自由民主并超越了自由民主，有助于矫正自由主义的不足，为民主政治的进一步发展开辟了广阔的空间。中共中央印发《关于加强社会主义协商民主建设的意见》，将协商民主的范围从政党协商、人大协商、政府协商、政协协商、人民团体协商扩充到基层协商、社会组织协商等，是多参与者、多方式的协商民主形式，为广大公民和社会组织，参与国家治理过程提供了广阔的制度通道。立法既可以协商、决策也可以协商，当然，监督管理制度的制定作为政府职能实现的一个关键环节，而且也能够通过多种协商而获得。在协商民主的大环境下，传媒业的监督管理应该会不断得到完善。

第二，以组织创新推进集团化进程，完善现代传媒企业制度。在国际话语权的塑造以及货币竞争紧迫形势下，我们的传媒集团化建设不能仅仅停留在口号和观念层面，必须打破区域限制，善于运用资本在推动融合和创新中的作用实现大步跨越。为此，需要进行统分有效结合的组织结构创新。

管理层多次提出要建立富有竞争力的传媒集团，表达了做强传媒业的迫切愿望。但是，始于1996年止于2004年的政府捏合式的出版广电事业集团化方式，由国资搭建的平台大而不强，因难以实现规模经济而告停。之后，以市场化方式推动企业"做大做强"被提上日程。2009年9月，《文化产业振兴规划》出台，明确要求以资本为纽带推进文化企业跨行业兼并重组，形成产值超百亿元的骨干文化企业和企业集团；2013年8月，习近平在全国宣传思想工作会议上的讲话和2014年8月《关于推进新兴传媒与传统传媒融合发展的意见》提出，要"打造有影响力的传媒集团"，其实质是提升传媒竞争力，不仅是做大更要做强做优。为此，应该拓展传媒价值实现的口径，建立现代传媒企业制度，尊重传媒产业本身的规律，创造价值增长的市场环境。可见，做强传媒集团不仅是业界的强烈呼声，更是国家战略的主要内容。完善的价值链结构有助于传媒集团竞争力的增强，有助于国际传播能力的提升。

首先，参透新生代生存坐标，紧跟技术创新与应用调整价值整合模式。充分利用新技术推进传媒融合发展。2011年、2012年，"网络+移动"增值规模达到传媒产业总体（7664.2亿元）的2/5强，而报纸所占市场份额下降到1/5弱。在十大行业中[1]，报纸、期刊、图书、音像连年势衰；而互联网、移动媒体行业活力日盛。第35次《中国互联网络发展状况统计报告》（见图7-2[2]：数据截至2014年12月，调查总体样本76000个，覆盖中国大陆31个省份。）显示，网民规模达64875万人，互联网普及率为47.9%，较2013年年底提升2.1个百分点，手机网民规模达5.57亿人，较2013年年底增加5672万人。统计显示，手机商务应用引来爆发期，移动端应用发展成"主力军"。截至2015年12月，中国网民规模达6.88亿人，全年共计新

---

[1] 报纸、图书、期刊、广播、电视、电影、音像、互联网、移动媒体和广告十大行业。

[2] 《CNNIC第35次中国互联网络发展状况统计报告》，《中国手机网民达5.57亿》，http://www.guancha.cn/Science/2015_02_04_308533.shtml。

增网民 2951 万人，手机网民规模达 6.2 亿人，较 2014 年年底增加 6303 万人。① 这组数据进一步呈现了我国互联网产业的生机与活力，大体预示了互联网和传媒产业未来的发展方向。

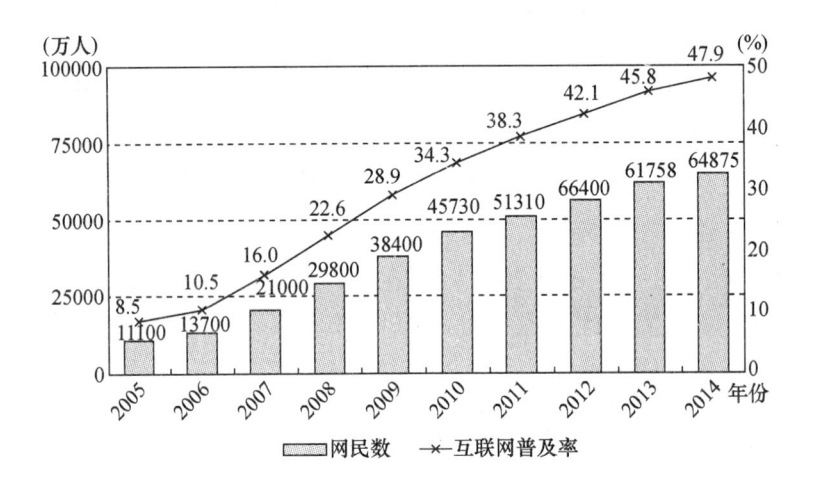

图 7-2 中国网民规模和互联网普及率

资料来源：CNNIC 中国互联网络发展状况统计调查，2014 年 12 月。

在数字技术挑战下，传统渠道优势不再；在"报网屏"合一的环境下，传统媒体以低俗化吸睛吸金的手段也被互联网的传播方式所冲击而不断萎缩，全球范围内的传媒学者和业界都在探索适应新媒体环境的转型之策。鲁塞尔·纽曼预言媒介技术发展趋势：受众对传播过程的参与度提高、单一媒介逐步融合成多功能媒介；传媒使用的便捷化；媒介使用成本低廉化。基思·威利茨将数字经济体系描绘为一个数字生态系统，并提出帮助通信服务提供商、应用程序开发商推进战略转型的解决方案。② 被誉为"数字时代的麦克卢汉"的保罗·莱文森很早提出了"人性化媒体"，他认为，未来会引入越来越多的传播媒介的类型，而越人性化的终端越会受到客户选用。如果，真像传播

---

① 出自中国互联网网络信息中心（CNNIC）《中国互联网发展大事记》和《第 37 次中国互联网络发展状况统计报告》。

② ［英］基思·威利茨：《数字经济大趋势：正在到来的商业机遇》，徐俊杰、裴文斌译，人民邮电出版社 2013 年版。

科技的预言大师尼葛洛庞蒂 2014 年 6 月 30 日在 *The Big Talk* 首秀上所说那样，在下一个 20 年，人工智能是互联网发展的核心技术，物联网时代到来后，手机将不再一定是中心。那么，人类将产生什么样的需求呢，传媒企业在信息化和工业化高度融合的"互联网＋行动计划"的时代环境下，如何抢占核心技术、尖端人才，抢占下一个 20 年的发展空间，这确实是应该考虑、提前布局的问题。

充分利用国家改革的机遇，以技术创新，推进媒体融合，整合资源的价值形成传媒集团竞争力。2013 年党的十八届三中全会公报要求："整合新闻媒体资源，推动传统媒体和新兴媒体融合发展"；在被称作"媒体融合年"的 2014 年，《关于推动传统媒体和新兴媒体融合发展的指导意见》更加明确了"推动传统媒体和新兴媒体融合发展……形成立体多样、融合发展的现代传播体系"的发展方向。

在多屏合一、移动为王竞争环境中，传媒主体如何发力？需要梳理技术发展脉络，以预判行业未来；要探讨传统媒体新的价值空间，以重构新型产业链。随着新兴传媒平台，如微博、微信软件和各种应用客户端（APP）不断开发，报纸、杂志、电台、电视台等传统媒体似乎找到了"救命稻草"：纷纷"上网"，开通官方网站、官方微博、官方微信公众账号等，以期待新旧媒体之间产生良性互动。以《人民日报》为例，其新浪官方认证的微博 ID《人民日报》粉丝量已超过 2000 万，发布的微博贴近生活、关注民生、积极推动事件解决，并经常以幽默的内容博得网友一笑。《人民日报》微博轻松阳光的网络舆论场与《人民日报》呆板严肃的舆论场形成了鲜明的对比。据报道，央视新闻微信、客户端，很受欢迎，使用率很高。上海报业集团党委书记、社长裘新认为："澎湃也好、上海观察也好，从我的看法来讲，在本质上它还是个媒体产品，只不过它从一个报纸变成一个基于 PC、移动端的互联网媒体。但就是这么一个改变，对整个中国的平面媒体、传统媒体来讲，也是一个革命性的转变。"他同时指出，传统媒体与新媒体融合发展，要分两步走：第一步要做互联网的媒体产品，在这个阶段，本质还是媒体，互联网是定语。第二步是我们再往前走，做媒体的互联网产品，本质是互联网。①

其次，定位战略环节，围绕价值生态进行资本运作，忌投机跟风。通过资本运作方式，为提升行业整体实力，打通内容制作公司和渠道企业之间价值关联，打造全球布局的大型传媒集团提供可能。并购只是手段，整合资源、优化价值链才是关键，因此不能为并购而并购，更不能本末倒置。"目前文化产业的并购中，还未发现有能够借助并购实现企业转型和价值链提升的案例，企业被并购后的利润和经营状况普遍呈下坡趋势。"② 为改变这种状况，需要根据产业不同规律，合理布局完善产业结构。

对内，改变过去以国资为主的价值获得渠道垄断理念，以市场化的方式引导资本在价值链关键环节上实现媒介融合。在传统资本运营理念上，为了舆论主导权，总是采用媒体垄断和国有资本投资的方式搭建新平台。事业单位集团化的停办，证明那种做法不符合生产要素自由流动的市场机制。"只有媒体的运营方式、管理方式、媒体人的操作范式、价值认同等软性因素与媒体出资方的政治目标相协调时，这种以所有权为链条的掌控才能发挥作用。"③

对外，进入国际媒体市场，中国资本就要熟悉各国政策，按照制度距离来安排产品服务、贸易方式和投资形式，不宜追求全产业链而盲目冒进，造成资本损失。2014年国务院常务会议中，第六条强调"要扩大资本市场开放，便利境内外主体跨境投融资。"在传媒并购业务的选择上，要以价值链结构优化为首要原则。凤凰出版集团开拓国际市场的策略是，以书业品牌为核心整合全球图书销售网络，先是取得迪士尼等品牌的授权；紧接着收购美国出版国际公司儿童图书业务及其位于德国、法国、英国、澳大利亚、墨西哥等国的海外子公司全部股权和资产，耗资8000万美元。这种跨国并购活动，为价值链的拓展优化打造了广阔平台。

---

① 吴玉蓉：《裘新：媒体融合分两个阶段走》，《国内外媒体老总纵论互联网》，http://www.thepaper.cn/newsDetail_forward_1277601。

② http://www.chycci.gov.cn/news.aspx?id=7837，中国经济网，2015年1月4日。

③ 王维佳：《传播治理的市场化困境——从媒体融合政策谈起》，《新闻记者》2015年第1期。

第三，选择适宜的核心价值链模式。市场主体在不断变化的媒介生态下选准适宜的传媒集团发展路径，构建适宜的产业价值链结构。中国传媒面临数字技术推动下的价值链重构的挑战，企业战略选择不能乱了阵脚，虽然可以参考借鉴英国和美国传统媒体市场化和互联网时代转型的经验，但是，世界上没有一个可以直接照搬的发展模式，我们只能尝试放进市场改革这个大的坐标系中，既要有所取舍，又要避免重蹈覆辙，从而在特色的体制内找出适合自己的提高路径。2013年国家新闻出版广电总局的成立，为整合报刊、出版社、通讯社、电台电视台、移动互联网以及电信互联网等资源，组建完善的传媒价值链带来极大的机遇。同年11月15日，《中共中央关于全面深化改革若干重大问题的决定》发布，为"三跨"集团化的实现开辟了政策空间。作为国有传媒企业可以借政策支持，延伸价值链。2015年2月24日，国务院发文就行政审批事项进行调整，电影制作单位设立的审批被放宽，还决定保留几个工商登记前置审批事项。市场竞争会随之变化，对于国有出版、广播电视集团、电影集团会有一定的影响，因此，应该根据情况选择商业模式，从内容、广告、渠道、平台、管理的分散运营到融合发展。路径选择主要有以下两种。

（1）可以选择全价值链构建。国有出版、广电传媒集团，面对渠道优势的不断弱化、盈利模式几近被颠覆的现状，可以借政策支持，延伸价值链。盈利模式是衡量传媒业成功与否的决定因素，因此首要选择是发挥内容资源优势，可跨媒体搭建媒介增值的全产业链条，从内容、渠道和平台等方面统筹整合出版、制作以及发行资源。

上海文广集团（SMG）作为国内第二大传媒集团，在转型过程中一直注重全产业链塑造，除与本身主业电视相关业务的拓展外，也很注重以资本运作的方式外联内交，完善并延伸价值链。可以说，SMG一直走在传媒市场化改革的前列，在打造差异化内容和资本投资方面，借鉴了默多克新闻集团拓展价值链的经验，也力避价值观错位的教训，在做强做优做大中国传媒集团的市场化改革中，进行了很多很深入的有益探索。

2001年，上海文化广播影视集团（"大文广"）和上海文广新闻传媒集团相继成立。2009年，后者实行制播分离分拆成"上海广播电视台"与"上海东方传媒集团有限公司"（现在常说的"小文广"）。① 2014年3月31日，"大文广""小文广"与上海广播电视台正式组建上海文广集团，即SMG，开始了全面整合的一体化运作。在资本运作方面，早在2012年年底，SMG与海通证券联合成立CMC，通过CMC进行大量资本投融资活动，动静不大但动作不小，引起的影响很大且被国内外密切关注。2014年9月将旗下上市公司BesTV百视通②和东方明珠合并整体上市，融合SMG传统电视内容业务与互联网电视集成播控技术、内容服务等为一个业务平台和资本平台，以发挥文化传媒全产业链运营优势，打造与迪士尼等国际传媒比肩的国内文化传媒领域市值第一的传媒千亿新航母。③ 在影视项目开发方面，与美国梦工厂动画合资组建东方梦工厂，进行动画影视制作、动画技术研发以及主题乐园、衍生产品和在线娱乐、交互游戏多元化；SMG通过星空华文传媒（二者股权关系见图7-3④）致力打造互联网与娱乐内容的对接平台，挖掘互联网带来的价值延伸。当前，其价值链主要有以下两个环节：一是内容制作和广告收益：通过灿星公司制作的节目和广告分成收益；二是衍生价值，通过梦想强音公司开发《中国好声音》的艺人价值和品牌价值；与腾讯、巨人等互联网公司合作开发新媒体衍生价值，推出《中国好声音》《中国好舞蹈》等网络游戏，获得高额的品牌授权费用和利润分成。《中国好声音》的成功，说明了SMG战略的正确性。SMG的投资理念，首先做好有助于传媒产业发展的事项，其次才是开拓战略新兴领域。

---

① "大文广"为事业单位，还包括旗下东方明珠、上影集团、东方网等公司；"小文广"是由中共上海市委宣传部领导下的上海电视台属、台控、台管的控股企业集团公司，旗下则包括上海原有的广播电视媒体业务和百视通等公司，以传媒产业为核心业务，以广播电视节目制作为核心，集报刊发行、网络媒体及娱乐相关业务于一体。

② 2005年3月，SMG获得了国家广电总局颁发的国内第一张IPTV集成运营牌照，并获准将SMG和清华同方股份公司合资组建的"BesTV百视通"作为IPTV业务呼号。

③ 黎瑞刚，曾被评价为"电信的功臣，广电的罪人"，被称作"中国的小默多克"。

④ 《"中国好声音"资本运作揭秘》，新京报网，http://www.bjnews.com.cn/finance/2014/04/14/312846.html。

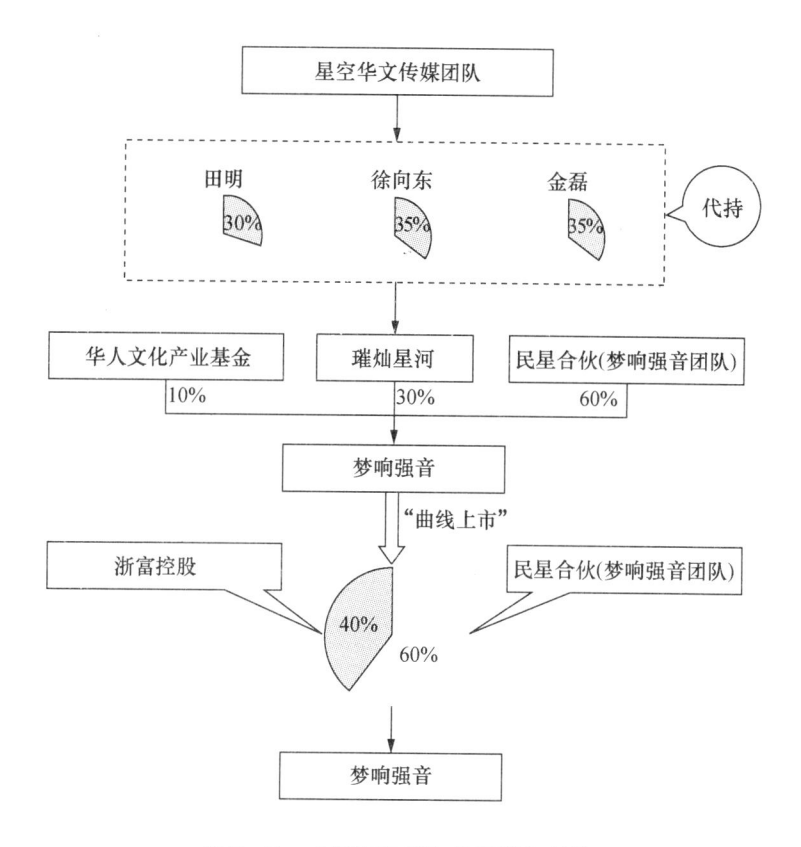

图 7-3 "好声音系"公司股权结构

全价值链并不是唯一的选择。对于传统媒体转型研究比较深入的喻国明先生撰文指出，转型需要根据自己的竞争优势而进行业务的购并或分拆，也就是说，不是无原则的融合，而要从资源整合和价值链结构优化的角度，确定本企业产品和服务的半径。因此，这里强调的是在价值链结构的完善中，不宜走入全价值链的误区，不管是并购整合还是分拆优化，基本原则是要使价值链得以完善。维亚康姆在跨国发展中，曾经的"瘦身"，也是为优化价值链而进行的选择；而在新闻集团分拆不久，2014年6月时代华纳集团将曾经是招牌的传统业务板块"时代公司"分离出去，这个分拆与新闻集团一样，都属于为减少数字化转型阻力而采取的举措。

（2）做减法思路，选择关键优势环节重点打造。在新环境下，发挥传统媒体的专业权威优势，首先是内容价值的深度挖掘。新闻媒体的"内容为王"理念,永远是不能削弱的核心竞争力所在。首先,以公信力取胜,在品质上追求专业高度。传统媒体可以依托信息采集、核实、分析、解读等专业化生产方面的优势,着力推出优质新闻产品和信息服务;然后,通过与新媒体融合发展,最大限度地发挥优势延伸和拓展价值链。其次,内容的独特性,在渠道增多的市场中更加宝贵。要追求独家报道的优势,要对信息资源进行深挖掘和细加工,推出观点鲜明的深度报道和评论,《纽约时报》《华尔街日报》的品牌价值皆源于此;同时还要加强数字短视频、微视频的创作生产以更新报道方式;然后,用好微博、微信等新媒体传播平台,实现即时采集、即时发稿、即时互动。新媒体时代的竞争,如果只停留在技术层面,将大众信息由免费提供变为网络收费,必然没有未来。当那些曾经的标杆式的杂志纷纷唱衰的当头,比如,《商业周刊》被彭博收购、《新闻周刊》被迫出售,《经济学人》却能一枝独秀,恰是因为其"观点纸"(View Paper)的品牌特色——形成判断和拥有观点,而不只是通常的"新闻纸"。

国有出版、广电传媒集团可以跨行业选择与房地产、物流、金融投资等非媒介公司跨媒体、跨地区、跨国界、跨所有制兼并重组的方式,目前也有很多进行中的尝试。但是需要慎重选择这一转型路径,对于不太相关的业务进行并购着实要谨慎,应以整合力推动集成经济的实现避免出现规模不经济的风险。

此外,随着媒介融合发展,规模经济和范围经济理论受到挑战,传媒集成经济、转化率等概念频出,活动经济、体验经济等理论不断丰富,这也进一步证明对传媒盈利模式和价值链结构的探索永无止境。

结语：核心观点研究和展望

一 核心观点

默多克领导新闻集团迅猛扩张，外在表现为价值链的跨国延展，实质上是自由市场观的推行与传媒规制之间冲突、平衡的博弈过程。他在报业拓展所向披靡，在影视业也构建了很强的价值创造体系，而在数字新媒体的探索却困惑不前、在中国的冒险以受挫而逐渐退出。其原因是不同市场环境的影响因素强弱不一，市场优势的取得存在影响价值链的结构性差异。其成功是依靠技术、资本、政府公关策略打造内容、渠道的差异化，从而构建了较为完整的价值链结构；然而在新自由主义理念下，默多克偏重经济价值的追求，以低俗化手段打造注意力做法也导致"窃听丑闻"的发酵、集团被迫分拆。中国传媒集团在市场化的过程中应学习新闻集团创新、完善价值链的经验；同时要避免新闻自由主义和庸俗化倾向。提升中国传媒集团竞争力，应以价值平衡和创新为原则，创新制度安排、合理打破市场要素流动的壁垒，培育公平竞争、协调发展的市场环境，完善现代传媒企业制度，构建适宜的价值链结构。

二 研究展望

加强定量分析探索，完善分析框架，关注新发展将是未来研究的主要努力方向。纵观新闻集团发展历程可以整理出更细致的数据，以完善传媒市场环境"一圈一心二助力"指标体系。

理论上说，进一步丰富与价值网、新媒介环境对该集团运营策略选择影响因素变化等有关研究；实践中，关注新闻集团分拆之后的动向和运营情况。2013年12月，"新"新闻集团公司对外公布全年总收入22.4亿美元；净收益总额跌至1.51亿美元，跌幅近90%。但是，新闻集团依然热衷并购这种竞争行为，且一直寻找价值链增值环节的资本运营。首先是意欲高价收购华纳未获批准，又加大对欧洲卫星电视的投资，尤其是对纸媒情有独钟仍然继续收购，21 世纪福克斯以 7.25 亿美元收购美国《国家地理》杂志 73% 的股份。[①] 同时，新闻集团继续开拓中国市场，加强与管理层的关系运营。就在分拆后不久，"新"新闻集团执行官——默多克的得力助手汤姆森被派到中国，与中国国务院总理李克强会晤并表明合作的态度；在习近平总书记访美前天默多克亲自到北京拜会，并积极在《华尔街日报》大力报道这一出访行为。[②] 可以看出，默多克依然致力于布局新产业价值链，依然在探寻价值实现的中国新空间。在产业层面，新闻集团也屡有动作。除了与 SMG 联系密切外，2015 年 11 月，新闻集团与华策影视集团签订合拍片意向。

为弥补研究中资料积累和研究方法的不足，争取进一步收集新闻集团一手资料和相关研究文章，如高层人事调整、新数据等，以比较国内和国外的研究方法、支持研究结论，增强研究的说服力。

[①]《收购美国〈国家地理〉默多克难舍纸媒》，新华网，http://news.xinhuanet.com/world/2015-11/07/c_128402953.htm。

[②] 2014 年 4 月 17 日，"新"新闻集团总裁罗伯特·汤姆森受默多克派遣，来华并拜会李克强总理；2015 年 9 月 18 日，默多克来华拜会习近平总书记。

参考文献

一 中文著作

1. 陈昌凤:《美国传媒规制体系》,清华大学出版社2013年版。
2. 陈鹏:《制度与空间——中国当代媒介制度变革论》,中国书籍出版社2011年版。
3. 戴元初:《大融合时代的传媒规制变革:行动逻辑、欧美经验与中国进路》,人民日报出版社2014年版。
4. 胡正荣:《媒介市场与资本运营》,北京广播学院出版社2003年版。
5. 金碚:《报业经济学》,经济管理出版社2002年版。
6. 林忠礼:《基于价值链重构的报业集团竞争战略研究》,山东大学出版社2009年版。
7. 刘长乐、默多克:《东西论剑——东西方传媒大亨的对话》,北京出版社2006年版。
8. 刘建丽:《中国制造业企业海外市场进入模式选择》,经济管理出版社2009年版。
9. 刘笑盈:《窃听门真相——默多克传媒帝国透视》,新华出版社2011年版。
10. 柳旭波:《传媒业产业组织研究:一个拓展的RC—SCP产业组织分析框架》,经济科学出版社2007年版。
11. 鲁桐:《中国企业海外市场进入模式研究》,经济管理出版社2007年版。
12. 卢文浩:《中国传媒业的系统竞争研究》,中国经济出版社2009年版。
13. 骆正林:《传媒竞争与媒体经营:传媒经营与管理研究》,中国广播电视出版社 2008 年版。
14. 明安香：《美国：超级传媒帝国》，社会科学文献出版社 2005 年版。
15. 明安香：《全球传播格局》，社会科学文献出版社 2006 年版。
16. 盛乐、水中鱼：《默多克家族全传：从小报馆持有人到世界传媒大亨》，华中科技大学出版社 2010 年版。
17. 向松祚：《新资本论——全球金融资本主义的兴起、危机和救赎》，中信出版社 2015 年版。
18. 肖赞军：《西方传媒业的融合竞争及规制》，中国书籍出版社 2011 年版。
19. 屠忠俊：《现代传媒经营与管理》，华中科技大学出版社 2011 年版。
20. 宿景祥、梁建武：《传媒巨人：默多克》，光明日报出版社 1997 年版。
21. 王慧慧：《霸者无疆：默多克和他的新闻集团》，重庆出版集团 2006 年版。
22. 王学成：《全球化时代的跨国传媒集团》，社会科学文献出版社 2005 年版。
23. 吴曼芳：《媒介的政府规制》，中国电影出版社 2008 年版。
24. 严三九：《中国传媒资本运营研究》，上海文化出版社 2007 年版。
25. 喻国明：《传媒影响力：传媒产业本质与竞争优势》，南方日报出版社 2003 年版。
26. 喻国明：《传媒经济学教程》，中国人民大学出版社 2009 年版。
27. 喻国明：《传媒变革力——传媒转型的行动路线图》，南方日报出版社 2009 年版。
28. 喻国明：《媒介革命——互联网逻辑下传媒业发展的关键与进路》，人民日报出版社 2015 年版。
29. 喻国明：《新闻出版的大数据时代》，中国人民大学出版社 2014 年版。
30. 昝廷全：《中国传媒经济》第三辑，科学出版社 2007 年版。
31. 曾国华：《媒体的扩张——大众媒体的产业化、集约化和全球化》，南方日报出版社 2004 年版。
32. 张金海、梅明丽：《世界十大传媒集团产业发展报告》，武汉大学出版社 2007 年版。
33. 张咏华：《传媒巨轮如何转向：移动互联网时代的国际传媒》，南方日报出版社 2010 年版。
34. 张咏华：《西欧主要国家的传媒政策及转型》，上海人民出版社 2014 年版。
35. 郑飞虎：《全球生产链下的跨国公司研究》，人民出版社 2009 年版。
36. 周鸿铎：《世界五大媒介集团经营之道》，经济管理出版社 2005 年版。

二　论文

1. 曹书乐：《新闻集团进入中国媒介市场行为研究》，《北京电影学院学报》2003 年第 2、4 期。
2. 陈德全：《中国传媒集团国际化目标市场选择模型研究——基于文化差异实证与 DMP 方法的分析》，《中国软科学》2011 年第 1 期。
3. 陈杰：《新闻集团的国际市场进入模式分析》，《新闻传播》2009 年第 5 期。
4. 陈蕾、李本乾：《中国传媒产业市场结构、行为与绩效分析》，《新闻大学》2005 年第 3 期。
5. 陈璐明：《中国媒介市场与媒介竞争》，《传媒观察》2008 年第 7 期。
6. 高虹：《美国传媒型跨国公司进入中国市场的方式与阶段》，《特区经济》2008 年第 8 期。
7. 郭全中：《特殊管理股制度对国有传媒企业的重要影响》，转引自中国经济网，2013 年 11 月 27 日，http：//www.ce.cn/culture/gd/201311/27/t20131127_1813597.shtml。
8. 胡正荣：《后 WTO 时代我国媒介产业重组及其资本化结果——对我国媒介发展的政治经济学分析》，《新闻大学》2003 年第 3 期。
9. 李朱：《特殊管理股制度的理论与实践思考》，《江西社会科学》2014 年第 6 期。

10. 刘玲：《世界五大传媒集团新媒体战略比较分析》，《出版科学》2011年第5期。
11. 佟雪娜、李怀亮：《产权流动是国有传媒机构改革的根本出路》，《河北经贸大学学报》2014年第5期。
12. 王海燕：《美国新闻集团产业价值链对中国传媒的启示》，《山西大同大学学报》（社会科学版）2010年第2期。
13. 王维佳：《传播治理的市场化困境——从媒体融合政策谈起》，《新闻记者》2015年第1期。
14. 王妍、莫林虎：《默多克新闻集团资本运营对中国传媒业的启示》，《金融经济》2010年第6期。
15. 魏诠：《从五大国际传媒集团看中国广电传媒的成长路径》，《新闻世界》2013年第5期。
16. 邢建毅、刘菁：《2011年五大跨国传媒集团发展概述》，《现代传播》2012年第10期。
17. 肖赞军：《产业融合进程中传媒业市场结构的嬗变》，《新闻大学》2009年第3期。
18. 谢耘耕：《传媒无形资产运营及其风险》，转引自新华网，2007年2月7日，http：//news.xinhuanet.com/zgjx/2007-02/07/content_5706620.htm。
19. 喻国明：《直面数字化：媒介市场新趋势研究》，《国际新闻界》2006年第6期。
20. 姜学斌：《传统媒体和新媒体融合的方式研究》，《西部广播电视》2013年第10期。
21. 喻国明、何睿：《重压之下中国传媒经济研究的主题：2013年传媒经济研究文献综述》，《国际新闻界》2014年第1期。
22. 喻国明、樊拥军：《集成经济：未来传媒产业的主流经济形态——试论传媒产业关联整合的价值构建》，《编辑之友》2014年第4期。
23. 昝廷全、金雪涛：《传媒产业融合——基于系统经济学的分析》，《中国传媒大学学报》2007年第3期。
24. 昝廷全、刘静忆：《传媒经济学研究的历史、现状与对策》，《现代传播》2007 年第 6 期。
25. 张洪忠、郭洪新：《新闻集团价值链分析》，《新闻与写作》2005 年第 1 期。
26. 赵荣水：《论我国传媒产业价值链的完善与重构》，《人民论坛》2013 年 5 月 20 日。
27. 张锐：《默多克：新老媒体"并购之王"》，《对外经贸实务》2008 年第 5 期。

三　硕士、博士学位论文

1. 陈杰：《美国传媒国际化研究》，博士学位论文，复旦大学，2011 年。
2. 代磊：《外资传媒企业进入效应研究》，硕士学位论文，湖南大学，2009 年。
3. 康燕：《中国传媒产业发展方向与策略选择——基于产业经济学的视角》，博士学位论文，复旦大学，2010 年。
4. 马德永：《贝塔斯曼的成长与变革》，博士学位论文，复旦大学，2011 年。
5. 宋晓沛：《论中国传媒价值链的建构：兼与国外传媒比较》，硕士学位论文，吉林大学，2006 年。
6. 王风云：《美国传媒国际化经营研究》，博士学位论文，上海交通大学，2013 年。
7. 谢军：《中国制造业企业进入国际市场的行为模式及国际化绩效研究》，博士学位论文，暨南大学，2007 年。

四　国内互联网网站

1. 中华人民共和国商务部网站：http://www.mofcom.gov.cn/。
2. 中华人民共和国文化部网站：http://www.ccnt.gov.cn/。
3. 中华人民共和国国家新闻出版广电总局网站：http://www.gapp.gov.cn/、http://www.sarft.gov.cn/。
4. 百度网站：http://www.baidu.com/。
5. 新华网网站：http://news.xinhuanet.com/。

五　译著

1. ［美］阿兰·B. 阿尔瓦兰等：《传媒经济与管理学导论》，崔保国译，清华大学出版社 2010 年版。

2. ［美］爱德华·赫尔曼、罗伯特·麦克切斯尼：《全球媒体：全球资本主义的新传教士》，甄春亮译，天津人民出版社 2001 年版。

3. ［英］艾伦·布里曼：《迪士尼风暴：商业的迪士尼化》，乔江涛译，中信出版社 2006 年版。

4. ［美］爱伦·B. 艾尔巴兰、陈·奥姆斯特德：《全球传媒经济》，王越译，中国传媒大学出版社 2007 年版。

5. ［美］安澜·B. 艾尔布兰：《传媒经济学——市场、产业与观念》，陈鹏译，中国传媒大学出版社 2009 年版。

6. ［美］巴格·迪基安：《新媒体垄断》，邓建国译，清华大学出版社 2013 年版。

7. ［美］保罗·拉莫尼卡：《揭秘默多克：传媒大亨默多克的商业传奇》，刘祥亚、王静译，石油工业出版社 2009 年版。

8. ［美］本·H. 贝戈蒂克安：《媒体垄断》，吴靖译，河北教育出版社 2004 年版。

9. ［美］彼得·德鲁克：《21 世纪的管理挑战》，朱雁斌译，机械工业出版社 2006 年版。

10. ［澳］大卫·麦克奈特：《操控力：默多克如何获取权力和话语权》，陆景明、孙宏译，中国友谊出版公司 2013 年版。

11. ［美］道格拉斯·洛西科夫：《当下的冲击：当数字化时代来临一切突然发生》，孙浩、赵晖译，中信出版社 2013 年版。

12. ［美］哈罗德·埃文斯：《底线：默多克与〈泰晤士报〉之争背后的新闻自由》，黄轩译，上海财经大学出版社 2013 年版。

13. ［加拿大］柯林·霍斯金斯、斯图亚特·迈克法蒂耶、亚当·费恩：《全球电视和电影：产业经济学导论》，张慧宇译，新华出版社 2004 年版。

14. ［加拿大］柯林·霍斯金斯：《媒介经济学——经济学在新媒介与传统媒介中的应用》，支庭荣、吴非译，暨南大学出版社 2005 年版。

15. ［美］理查德·A. 格申：《跨国传媒公司与全球竞争的经济学》，载［美］叶海亚·R. 伽摩利珀编著《全球传播》，尹宏毅译，清华大学出版社 2008 年版。

16. ［德］鲁道夫·希法亭：《金融资本——资本主义最新发展研究》，福民等译，商务印书馆 1997 年版。
17. ［美］罗伯特·G. 皮卡德：《美国报纸产业》，周黎明译，中国人民大学出版社 2004 年版。
18. ［美］罗伯特·G. 皮卡德：《传媒管理学导论》，韩骏伟、常永新译，人民邮电出版社 2006 年版。
19. ［美］罗伯特·G. 皮卡德：《媒介经济学——概念与问题》，韩骏伟、常永新译，人民邮电出版社 2009 年版。
20. ［德］马克思：《资本论》，人民出版社 2004 年版。
21. ［美］马修·霍斯曼：《电视先锋：默多克与天宇公司的故事》，郑国仪译，新华出版社 2000 年版。
22. ［美］迈克尔·波特：《竞争战略》，陈小悦译，华夏出版社 2005 年版。
23. ［美］迈克尔·沃尔夫：《一个人的帝国——默多克的隐秘世界》，蒋旭峰译，中信出版社 2010 年版。
24. ［加拿大］马歇尔·麦克卢汉：《理解媒介：论人的延伸》，何道宽译，商务印书馆 2000 年版。
25. ［美］尼尔·波兹曼：《娱乐至死》，章艳译，广西师范大学出版社 2004 年版。
26. ［美］尼葛洛庞蒂：《数字化生存》，胡泳、范海燕译，海南出版社 1997 年版。
27. ［英］P. 埃瑞克·洛：《西方媒体如何影响政治》，陈晞、王振源译，新华出版社 2013 年版。
28. ［美］帕特里克·A. 高根：《兼并、收购和公司重组》，顾苏秦、李朝晖译，中国人民大学出版社 2010 年版。
29. ［英］斯图尔特·克雷纳：《默多克：并购奇才的 10 大经营秘诀》，白志刚译，辽宁人民出版社 2003 年版。
30. ［英］威廉·菲勒：《传媒巨人：默多克竞争策略全书》，宿景祥译，光明日报出版社 2002 年版。
31. ［英］威廉·肖克罗斯：《默多克传：一个传媒王国的诞生》，樊新志译，世界知识出版社 2002 年版。

32. ［英］维克托·迈尔·舍恩伯格、肯尼思·库克耶：《大数据时代》，盛杨燕、周涛译，浙江人民出版社 2013 年版。

33. ［美］温迪·古德曼·罗姆：《默多克的新世纪：一个媒体帝国的数字化改造》，李慧斌译，中信出版社 2005 年版。

34. ［美］小艾尔弗雷德·D. 钱德勒：《看得见的手——美国企业的管理革命》，重武译，商务印书馆 1987 年版。

35. ［英］亚当·斯密：《国富论》，杨敬年译，陕西人民出版社 2006 年版。

36. ［美］朱丽亚·盎格文：《谁偷了 MySpace：被社交网络改变的疯狂世界》，吕敬译，中信出版社 2011 年版。

六　英文

1. Alessandro D'Arma, Global Media, Business and Politics：A Comparative Analysis of News Corporation's strategy in Italy and the UK. International Communication Gazette, 2011, 73：670.

2. Alan B. Albarran, The Media Economy. US：Rout Ledge, 2010.

3. David McKnight, Murdoch's Politics：How One Man's Thirst for Wealth and Power Shapes Our World. Pluto Press, 2013.

4. F. R. Root, Entry Strategies for International Markets. 1994.

5. Holly Kruse, Betting on News Corporation Interactive Media, Gambling and Global Information Flows The University of Tulsa. Television & New Media, Volume 10, Number 2, March 2009, pp. 179 – 194.

6. Lucy Küny, Competition Strategy for Media Firm：Strategy and Brand Management in Changing Media Market. LEA, 2006.

7. Joseph S. Nye Jr., The Challenge of Soft Power. Time Magazine, 1999 (2), p. 21.

8. Kim, W. C., Hwang, P., Global Strategy and Multinationals' Entry Mode Choice, 1992.

七　国际互联网网站

1. 美国联邦通讯委员会网站：http：//www. fcc. gov/。

2. 英国通信办公室网站：http：//www. ofcom. org. uk/。

3. 新闻集团网站：http：//www.newscorp.com/，http：//www.21cf.com/。
4. 道琼斯网站：http：//www.dowjones.com/。
5. 迪士尼网站：http：//thewaltdisneycompany.com/，http：//www.dol.cn/。
6. 维亚康姆网站：http：//www.via.com.com/。
7. 时代华纳网站：http：//www.timewarner.com/。

后　记

本书是在我的博士学位论文基础上修改而成的，写作经历一个漫长的探索过程。自2008年以来，奔波于求学与生存的京石之间。在事务的零碎和论文的系统间穿梭，边赶路、边构思，或论文或教案，而两个多小时的火车旅途多是备课、沉思的时空，无暇顾及周围的人，自我着，好像这个世界上只有自己的匆忙，兀自不见其他；好像只有自己一人徜徉于求索的大海里。是惬意的也是慌乱的，是坚定的也是不安的……跨越、挑战，就像海边拾贝的小孩，探索过程中迷茫常伴着收获的惊喜、感想、感动、感恩。

之所以选择了一个很难写的题目，不仅是对新闻集团执着开拓市场的冒险历程兴趣浓郁，更在于关注价值取得在传媒产业发展中的突出意义。在期待、恐惧和困惑杂糅的挣扎心绪中坚持下来；在最自信又最不自信、最自我又最不自我的困扰中自省。论文写作过程如蚂蚁啃骨头般，丝毫不敢停辍。两次更改论文题目，在探索中沉淀、萃取，宛如炼炉中的行者。从材料筛选到论文结构初立再到分析方法的选用，每一步都得尽心，晨窗握笔，午夜摊书，辗转切磋深潜细琢，偶尔窥镜见银丝又增，才觉时光飞逝。常遭遇"山重水复疑无路"困境，体会了"独上高楼"望尽千山皆不是的况味；在不解、迷惑和峰回路转、豁然开朗之间探问，每有会意则手舞足蹈也欣然不记归路。一是期待。进入一个全新的研究视域，期待有所建树。传媒经济学领域之新，不仅表现在国内只有改革开放后30多年的发展历程，还在于受到来自数字化技术以及国外许多盈利模式的冲击。二是恐惧。学而无成，是我最大的担忧。年届不惑，负笈京华；长幼需养，诸事杂陈，也恐坚持不下来。跨入经济学和管理学，希望能尽快找到一个进入的门径和适宜的研究方法，最怕像邯郸学步那样爬着回去。三是角